uxori carissimae

Hugo Egon Balder ist Moderator (Genial daneben, Hit-Giganten), Fernsehproduzent, Schauspieler, Kabarettist und Musiker. Ab 1973 gehörte er zum festen Ensemble des Berliner Schillertheaters und ab 1985 zusammen mit Harald Schmidt zum Ensemble des Düsseldorfer Kabaretts »Kom(m)ödchen«.

Jacky Dreksler war Chemielaborant, Gymnasiallehrer, Segellehrer, Comicautor und Journalist. Er schrieb Lehrbücher für Gitarre und Keyboard. 1984 wurde er Fernsehautor und 1991 Fernsehproduzent (u.a. Schreinemakers Live). Er schrieb Schlager und Chansons für Stars wie Roland Kaiser und Charles Aznavour.

Die beiden Freunde lernten sich 1983 beim Radio kennen, wo sie als Gag-Autoren arbeiteten. Sie haben zusammen Schlager getextet und komponiert und später TV Sendungen wie »Alles nichts oder« erfunden. Gemeinsam produzierten sie diverse Fernsehshows, unter anderem die Comedy-Kultsendung »RTL-Samstag Nacht«. Beide leben in Köln.

Jacky Dreksler

Hugo Egon Balder

WUNSCH-BULLSHIT IM UNIVERSUM

Kritik der Wunsch-Bestellungen im Universum

von Rhonda Byrne, Pierre Franckh,

Bärbel Mohr, Esther Hicks und Kurt Tepperwein

– auf dem schmalen Grat

zwischen Nicht-mehr-Satire und Noch-nicht-Wissenschaft

mit Fotos von Noemi Dreksler

Pacific Productions
Köln

Zusammenfassung

Immanuel Kant
(1724-1804)

Denk positiv – eine gute Lebensphilosophie. Die Wünschelwichte haben sie durch Leerschwätzen zum Extrem-Wünsching erweitert und damit extrem verdünnt. Immanuel Kant zu dieser Technik:

»Die leichte Taube, indem sie im freien Fluge die Luft theilt, deren Widerstand sie fühlt, könnte die Vorstellung fassen, dass es ihr im luftleeren Raum noch viel besser gelingen werde.«

Kritik der reinen Vernunft (1787), Einleitung, III, S.54f.

Bibliografische Information der Deutschen Nationalbibliothek
Die Deutsche Nationalbibliothek verzeichnet diese Publikation in der Deutschen Nationalbibliografie; detaillierte bibliografische Daten sind im Internet über http://dnb.d-nb.de abrufbar.

Gute Wünsche und Verwünschungen bitte an:
bullshit@pacificproductions.com

2. Auflage Juli 2019
© 2007 Pacific Productions GmbH, Köln
Alle Rechte vorbehalten
Herstellung und Verlag: Pacific Productions GmbH
Druck und Auslieferung: Books on Demand GmbH, Norderstedt
Gesetzt aus der Myriad Pro
Printed in Germany
ISBN 978-3-9812015-9-8

www.pacifiproductions.com

Inhalt

Vorwort von Wigald Boning	6
Die News	7
1. Vorgespräch	11
2. Rhonda Byrne	39
3. Esther Hicks	81
4. Pierre Franckh	97
Das Wunder von Amsterdam	117
5. Bärbel Mohr	125
6. Kurt Tepperwein	147
7. Nachgespräch	161
8. Anhang	169
Danke und Tschüss	200

Vorwurfsvoller Blick zum Universum
Unter der Leitung von Professor Dr. Karl Ranseier und im festen Glauben an die Anziehungskraft der Gedanken hatten sich Studenten der Universität Köln eine elegante Abendgarderobe vom allmächtigen Universum gewünscht. Und jetzt das!

Vorwort von Wigald Boning

Wigald Boning. Ausnahmsweise ohne Sombrero

Jacky Dreksler und Hugo Egon Balder kenne ich seit 1992. Wir begegneten uns am Rande einer Mike-Krüger-Show, in der ich als Sombrero tragender Vortragskünstler auftrat. Hinter den Kulissen sprach mich Jacky an und fragte, ob ich nicht Lust hätte, bei der neuen Comedy-Sendung RTL Samstag Nacht mitzuwirken und einige Monate später gingen wir auf Sendung. Ich wurde zur Vollblut-Fernsehunterhaltungsfachkraft, Hugo zu einem der wichtigsten Televisionsheiligen der deutschen Geschichte und Jacky zum größten Comedyproduzenten des Universums – zu Lande, zu Wasser und in nicht unbedeutenden Teilen der Luft. Ich hatte eigentlich Musiker werden wollen, bin also in meinen jetzigen Hauptberuf hineingeschlittert. Demzufolge habe ich auch niemals diesbezügliche Wünsche geäußert, schon gar nicht, um diese dann, gleichsam als »Bestellung an das liebe Universum« von irgendwelchen nebulösen Kräften erfüllen zu lassen. Umso erstaunter war ich, als ich erfuhr, dass es einen höchst verkaufsträchtigen Ratgeberliteraturzweig gibt, der eben diese Möglichkeit für existent hält. Meine Lebenserfahrung sagt mir: Das Universum ist ein eigentümliches, schwer zu begreifendes, gar ulkiges Gebilde, aber keineswegs ein schnödes Versandhaus. Um diese Einschätzung begründen und den »Ratgeberautoren« mit ihren vermeintlich tröstlichen Theorien argumentativ auf den großen Onkel zu tapsen, fehlen mir Fleiß und Zeit. Umso erfreulicher ist es, dass sich meine Freunde Hugo und Jacky dieser wichtigen Aufgabe angenommen haben. Ich wünsche mir, dass dieses schöne und wichtige Buch viele Leser findet – ohne anzunehmen, dass durch diesen Wunsch in irgendeinem dunklen Eck irgendwo im Universum irgendeine Form erhöhter Aktivität ausgelöst werden könnte – schade eigentlich.

Danke

Herzlich danken wir vor allem Claudia Liebrand. Ohne sie (und Uwe) hätte dieses Buch eine völlig andere Wendung genommen. Claudia hat die seltene (genderspezifische?) Fähigkeit, gnadenlose Kritik so zu formulieren, dass man sich hier und da geschmeichelt fühlt, wenn man nicht gut aufpasst. Lieben Dank auch allen anderen, die dieses Buch mit Kritik und Rat, Hilfe und Interesse begleitet haben: Babs Ahland-Dreksler, Wigald Boning, Ulf Dobberstein, Noemi Dreksler, Lilli Fischer, Barbara und Rolf Funken, Ingo Gsedl, Axel Hintz, Wolfgang Jenke, Peter-Uli-Olli Kreiterling, Peter Mennigen, Uwe Mollidor, Bella Neven DuMont, Bernd Philip, Stefan Vornholt und Traudel Schechinger. Sollten im Text noch Fehler, und Bullshit übrig geblieben sein, dann ist das ganz allein die Schuld der vorgenannten Herrschaften. Die hätten uns verdammt nochmal darauf aufmerksam machen müssen!

Die News

Zuerst die schlechten Nachrichten. Während wir dieses Buch 2007 schrieben, erleben Menschen auf unserem Planeten unter anderem dieses Grauen:

- 2 Milliarden Weltbürger hungern. Täglich sterben dadurch 25 000 Menschen.[1] 2,4 Milliarden fehlt sauberes Wasser; dadurch sterben täglich 6000 Kinder (entspricht dem Absturz von 20 Jumbos).[2]
- Im sächsischen Mügeln werden indische Mitbürger gejagt, verprügelt und mit ausländerfeindlichen Sprüchen beschimpft. Bürgermeister Gotthard Deuse: »Solche Parolen können jedem mal über die Lippen kommen.«[3]
- Momentan gibt es 38 bewaffnete Konflikte auf der Welt.[4] Wir haben über 3,5 Millionen Arbeitslose.[5] Jedes Jahr sterben 3 Millionen Menschen auf der Welt an Aids.[6] Täglich erleben 8200 Mädchen das Grauen der Genitalverstümmelung – alle 10 Sekunden eins.[7] Und nun die ganz schlechten Nachrichten. Zugleich lesen Millionen Menschen, die Rat und Hilfe suchen, Folgendes von Bestseller-Autoren:
- Du kannst alles sein oder haben, was du willst. Geld, Gesundheit, Glück oder ein langes zufriedenes Leben – du musst es dir nur vom Universum wünschen. Jeder Wunsch wird erfüllt. Garantiert!
- Reichtum und Wohlbefinden sind unser Geburtsrecht. Das unfehlbare Gesetz der Anziehung garantiert dies und alles, was du dir erträumst. Es gibt genug von allem auf der Welt. Wenn du etwas bekommst, fehlt es keinem anderen.
- Krieg, Arbeitslosigkeit, Aids, Körperverletzung – an allem Übel bist du selber schuld. Durch negatives Denken hast du dir alles Schlechte selbst gewünscht. Im Guten wie im Bösen: Du bist der Herr und Schöpfer des Universums und deines Schicksals: Du bist Gott.

Zuletzt die guten Nachrichten

Aus Gründen, die Sie nichts angehen, wollen wir uns die Werke dieser Wünschelwichte mal aus der Nähe betrachten. Es ist zu befürchten, dass sie neben »positivem Denken« viel Bullshit enthalten. Wir sind Fernsehproduzenten und verstehen nichts von Esoterik, Wissenschaft oder Philosophie. Aber wir verstehen etwas von Bullshit. Wir haben ihn oft genug selbst produziert. Einige Gurus des Extrem-Wünschings sind – zuweilen naive –, aber ehrliche und wohlmeinende Esoteriker. Andere sind geldgierige Opportunisten, die man nur deshalb nicht als Scharlatane bezeichnen möchte, weil das eine Beleidigung für jeden Scharlatan wäre. Wer in welchem Maße zu welcher Kategorie gehört, liegt außerhalb unseres Erkenntnisinteresses. Entscheiden Sie selbst.

Köln, im Oktober 2007
Hugo Egon Balder & Jacky Dreksler

Vorwort zur 2. Auflage

Die 1. Auflage erschien 2007. An den Fakten in den »News« hat sich seither wenig verändert:

Die Rate der Hungernden auf der Welt hat sich erfreulicherweise mehr als halbiert. Aber es sind immer noch mehr als 800 Millionen Menschen. Der Mangel an sauberem Trinkwasser ist leicht gesunken. Dennoch fehlt mehr als 2 Milliarden Menschen auf der Welt sauberes Wasser, und täglich sterben daran rund 5000 Kinder. Die Zahl der bewaffneten Konflikte und Kriege hat sich von 38 auf 30 reduziert. 70 Millionen Menschen sind weltweit auf der Flucht vor Tod und Gewalt, vor Armut und Hunger. Das Grauen der Genitalverstümmelung erleben täglich über 8000 Mädchen und Frauen weltweit, alle 10 Sekunden eins. Allein in Deutschland sind 65.000 Mädchen und Frauen von Genitalverstümmelung betroffen. Keine Arbeit haben in Deutschland 2,5 Millionen Menschen.

Dennoch behaupten esoterische Bestsellerautoren nach wie vor: Du kannst alles sein oder haben, was du willst. Geld, Glück und Gesundheit. Du musst es dir nur vom Universum wünschen. Das funktioniert, weil du der Schöpfer des Universums bist und auch der Herr deines Schicksals. Das bedeutet aber auch: An Krieg, Aids, Armut, Krankheit oder Arbeitslosigkeit – an allem Übel – bist du selber schuld. Durch negatives Denken hast du es dir selbst gewünscht.

In unserem Buch werden fünf esoterische Wünschelwichte ziemlich respektlos kritisiert. Auch Bärbel Mohr. Sie ist 2010 einem Krebsleiden erlegen. Das bedauern wir. Wir haben den sie betreffenden Text dennoch nicht verändert. Denn wir haben nicht sie persönlich kritisiert, sondern ihre in Büchern niedergelegte Ideen. Und die sind nach wie vor auf dem Markt.

Köln, im Juni 2019
Jacky Dreksler & Hugo Egon Balder

1. Vorgespräch

Extrem-Wünsching oder Extrem-Bullshit?

Ich hatte nichts und doch genug:
Den Drang nach Wahrheit und die Lust am Trug.

Goethe, Faust I

Ein Focus-Artikel im April ...

Hallo, hier ist Hugo. Mein alter Freund Jacky und ich sitzen an einem warmen Aprilabend im Garten, schwärmen von den Zeiten, als wir fünf Jahre gemeinsam die Comedy-Show »RTL Samstag Nacht« produzierten und erzählen Anekdoten – wie Wigald Boning und Olli Dittrich »Die Doofen« erfanden, wie Esther Schweins und Stefan Jürgens die News verlachten ...

Während der zweiten Flasche Château Schlaberadeur werden die Gesprächspausen länger, und schließlich ist alles still. Nur von fern hört man das leise Mümmeln des Zierkaninchens. Plötzlich ...

> **RHONDA BYRNE**
> **»THE SECRET«**
>
> »Das Geheimnis gibt Ihnen alles, was Sie wollen: Glück, Gesundheit und Reichtum.« (S. 15)
>
> »Da geschehen Zauber und Wunder.« (S. 106)
>
> »... Gedanken werden Dinge!« (S. 24)
>
> »Die Nahrung ist nicht verantwortlich für die Gewichtszunahme.« (S. 77)

»Hugo, wir schreiben ein Buch!«
»Aha. Welche Richtung?«
»Von links nach rechts.«
»Mal im Ernst.«
»Hier, lies den Artikel im Focus.«

Ich überfliege den Bericht. Jacky hat alles Wichtige hervorgehoben.

»Diese Rhonda Byrne hat also einen Millionenseller geschrieben, wie man nur durch Wünschen stinkreich, glücklich und gesund wird – na und?«
»Hugo, die Byrne meint das ernst.«
»Wenn ich richtig gelesen habe, redet sie vom Universum. Das ist wie ein riesiger Versandhauskatalog, in dem ich alles wünschen oder bestellen kann, was ich will. Wie im Märchen, wenn die gute Fee kommt. Das ist bestimmt nur Werbegeschrei, um ihr Ratgeberbuch besser zu verhökern. Wer fällt auf so was noch rein? Wen interessiert das?«
»Millionen leichtgläubiger Fans.«
»Von mir aus. Lass sie wünschen! Außerdem hab ich keine Lust, ein Buch zu schreiben. Ich hab erst letztes Jahr eins geschrieben.«
»Ja, deine Biografie. Und damit hast du mehr Bücher geschrieben, als du gelesen hast.«
»Gib mir einen guten Grund, warum wir uns mit diesem ... Extrem-Wünsching beschäftigen sollten. Das sind doch garantiert alles Philosophen, Psychologen ...«
»Nicht einer. Alles Laien wie wir.«
»Echt? Meinst du, die sind wie wir? Ein bisschen die Wirklichkeit zurechtbiegen, ein bisschen Bullshit erzählen, nur um das Publikum nett zu unterhalten?«
»Genau das Gefühl hab ich. Sie zitieren außerdem selbst gewirkte Wunder. Lass uns das alles doch mal untersuchen. Könnte Spaß machen.«
»Muss ich dafür was lesen?«
»Fünf Bücher. Weil wir uns die fünf in Deutschland erfolgreichsten Wünschelwichte vornehmen. Hier sind ihre Werke – alles Bestseller.«
»Okay. Gib mir ne Woche!«

BUCH-BESTSELLER

Wünsch dich reicher!

Originalzitate und Seitengrafik aus dem Magazin Focus (15/2007, S. 176 f.)

»Die Ratgeber-Literatur hat einen neuen Bestseller.«

»'Stellen Sie sich das Universum als Versandhauskatalog vor', sagt Marketing-Guru Joe Vitale, einer der ‚Secret'-Lehrer im Buch wie im Film, ‚und es wird liefern, was auch immer Sie wollen.'«

»Seinen Verkaufserfolg verdankt das ‚Secret' eher seiner marketingtauglichen Aufmachung als nachweisbaren Erkenntnissen.«

»Ihr Buch verkaufte sich in nur vier Monaten 3,75 Millionen Mal, außerdem gingen 1,75 Millionen Exemplare der dazu gehörenden DVD über die Kassentheken.«

»Tatsächlich schlägt die Lebenshilfe-Fibel beim Publikum ein wie die Erfindung von Coca-Cola. Süß und gut verdaulich.«

Psychologieprofessor John Norcross von der University of Scranton in Pennsylvania schüttelt da nur den Kopf. ‚Das ist pseudospirituelles Geplapper' ...«

POSITIVE DENKERIN
Die Australierin Rhonda Byrne war TV-Produzentin, bevor sie „The Secret" niederschrieb – und zur Millionärin wurde

SPIEL MIT DER MYSTIK
Die Aufmachung erinnert an den Bestseller „Sakrileg": Mitte April erscheint „Das Geheimnis" im Goldmann-Arkana-Verlag (16,95 Euro)

... und vier Wunder im Mai

Das erste Wunder ist, dass Hugo die fünf Bücher schon nach einem Monat gelesen hat und auf diese Leistung sehr stolz ist.

»Jacky, das ist unfassbar. Ich dachte, ich lese normale Ratgeberliteratur: Mit Talent, Glück und harter Arbeit kann es jeder schaffen, setz dir Ziele, verfolg sie mit Energie und Selbstvertrauen, glaub an dich und so. Aber die erzählen uns zusätzlich: Das Universum ist das Christkind. Mein Schauspielerkollege Pierre Franckh gehört auch zu den Extrem-Wünschern und behauptet:

‚Wenn wir es uns auf die richtige *Weise* wünschen, erfüllt sich alles in unserem Leben. Auch das Unmögliche. Auch das Unerreichbare. Das Faszinierende ist nämlich, dass es beim richtigen wünschen [sic]* keine Grenzen gibt. Ob Geld, Haus, Auto, Partner, Job oder Liebe, alles ist möglich.' (Erfolgreich wünschen, S. 16, Pierres Hervorhebung)«

> **RATGEBER-LITERATUR AUF CRACK**
>
> **Man wünschte, die Autoren hätten sich beim Schreiben zugedröhnt: Kokain, Angel Dust, Stroh-Rum – *irgendwas*!**

»Hugo, das ist keine normale Ratgeberliteratur. Das ist Ratgeberliteratur auf Crack! Man wünschte, die Autoren hätten sich beim Schreiben zugedröhnt – Kokain, Angel Dust, Stroh-Rum - *irgendwas*! Aber ich befürchte, sie waren dabei alle stocknüchtern; schlimmer noch: Die glauben selber an ihre Verheißungen.«

»Und die sind ja in allen fünf Büchern ziemlich ähnlich – klingt schwer nach Bullshit.«

»Hast du auch die Wunder gelesen?«, fragt Hugo und legt seine säuberlich mit Plastikreiterchen verzierten Bücher auf den Tisch.

»Öhm ... überflogen. Ich hab mich mehr mit der Theorie beschäftigt.«

»Welche Theorie?«, stutzt Hugo.

Wir schauen uns an und spüren, dass wir uns – wie immer – gut ergänzen würden. Jacky schlägt vor, mit der Theorie zu beginnen. Hugo schüttelt den Kopf.

»Jacky, heißt es in der Bibel nicht *‚An ihren Taten sollt ihr sie erkennen'*? Die Extrem-Wünscher

---

* Mit »sic« macht man u. a. auf Fehler oder Ungereimtheiten im zitierten Text aufmerksam. Wir tun das ab hier nur in Ausnahmefällen, denn wir wollen uns nicht als Oberlehrer aufspielen. Wir machen selber fiele Feler. Alle Orthografie- und Grammatikfehler in den Originaltexten haben wir hier übernommen.

5 Extrem-Wünsching-Bestseller
»Unmögliches wird sofort erledigt«

Bestell-Service
»Das, was gewünscht wird, wird geliefert …« (S. 41)

Genug da!
»Alles ist im Überfluss vorhanden, doch verteilt wird es nur nach Nachfrage.« (S. 87)

Hau rein!
»Ob Geld, Haus, Auto, Partner, Job oder Liebe, alles ist möglich.« (S. 16)

Kindliche Träume
»Du brauchst nur ganz kindlich arglos einfach zu sagen, denken und fühlen, was du haben willst, und es wird kommen.« (S. 14)

Physik-Revolution
»Gedanken formen Materie.« (S. 32)

Allmachts-Fantasien
»Es gibt nichts, das Du nicht sein, tun oder haben kannst.« (S. 47)

Warten aufs Christkind
»Alle Deine Wünsche, ob Du um etwas Kleines bittest oder um etwas Großes, werden sofort erhört und erfüllt …«

Arm, weil du blöd bist
»Warum, meinen Sie, verdient ein Prozent der Bevölkerung rund sechsundneunzig Prozent des Geldes? Halten Sie das für einen Zufall? Es ist so eingerichtet. Sie [die Reichen, H&J] haben etwas verstanden. Sie verstehen das Geheimnis. Jetzt werden Sie in das Geheimnis eingeführt.« (Bob Proctor in The Secret, S. 20)

Herr, sei uns gnädig!
»Sie sind … ein Gott, der beschlossen hat, Mensch zu sein …« (S. 15)

Kohle ohne Arbeit
»Es ist auch gefährlich, wenn Sie meinen, Geld könne einem nicht einfach in den Schoß fallen, sondern man müsse hart dafür arbeiten …« (S. 57)

Pierre Franckh: Erfolgreich wünschen. 7 Regeln wie Träume wahr werden. 6. Auflage. Koha Verlag, 2006

Bärbel Mohr: Bestellungen beim Universum. Ein Handbuch zur Wunscherfüllung. Omega Verlag 2007

Esther & Jerry Hicks: Wünschen und bekommen. Wie Sie Ihre Sehnsüchte erfüllen. Allegra Verlag 2006

Rhonda Byrne: The Secret - Das Geheimnis. Wilhelm Goldmann (Arkana) Verlag 2007

Kurt Tepperwein: Spiel dir das Lied vom Leben. … und erfüll dir jeden Wunsch. Verlag »Die Silberschnur« 2007

Extrem-Wünsching- Bücher sind oft Bestseller der Ratgeber-Literatur. Momentan am erfolgreichsten: **Rhonda Byrne, The Secret – Das Geheimnis**. Stand 22. 10 2007:

- Platz 1 New York Times Bestseller-Liste (seit 39 Wochen gelistet)
- Platz 1 Focus Bestseller-Liste Ratgeber   • Platz 2 Stern Bestseller-Liste
- Platz 3 Spiegel-Bestseller-Liste

belegen ihre Behauptungen mit Wundern, die sie selbst oder andere herbeigewünscht haben. Ich finde …«

»Überredet! Wunder ab!«

Extrem-Wünsching 1:
Rhondas Byrnes Job-Wunder

Hugo blättert. »Hier, in *Rhonda Byrne, The Secret – Das Geheimnis*, Seite 140 f.: Glenda, eine australische Mitarbeiterin von Rhonda Byrne wünscht sich ganz doll einen Job in den USA. Aber monatelang tat sich nichts. Dann erst folgte sie Rhondas Rat. Man darf nämlich nicht nur wünschen, man muss auch an seinen Wunsch glauben und das durch Taten beweisen. Glenda glaubte nun fest, dass sie den Job kriegt und bewies das durch Handeln. Sie verschenkte und verkloppte ihre Sachen und tat so, als wäre der Wunsch schon erfüllt, so wie es Rhondas Theorie vorschreibt, und dann …«

»Red schon!«
»Sie kriegt den Job!«
»Echt? Wow! Bei wem?«
»Öhm … im USA-Office von … Moment!«
»Von?«
»Rhonda Byrne.«
»Pfff …«
»Oh, ich seh grad, Glenda ist auch Rhondas Schwester.«
»Pffffffff.«

Hugo schnappt sich Pierre Franckhs Werk *Erfolgreich wünschen. 7 Regeln wie Träume wahr werden* und fingert durch seine Plastikreiter-Markierungen.

Extrem-Wünsching 2:
Pierre Franckhs Steckdosenwunder

Hugo ist fündig geworden und stellt sich aus Gewohnheit in den Schein der Lampe. Er senkt den Blick endlos lange und schaut dann bedeutungsschwer in die leere Zimmerecke. Wartet er

auf einen Anfangsapplaus? Ich hebe zögernd die Hände, aber da zitiert er schon aus Pierre Franckhs Buch – Wunder Anfang:

»*Ich fahre immer öfter mit dem Zug [...]. Morgens, wenn ich das Haus verlasse, formuliere ich rasch meinen Wunsch und sende ihn hinaus. Ich wollte zuerst Kaffee und Kuchen und anschließend einen Film ansehen und hatte alles Nötige dabei. Meinen Laptop und eine DVD. Im ICE gibt es immer einen Stromanschluss. Aber plötzlich saß ich in einem IC. Dort gab es weder ein Restaurant noch Steckdosen. [...] Der einzige Platz war an einem Tisch, an dem mir auch noch Menschen gegenüber saßen, die mich freundlich anstarrten. War meine Bestellung diesmal nicht eingetroffen? [...] Plötzlich stieß der Mann mir gegenüber mit dem Knie gegen etwas und rieb* sich die schmerzende Stelle. ‚Eine Steckdose', murrte er missmutig zu seiner Frau. ‚Wer braucht denn so was?' ‚Ich!', schrie ich innerlich auf und blickte erstaunt unter den Tisch. […] Und genau dieses schwäbische Ehepaar packte auch noch einen Korb mit Proviant aus. Kaum zu glauben, sie deckten den Tisch für sich und stellten eine Tasse Kaffee für mich auf. Und Kuchen. […] Die Bestellung war raus und das Universum hat geliefert.« (Franckh, Erfolgreich wünschen, S. 149 ff.)

Wunder Ende. Ich unterdrücke den Drang zu applaudieren:
»Ich weiß nicht, Hugo, ist das wirklich ein Wunder oder Bullshit?«
»Wieso Bullshit? Pierre hat bestellt, das Universum hat geliefert. Ganz einfach.«
»Aber ist es nicht klar, dass das Ehepaar ihn anstarrte – Pierre ist immerhin ein bekannter Schauspieler.«
»Und der Kaffee?«
»Eine gute Gelegenheit, mit einem Promi ins Gespräch zu kommen.«
»Okay, aber die Steckdose!«
»Hugo, all diese Züge haben irgendwo Steckdosen – wie sollte das Reinigungspersonal sonst seine Geräte anschließen?«
»Hör schon auf, du willst Pierre doch nur das schöne Wunder kaputt machen.«

Extrem-Wünsching 3: Bärbel Mohrs Billiges-Büro-Wunder

Ich bin mir nicht sicher, ob Hugo das letzte Argument wahrgenommen hat, denn er ist mit dem Kunststück beschäftigt, das Haar zu richten und gleichzeitig in Bärbel Mohrs Buch *Bestellungen beim Universum. Ein Handbuch zur Wuncherfüllung* zu blättern. Nach einem weiteren Besinnungs-Blick in die Ecke rezitiert er Bärbel:

»Ich unterstelle insgeheim dem ‚universellen Bestellservice', daß ‚die' erstmal noch eine Weile ganz geruhsam ‚Harfe spielen', bevor sich da was tut, wenn ich nicht ‚Druck mache' und das Lieferdatum mit angebe […]. Meine allererste Bestellung habe ich übrigens romantisch bei Mondenschein auf dem Balkon aufgegeben; mittlerweile bestelle ich von überall aus und wie es mir gerade einfällt.«

»Hugo, ich sehe da kein Wunder.«
»Ist doch nur die Einleitung. Sie zeigt, dass Bärbel eine selbstbewusste moderne Frau ist, mit der das Universum nicht den Molli machen kann. Achtung, setz dich sicherheitshalber hin und halt dich fest: Jetzt kommt's.«

»Einmal wollte ich innerhalb einer Woche ein billiges Büro ganz bei mir in der Nähe haben. Das habe ich vom Schreibtisch aus bestellt. Nach drei Tagen rief mir eine Nachbarin hinterher und bot mir genau so ein Büro an.«

»Wunder Ende?«
»Wunder Ende! – Nee, Moment …«

»Ich war daraufhin direkt etwas verschreckt …«

»Klar! Angesichts dieser unfassbaren Macht des Universums läuft einem ein Schauer über den verlängerten Rücken! Was schreibt sie noch?«

»… und nahm es am Schluß doch nicht …« (Mohr, Bestellungen, S. 12 f.)

Noch ein Steckdosen-Wunder: Wir entdecken eine Vierfach-Steckdose, wo normalerweise keine sein dürfte. Ein unerklärliches Mysterium.

»Nahm es am Schluss doch nicht?«
»Nein, sie nahm es nicht!«
Wir zitterten leicht. War es der Hauch des Mystischen? Der kühle Nachtwind? Das Gewicht der Flasche Château Schlaberadeur, die wir hastig an den Hals setzten?
Jacky fing sich als Erster: »Klingt schwer nach Bullshit. Sag mal, wie viel Wünschelwicht-Wunder hast du denn gefunden?«
»In allen fünf Büchern gibt's – großzügig gerechnet – 45 Wunder. Willst du noch eins hören, Jacky?«
»Nach der Blutwäsche und wenn der Notarzt weg ist. Erst mal zur Wünschel-Theorie …«
»Komm mir jetzt nur nicht mit Theorie!«
»Okay, dann schauen wir uns morgen erst mal ein paar Extrem-Wünsching-Sprüche an.«
»Schon besser!«

VORGESPRÄCH: Extrem-Wünsching oder Extrem-Bullshit?

»Es gibt nichts, das Du nicht sein, tun oder haben kannst.«

Esther & Jerry Hicks, Wünschen und bekommen, S. 47

Heute Morgen hatten wir gute Nachrichten in der Post: In einer aufwendigen Hochglanz-Broschüre bot eine Investment-Company an, unser Geld zu vermehren. 126,5 Prozent pro Jahr! Garantiert! Die Beweise lieferten sie gleich mit: Grafiken mit Aktienkursen, die steil aufwärts zeigten.

»Beeindruckend!«, meinte Hugo.

»Klicken wir doch mal den Zinseszinsrechner im Computer an. Angenommen, wir investieren mit deren Methode 10 000 Euro. Dann hätten wir nach 10 Jahren ein Vermögen von rund

> **GLÜCKLICH DURCH DAS UNIVERSUM!**
>
> »Sorge Dich nicht um die Kinder oder überhaupt um irgendjemanden. Wohl-Sein ist das Grundprinzip dieses Universums, wie auch immer Deine augenblickliche Perspektive aussehen mag.«
>
> Esther & Jerry Hicks, Wünschen und bekommen, S. 178

> **SCHÖN DURCH SCHÖNDENKEN**
>
> »Heute betrachten wir uns ganz ruhig und entspannt. Ohne zu bewerten. […] ‚Ja, ich bin schön. Und mit jedem Tag werde ich schöner.' Unmöglich? Nein, nichts ist unmöglich.«
>
> Pierre Franckh: Erfolgreich wünschen, S. 116 u. 119

35 Millionen. Und nach 15 Jahren wären es schon über 2 Milliarden. Ohne Mühe, ohne Arbeit, ohne Risiko.«

Hugo grinst. »Klingt zu gut, um wahr zu sein.«

»Wenn's zu gut klingt, um wahr zu sein, ist es das meistens auch.«

»Glaubst du, auf dieses Werbegeschrei fällt irgend jemand rein?«

»Und ob!«, seufzt Jacky und zeigt auf die Bücher der Wünschelwichte: »Ich habe das Gefühl, dass unsere Lebensberater mit der gleichen Technik arbeiten wie die Finanzberater in ihrer Broschüre. Je mehr du versprichst, desto mehr schürst du die Gier der Leichtgläubigen. Die Wünschelwichte haben schon unfassbar viele Bücher, DVDs und CDs verkauft.«

»Im Showbusiness machen wir ja eigentlich das Gleiche. Wir krähen laut: Schaltet ein! Wir haben eine Supershow für euch. Internationale Superstars sind zu Gast bei Deutschlands beliebtestem Moderator …«

»… und dann kommt Hugo Egon Balder mit den üblichen Verdächtigen!«

»Vorsicht, Jacky! Ich kann in meinem Alter zwar nicht mehr töten, aber noch sehr, sehr weh tun!«

»Sorry, Hugo! Kommen wir mal zur Theorie. Die Wünschelwichte untermauern ihre unfassbaren Behauptungen ja nicht nur mit ‚Wundern', sondern auch mit einem seltsamen Weltbild, das sagt: Du bist ein Gott, ein Schöpfer. Du erschaffst dein Leben und die gesamte Welt allein mit der Kraft deiner Gedanken und Wünsche. Das Gute, aber auch das Schlechte.«

»Okay, Jacky, aber lass uns erst mal 'ne Pause machen und die Nachrichten einschalten. Ist schwer was los auf der Welt. Schäuble hat vor Terroranschlägen gewarnt.«

»Grundgütiger! Wann will er die denn verüben?«

VORGESPRÄCH: Extrem-Wünsching oder Extrem-Bullshit?

Du bist an allem Übel selber schuld! Weil du Idiot falsch denkst!

Die News laufen: In Deutschland steigt die Armut; rund 7,4 Millionen Menschen sind mit durchschnittlich 37 000 Euro überschuldet.[8] Mehr Aids-Tote in Afrika, Somalia versinkt im Krieg, 37 Millionen Erwachsene und 2 Millionen Kinder und Jugendliche sind übergewichtig.[9] Währenddessen blättern wir in Rhondas »Geheimnis-Buch«. Da steht Beunruhigendes zu den Nachrichtenthemen. Wie alle anderen Wünschelwichte sagt sie: Jeder ist selber schuld an seinem Schicksal. Der Grund: Du denkst dir das Gute, aber auch das Schlechte selber herbei. Hier ein paar Kernaussagen:

- **ARMUT**: Du bist arm oder hungrig, weil du ständig an deine Armut und deinen Hunger denkst.
- **KRANKHEIT**: Du bist krank, weil du die Krankheit durch falsches Denken zugelassen hast.
- **KRIEG UND DROGEN**: Du bist schuld an den vielen Kriegen und Drogentoten, weil du im Kampf dagegen an diese Übel denkst.
- **ÜBERGEWICHT**: Du bist fett, weil du denkst, dass du fett bist und nicht etwa, weil du zu viel gefressen hast.

Kurz und bündig: Du musst positiv denken, dann kommt das Gute garantiert zu dir. Wer an Not, Leid, Hass, Ungerechtigkeit oder sonstige Übel denkt, der lädt diese Dinge in sein Leben ein.

Wunsch-Bullshit im Universum

> ### JUNKIE?
> ### WEGEN DROGENGEGNERN!
>
> »Die Antikriegsbewegung erzeugt zusätzlich Krieg. Die Antidrogenkampagne hat in Wirklichkeit zu mehr Drogen geführt, weil wir uns auf das konzentrieren, was wir nicht wollen – auf Drogen!«
>
> Jack Canfield in: Rhonda Byrne: The Secret – Das Geheimnis, S. 171

> ### FETT?
> ### WEIL DU ES WÜNSCHST!
>
> »Die Nahrung ist nicht verantwortlich für die Gewichtszunahme. In Wirklichkeit hat Ihr *Denken*, dass die Nahrung dafür verantwortlich sei, […] dafür gesorgt …«
>
> Rhonda Byrne: The Secret – Das Geheimnis, S. 77

Hugo ist verwirrt.

»Versteh ich das richtig? Ich lieg mit unheilbarem Krebs auf der Intensivstation, weil ich vorher zu viel Angst gehabt habe, Krebs zu kriegen? Ich bekomme Hartz IV, weil ich mich durch unachtsames Denken arm und joblos gedacht habe? Weil ich – wie Rhonda sagt –, eine ‚Einladung' mit falschen Gedanken ausgesendet habe?« (siehe Abbildung »Krank?«)

»Hugo, das sind jetzt stark übertriebene Beispiele. Kaum ein Wünschelwicht würde das so ausdrücken – obwohl …« (Was die drei Pünktchen bedeuten, siehe: »1 Million Feueropfer selber schuld?«, S.116)

»Dann hab ich das mit der Einladung falsch verstanden?«

»Leider nicht, Hugo. Das ist die logische Konsequenz der Wünschel-Theorie – ihre Stärke und zugleich ihre Schwäche.«

»Theorie … Neiiin! Da ist das hässliche Wort schon wieder.«

»Hugo! Irgendwann müssen wir doch …«

»Also gut, erklär! Aber keinen langen Vortrag! Und weck mich, wenn du fertig bist.«

… das Universum nimmt

VORGESPRÄCH: Extrem-Wünsching oder Extrem-Bullshit?

Die Gorillatheorie der Anziehung

Das esoterische* Extrem-Wünsching beruht auf einem uralten Menschheitstraum: Wie schön wäre es, wenn wir mächtig und stark wären und die Wirklichkeit nach unseren Wünschen gestalten könnten. Anders formuliert: Wie schön wäre, es, wenn wir ein 800 Pfund schwerer Gorilla wären und …

»Wieso Gorilla?«, unterbricht Hugo.

»Hugo, wohin kann sich ein 800 Pfund schwerer Gorilla im Kino setzen?«

»Keine Ahnung.«

»Wohin er will! Die Wünschelwichte reden uns ein, dass wir ein 800 Pfund schwerer Wünschel-Gorilla sind. Der normale Gorilla schafft sich beim Hinsetzen, was er will – Platz. Wir Wünschel-Gorillas schaffen uns beim Power-Denken, was wir wollen – Mammuts oder Geld.«

»Wie kommen die auf die Idee, dass wir mit Gedanken die Wirklichkeit beeinflussen?«

GORILLA-THEORIE

»Wohin kann sich ein 800 Pfund schwerer Gorilla im Kino setzen?«
»Keine Ahnung.«
»Wohin er will!«

»Wenn wir einen Topf aus Ton machen, haben wir in Gedanken eine Vorstellung, wie er aussehen soll. Wenn wir einen Speer werfen, haben wir eine gedankliche Idee, wohin er das Mammut treffen soll. Wenn wir uns überlegen, wie wir das süße Mädchen aus der Nachbarhöhle rumkriegen könnten, machen wir uns Gedanken. Eine bekannte Gagtechnik ist die Übertreibung ins Extreme. Genau das taten auch unsere Altvorderen in der Steinzeit. Sie entwickelten die lustige Idee, dass wir mit Gedankenkraft *direkt* Dinge, Menschen oder Ereignisse beeinflussen können – also mit ‚Magie'. Die Wünschelwichte haben diese magischen Vorstellungen mit einer zusammengebastelten Weltanschauung theoretisch untermauert: Das esoterische Universum besteht aus göttlicher Substanz, du bist ein Teil davon, also bist du Gott. Ein Gott ist so was wie ein allmächtiger Gorilla: Er kann durch bloßes Denken erschaffen, was er will. Er tut das durch Gedankenstrahlen, die im Universum das Gedachte magnetisch anziehen. Für einen Gott gibt es dabei kein Gut und Böse. Du bist für ALLES in deinem Leben selbst verantwortlich. – Und die meinen das nicht metaphorisch!«

»Metaphorisch? Kannst du das nicht bildhafter ausdrücken?«

»Natürlich, Hugo: Denkste Geld, erschaffste Geld. Denkste Krankheit, erschaffste Krankheit.«

»Das heißt: Dem esoterischen Universum ist es wurscht, was du durch dein Denken erschaffst oder zulässt: Weltfrieden – okay! Aus deiner toten Großmutter eine Suppe köcheln?[10] Guten Appetit!«

»Ja, das alles nennen die Extrem-Wünscher das ‚Gesetz der Anziehung'. Unten steht das Wichtigste dazu. Vortrag Ende.«

»Siehste – geht doch!«

---

* Esoterik wird heute meist als Oberbegriff für Weltanschauungen benutzt, die die spirituelle Entwicklung des Menschen in den Mittelpunkt stellen. Esoteriker glauben oft an Erscheinungen, die naturwissenschaftlich nicht nachweisbar sind. Zur Esoterik (»Geheimwissenschaft«) gehören Lehren wie: Alchemie, Astrologie, Kabbala, Magie, Okkultismus, Hellsehen, Parapsychologie, Satanismus, Spiritismus, usw. Zur esoterischen Medizin gehören u.a.: Pendeln, Geistheilen, Handauflegen, Heilen mit Edelsteinen.

Wunsch-Bullshit im Universum

Die Theorie der Wünschelwichte

PLÜNDER-PLUNDER
Die Extrem-Wünscher haben Weltanschauungen und Wissenschaften ausgeweidet, Philosophien gefleddert und Religionen geplündert.

Extrem-Wünsching besteht aus dem esoterischen »Gesetz der Anziehung« und einem zusammengepantschten Pop-Gemisch aus Wunschdenken, extremer Denk-positiv-Philosophie, Schamanismus, Magie, vergewaltigter Physik, Pseudowissenschaft, jüdisch-christlichem Gedankengut, Hinduismus, Buddhismus und allerlei verschwippschwurgeltem Mumpitz. Die geheimnisvollen Gedankenstrahlen konnten in über 100 Jahren Forschung bisher weder nachgewiesen noch gemessen werden.

Das Gesetz der Anziehung besagt
Gleiches zieht Gleiches an

Das esoterische »Gesetz der Anziehung« behauptet, dass wir mit reiner Gedankenkraft Dinge (Geld), Gefühle (Liebe) oder Ereignisse (Jobs) herbeizaubern («anziehen«) können.
Seine Anhänger behaupten, es sei ein Naturgesetz wie Isaac Newtons mathematisch formuliertes Massenanziehungsgesetz (Gravitationsgesetz). Durch die Namensgleichheit soll es am Renommee dieses erfolgreichen Naturgesetzes teilhaben. Aber es ist im Gegensatz dazu weder beweisbar noch widerlegbar.

Das esoterische »Gesetz der Anziehung« ist auch die extreme Formulierung einer alltäglichen Erfahrung und klingt deshalb plausibel: Optimismus und positives Denken sowie die Konzentration auf selbst gesetzte Ziele macht Erfolge und gute zwischenmenschliche Beziehungen wahrscheinlicher. Und: Wer positiv denkt, wirkt auf andere »anziehend«, eine negative Haltung wirkt eher »abstoßend«. Das ist okay. Nur das Extrem ist fragwürdig.

Die Wünschelwichte wollen uns ihre magischen Vorstellungen durch bildhafte naturwissenschaftliche Vergleiche näher bringen. Sie sagen: Wie eine Radiostation senden wir unsere Wunschgedanken- Frequenz ins allmächtige Gott-Universum und ziehen dort das Gewünschte (»das Gleiche«) an. Allein durch die Kraft des Gedankens: »Gedanken werden Dinge«. Dabei bleibt völlig unklar, was »das Gleiche« bedeutet. Zudem wurden die geheimnisvollen«Gedanken-Strahlen« noch nie nachgewiesen.

Das esoterische »Gesetz der Anziehung« ist im Grunde die Kurzfassung der nebenstehenden dreiteiligen Weltanschauung.

Wunsch-Praxis

Das Universum ist wie ein riesiges Versandhaus und erfüllt Wünsche (Bestellungen) in 3 Schritten:

- Die Bitte: Wir senden hin unsere Gedanken als Wunschbestellung. Denken wir Geld oder Krankheit, bekommen wir genau dies.
- Der Glaube: Nicht an der Wunscherfüllung zweifeln. Tu so, als ob du das Erbetene schon hättest, und danke für den Empfang.
- Der Empfang: Wir empfangen das Erbetene. Jeder Wunsch wird erfüllt. Garantiert.

Wunsch-Theorie (Physik)

Materie ist eine Illusion, produziert von unserem Hirn und den Sinnesorganen. Sie besteht aus Atomen und die wiederum aus Quanten. Diese Quanten sind Schwingungen, also reine Energie. Wir auch, denn wir sind Teil dieses Universums. Auch Wünsche sind Energie, Gedanken-Schwingungen, die wir wie Radiowellen ins Universum senden. Dort ziehen sie "magnetisch" das Gedachte – »das Gleiche« – an und werden dann bei uns reale Dinge, Gefühle oder Ereignisse.

Wunsch-Metaphysik

Die Welt besteht aus einer einzigen geistigen Substanz. Die Welt ist das All-Eine, die Ganzheit – Gott. Alles ist eins. Eins ist alles. Alles hängt mit allem zusammen. Diese Substanz hat die Welt erschaffen und erschafft sie ständig neu. Wir sind ein Teil der Welt, bestehen auch aus dieser Substanz und sind somit ein Schöpfer-Gott. Wir erschaffen uns und unsere Welt dauernd selbst durch Gedanken und Wünsche. Bei diesem Schöpfungsprozess gibt es kein Gut und Böse.

VORGESPRÄCH: Extrem-Wünsching oder Extrem-Bullshit?

Drum hab ich mich der Magie ergeben ...

Goethe, Magie & Bullshit

Meist vermeide ich Themen aus Philosophie und Wissenschaft, die die dunkle Seite meines Freundes Jacky zum Glühen bringen. Aber in diesem Fall riskiere ich noch mal den üblichen Vortrag und gähne in vorauseilender Langeweile: »Kinder glauben an die gute Fee mit den drei Wünschen. Ist denn dieses magische Denken grundsätzlich schlecht?«

Goethe

»Nicht schlecht, aber bei Erwachsenen gefährlich. Niemand hat die Probleme besser beschrieben als Goethe in seiner Tragödie *Faust*.«
    »Erste Verwarnung!«
    »Faust ist unglücklich mit seinem Leben und seinem geringen Wissen. Er will das ändern und verspricht seine Seele dem Teufel Mephistopheles als Gegenleistung für magische Erkenntnisse und Fähigkeiten. Auch die Wünschelwichte versprechen Einsichten in das Geheimnis des Lebens und die Erfüllung deiner Träume durch die finsteren Mächte der Magie. Problematisch ist das, weil wir die Wirklichkeit verdrängen und uns in kindliche Allmachts-Träume zurückziehen, anstatt Probleme aktiv und rational anzugehen.«
    »Ist das etwa Bullshit?«

Faust und Mephisto in einem Gemälde von Tony Johannot

GOETHE WAR GUT
Mensch & Magie im Faust 1

Der Sinnsucher Doktor Faust:

Heiße Magister, heiße Doktor gar,
Und ziehe schon an die zehen Jahr
Herauf, herab und quer und krumm
Meine Schüler an der Nase herum –
Auch hab ich weder Gut noch Geld,
Noch Ehr und Herrlichkeit der Welt;
Es möchte kein Hund so länger leben!
Drum hab ich mich der Magie ergeben,
Ob mir durch Geistes Kraft und Mund
Nicht manch Geheimnis würde kund;
Daß ich nicht mehr, mit sauerm Schweiß,
Zu sagen brauche, was ich nicht weiß;
Dass ich erkenne, was die Welt
Im Innersten zusammenhält.

Der Teufel Mephistopheles:

Verachte nur Vernunft und Wissenschaft,
Des Menschen allerhöchste Kraft,
Laß nur in Blend- und Zauberwerken
Dich von dem Lügengeist bestärken,
So hab ich dich schon unbedingt!

Magie

»Nein. Das ist nur ein trauriger Tauschprozess: Du liest die Bücher, schaust dir die DVDs an und bekommst in einer enthusiastischen Anfangsphase die Illusion der Kontrolle über dich und die Welt. Aber wenn die meisten deiner Wünsche schließlich nicht in Erfüllung gehen, bleibst du am Ende des Tages mit ein paar gut formulierten Plattitüden im Sumpf deiner Probleme und Sorgen zurück – mit weniger Hoffnung als zuvor und mit dem schalen Gefühl eines getäuschten Opfers.

Bullshit sind unter Umständen die Argumentations- und Verkaufstechniken der Wunsch-Profis. Bullshit entsteht, wenn du mit der Wahrheit leichtfertig oder opportunistisch umgehst, nur um ein bestimmtes Ziel zu erreichen, nur um eine beabsichtigte oder auch unbeabsichtigte Wirkung zu erzielen.«

»Du meinst: Die Wünschelwichte sagen erstens etwas Wahres: ‚Das Leben ist schwer und das Erreichen unserer Wünsche und Ziele ungewiss'. Sie addieren etwas Falsches oder Unbeweisbares: ‚Durch Magie oder Zauberei können wir unsere Ziele und Wünsche garantiert erreichen – wie im Märchen'. Sie übertreiben das Ganze ins absolut Groteske und sagen: ‚Das Universum *ist* eine gute Fee, die **alle** deine Wünsche sofort erfüllt'. Dann stopfen sie den Zweiflern das Maul mit der lächerlichen Schmeichelei: ‚Du bist der allmächtige Herr des Universums, du bist der Schöpfer der Welt und deines Schicksals, du bist Gott' – und wickeln uns und ihr Wunschdenken mit einem edel wirkenden Quantenphysikschleifchen ein.«

Und Bullshit

»Du meinst mit *Bullshit* also nicht die Exkremente eines männlichen Rindes?«

»Nein, wäre dem Viech gegenüber unfair. Sein Mist enthält viel Verdautes, die Wünschel-Theorie jedoch viel Unverdautes. Wir halten uns an die erweiterte *philosophische* Bullshit-Definition des Princeton-Professors Harry G. Frankfurt. Lies doch mal.«

Bullshit-Definition »Niemand kann lügen, sofern er nicht glaubt, die Wahrheit zu kennen. Zur Produktion von Bullshit ist solch eine Überzeugung nicht erforderlich. Wer lügt, reagiert auf die Wahrheit und zollt ihr zumindest in diesem Umfang Respekt. [...] Der Bullshitter ist außen vor: Er steht weder auf der Seite des Wahren noch auf der des Falschen. Anders als der aufrichtige Mensch und als der Lügner achtet er auf die Tatsachen nur insoweit, als sie für seinen Wunsch, mit seinen Behauptungen durchzukommen, von Belang sein mögen. Es ist ihm gleichgültig, ob seine Behauptungen die Realität korrekt beschreiben. Er wählt sie einfach so aus oder legt sie sich so zurecht, dass sie seiner Zielsetzung entsprechen.« (Harry G. Frankfurt: Bullshit, S. 63)

Bullshit Taschenspielerei mit Wahrem und Falschem

HARRY G. FRANKFURT Der Philosophie-Professor an der US-Elite-Uni Princeton, schrieb 1986 sein einflussreiches Essay »Bullshit«.* Mit dem Begriff bezeichnete Frankfurt den opportunistischen Umgang mit der Wahrheit, um eine beabsichtigte Wirkung zu erzielen. Der Bullshitter wird lügen oder sogar die Wahrheit sagen. Es ist ihm gleichgültig. Hauptsache, er erreicht sein Ziel. Bullshit ist mittlerweile ein philosophischer Fachbegriff. In seinem Aufsatz** »Deeper into Bullshit« akzeptiert G. A. Cohen Frankfurts Definition grundsätzlich, rät aber, das Produkt zu analysieren, das Bullshit enthält, und zwar unabhängig davon, ob der Autor Bullshitting beabsichtigt hat oder nicht. Unser Buch schließt sich Cohen an: **Wenn wir etwas als »Bullshit« kritisieren, meinen wir immer nur das** Produkt, die Theorie, nie den Autor persönlich. Eventuelle Personifizierungen sind Kürzel dafür.

Harry G. Frankfurt

Orignal Bullshit Philosophie

Bullshit

* Harry G. Frankfurt: Bullshit. Suhrkamp Verlag, 1. Aufl. 2006. Original-Titel: »On Bullshit«. ** Gary L. Hardcastle und George A. Reisch (Hrsg.): Bullshit and Philosophie. Guaranteed to Get Perfect Results Every Time (Open Court, 2006)

Relatives Universum ...

Das Universum. Holzschnitt von Camille Flammarion, 1888. Wie man ins Universum reinruft ...

Hugo scannt unsere Notiz-Zettel und lehnt sich zurück.

»Wenn ich alles richtig verstanden habe, sagen die Extrem-Wünscher: Unser Gehirn sendet auf geheimnisvolle Weise geheimnisvolle und noch nie nachgewiesene Gedankenstrahlen in ein geheimnisvolles und nicht näher definiertes ‚Universum'. Dieses Universum verwandelt die Strahlen auf geheimnisvolle und nicht nachweisbare Weise in Geld oder Autos um und schickt sie uns nach Hause – wieder auf geheimnisvolle Weise. Das Universum betätigt sich auf ebenso geheimnisvolle Weise als Jobvermittlung, weist Krankheitserreger ab oder killt sie und regeneriert Zellen – und das ist Bullshit?«

»Nee, das ist einfach eine unwahrscheinliche und *außergewöhnliche Behauptung*.[11] Aber: Wenn sie wahr ist, wäre die gesamte Physik seit Isaac Newton falsch oder unvollständig.[12] Das hätte weitreichende Konsequenzen: Die rund fünf Millionen Schüler und Studenten in Deutschland würden in Physik, Chemie und Biologie momentan dummes Zeug lernen; Elektriker, Ingenieure und Ärzte müssten mit den Büchern der Wünschelwichte umgeschult werden; und die Extrem-Wünscher bekämen alle einen Nobelpreis.«

»Aber wo ist dann jetzt der Bullshit?«

»Die Leute sind ja nicht blöd. Wer sie mit solchen Ideen konfrontiert, provoziert ihren gesunden Menschenverstand. Und der stellt dann Fragen wie: Ist das Mumpitz? Gibt's dafür Beweise? Und das mit Recht, denn die außergewöhnlichen Behauptungen der Wünschelwichte erfordern außergewöhnliche Beweise. Die Extrem-Wünscher versuchen dauernd, *uns* diese Beweislast anzuhängen. Aber wir dürfen nie vergessen: Der Behauptende ist beweispflichtig.[13] Die Wünschelwichte spüren das instinktiv und sehen sich so vor der unangenehmen Situation, Begründungen, Belege und Beweise für ihre fantastische Theorie zu liefern, um die Ungläubigen zu bekehren, die Gläubigen zu bestärken und den Skeptikern das Maul zu stopfen. Das ist bei einer solchen Mumpitz-Theorie gar nicht so einfach. Und wegen des Erklärungsnotstands greifen sie dann gern zu gut klingenden Bullshit-Argumenten, *und genau da kann man sie packen*; denn wie Prof. Frankfurt sagte: ‚Sie werden gnadenlos Wahres oder Falsches präsentieren, nur um zu beweisen, dass ihre Theorie Wasser hält.'«

Hugo winkt ab: »Okay. Hast'n Beispiel?«

... und absoluter Bullshit

Angenommen jemand fragt mich skeptisch: »Kann ich mit dem Gesetz der Anziehung wirklich sein oder haben, was ich will?« Dann wäre es überzeugend, wenn ich antworten könnte: »Aber natürlich! Der große Physiker Einstein hat Großes geschafft, *weil er das Gesetz der An-*

ziehung kannte und anwandte (das heißt, er wünschte sich was, glaubte dran und bekam es). Das schaffst du damit auch.« Wenn mein Gegenüber Beweise will, zeige ich ihm, auf welcher Seite das in welchem Buch Einsteins steht. Beweis erbracht. Fall erledigt. Punkt. Aber Rhonda Byrne hat ein solches Argument wohl nicht, darum macht sie etwas, worin wir Fernsehleute ja Experten sind – sie bastelt eine gut klingende Story zusammen, die uns diesen Schluss *gefühlsmäßig nahelegen* soll. Rhonda:

> *»Der große Wissenschaftler Albert Einstein revolutionierte unsere Sicht von Zeit, Raum und Schwerkraft. Angesichts seiner ärmlichen Herkunft und schwachen Anfänge hätte man es für unmöglich gehalten, dass er einst all das erreichte, was ihm gelang. Einstein wusste sehr viel von dem Geheimnis ...«*
> (Rhonda Byrne, The Secret, S. 100)

Albert Einstein 1947. Vergeblich versucht Rhonda Byrne seine Zwangsrekrutierung als Geheimnisträger.

Großartige Schlagzeile: »Gesetz der Anziehung macht lernbehinderten jüdischen Betteljungen zum Nobelpreisträger«. Damit wäre das Gesetz in den Adelsstand erhoben worden: Seht her, was es kann! Klingt alles auch plausibel – man *weiß* ja, dass Einstein ein schlechter Schüler war. Die Geschichte hat nur einen Schönheitsfehler: Sie ist falsch. In dem kurzen Zitat sind laut Online-Lexikon *Wikipedia*, Stichwort »Einstein«, schon mal zwei Fehler versteckt:

»Die Familie zog [...] bereits kurz nach der Geburt Alberts 1880 nach München, wo sein Vater und sein Onkel eine **eigene Fabrik** für elektrische Geräte (Elektrotechnische Fabrik J. Einstein & Cie.) gründeten. Die Firma seines Vaters war für das erste elektrische Licht auf dem Münchner Oktoberfest verantwortlich und verkabelte auch Teile des Münchner Stadtteils Schwabing. [...] Seine **Leistungen waren gut bis sehr gut**, jedoch weniger gut in den Sprachen, aber herausragend in den Naturwissenschaften.« (Unsere Hervorhebungen)

Einstein hat die Physik revolutioniert? – Ja, aber das ist aber auch das Einzige, was in Rhondas Story stimmt. Ärmliche Herkunft? Falsch! – Schwache Anfänge? Falsch. – Einstein hat »das Geheimnis« (wünschen–glauben–erhalten) für seinen Erfolg angewandt? – Durch die fehlende Quellenangabe ist diese letzte Behauptung eine Zumutung (Wünschelwichte nennen grundsätzlich keine Quellen ihres »Wissens«). Wer die These von Einsteins *Kenntnis des Gesetzes* widerlegen wollte, müsste sämtliche Werke des Physikers lesen (allein 45 000 Dokumente lagern im Einstein-Archiv in Jerusalem!) und dazu noch die seiner wichtigsten Biografen. Oder er müsste wie wir das Riesenglück haben, Karen Kellys Buch *The Secret of »The Secret«* kurz vor unserer Manuskript-Abgabe in die Finger zu bekommen und darin auf Seite 176 zu lesen, was Einstein 1936 einem Kind antwortete, das ihn fragte, ob Wissenschaftler beten:

VORGESPRÄCH: Extrem-Wünsching oder Extrem-Bullshit?

*»[…] ein forschender Wissenschaftler wird kaum […] glauben, dass Ereignisse durch ein Gebet beeinflusst werden können, das heißt durch einen **Wunsch**, der an ein übernatürliches Wesen gerichtet ist.« (Unsere Übersetzung)*

Einstein »wusste« vom Geheimnis? Falsch. Alles Bullshit oder was? – Help me Rhonda!

Das Elend der Wünschelwichte

Johann Heinrich Voß

Die fünf untersuchten Bücher enthalten viel Gutes und Neues. Aber für die meisten dieser Ideen gilt das Wort des deutschen Dichters Johann Heinrich Voß (1751–1826): *Das Neue daran ist nicht gut und das Gute daran nicht neu.*

Gut, aber nicht neu, sind die vielen menschenfreundlichen Ratschläge bei allen fünf Autoren: Denk positiv, liebe dich selbst, sei glücklich, nimm dein Leben in die Hand, glaub an dich, akzeptier deine Fehler, sieh die Dinge entspannt, mach's nicht komplizierter als es ist, freu dich, wie gut es dir geht, setz dir hohe Ziele und verfolg sie mit Energie usw.

Gut, aber nicht neu, sind die vielen, oft sogar praktikablen Ideen, wie man diese Ziele durch *positives Denken* erreicht. Das darf man nicht gering schätzen, denn der Bedarf an Lebenshilfe ist groß.

Gut, aber auch nicht neu, ist der lebensbejahende Geist, die gute Laune, die alle Bücher durchweht: Das Leben ist schön, das Universum ist lieb, es gibt genug von allem für alle.

Aber das ist halt alles uralt und trivial. Das sagen Eltern täglich ihren Kindern. Freunde den Freunden, Partner dem Partner. Und: Das alles haben wir in der unübersehbaren Fülle der Ratgeberliteratur in den letzten hundert Jahren hundert Mal in hundert Varianten lesen können. Und in den fünf Büchern haben wir dazu *nicht einen einzigen* neuen Gedanken gefunden. Aber vielleicht sind wir hier voreingenommen …

Neu, aber nicht gut, ist die Präsentation dieser simplen und trivialen Dinge unter dem Deckmantel des Ratgeber-Buches, wobei klammheimlich ein problematisches Weltbild in die Gehirne der Leser geschmuggelt wird: ein gefälliges Pop-Medley aus Wunschdenken, Magie, Alchemisten-Mist und pseudowissenschaftlichem Physik-Geraune, das uns ohne Argumente, Quellenhinweise oder Begründungen (und oft ohne Kenntnisse) vor die Füße geworfen wird – da! Denk nicht, frag nicht – friss! Und das alles mit dem Gestus der Allwissenheit und mit der Attitüde, unerhörte Novitäten und absolute Wahrheiten zu verkünden.

Neu, aber nicht gut, sind die kindlich-gedankenlosen, aber auch großkotzigen und marktschreierischen PR-Sprüche: Wunschdenken kann garantiert alles herbeizaubern: Geld, Liebe, Jobs und Gesundheit. Egal, wer, wo oder was du bist! Wir bezweifeln, ob die hungernden, durstenden und kranken Analphabeten in den Flüchtlingslagern Afrikas über solche gedankenlos oder leichtfertig dahin geschwätzten Unverschämtheiten lachen können.

Neu, aber nicht gut, ist die suggestive Botschaft, man sei selber Gott, der allmächtige Herr des Universums und könne die Welt und sich selbst nach Gutdünken manipulieren.

Die Entscheidung

Es ist immer noch Mai. Wir sitzen wieder in meinem Garten, vor uns die Werke der fünf Wünschelwichte und ein Laptop. Jacky zeigt auf die kitschbunten Büchlein:
»Was ist nun – schreiben wir das Buch?«
Hugo windet sich: »Ich weiß nicht. Die Extrem-Wünscher reden von Quantenphysik, alten Philosophen und Magiern, von Esoterik und jüdischer Kabbala – von all dem haben wir doch absolut keine Ahnung.«

> **WUNSCH**
>
> Ich wünsch mir ein Hirn, dass nicht ständig gottverdammten Schwachsinn mumpfelt.

»Stimmt.«
»Und heißt es nicht: Geh nie zu einem Pistolenduell, wenn du nur ein stumpfes Messer in der Tasche hast?«
»Wir schärfen es beim Kampf. Ich glaube nämlich, die Extrem-Wünscher sind Laien wie wir. Sie spielen sich nur als Experten auf. Wenn das so ist: Davor brauchen wir keine Angst zu haben. Aufgeblasene Dummschwätzer haben wir im Fernsehgeschäft genug – mit so was kommen wir gut klar.«
»Und warum sollen sich ausgerechnet zwei alte Clowns aus dem Showbiz mit den Wünschelwichten herumschlagen?«
»In unserem Business gilt: Wirkung und Quote ist wichtiger als Wahrheit und Wirklichkeit. Teil unseres Jobs ist es, sie so hinzubiegen, dass Unterhaltung entsteht. Dabei ist uns fast jedes Mittel recht. Für einen Lacher tun wir alles, und wenn keiner kommt, schneiden wir halt einen rein. Eine stinklangweilige Verfolgungsjagd peppen wir durch Sekundentaktschnitte und dramatische Musik auf. Und wenn's der Unterhaltung dient, manipulieren wir in Freak-Shows fernsehgeile Idioten mit einer ausgeklügelten Dramaturgie. Und wenn sie wie geplant heulen, sich anbrüllen oder sonst irgendwie lächerlich machen, werfen wir sie dem geschätzten Publikum zum Fraß vor. Dabei ist es uns wurst, ob wir Echtes oder Konstruiertes präsentieren. Hauptsache, wir sind unterhaltsam. Mit anderen Worten: Wir Fernsehmacher produzieren nicht selten Bullshit. Als Profis erkennen wir Bullshit daher oft sicherer als andere.«
»Schon, aber …«

»Und ich verrate dir noch ein Geheimnis, Hugo: Vier der fünf Extrem-Wünscher sind oder waren im Showbusiness tätig – wie wir. Rhonda Byrne hat viele Jahre lang Unterhaltungsshows fürs Fernsehen produziert, Pierre Franckh ist Schauspieler und Regisseur, Bärbel Mohr war Foto-Reporterin, der Mann (und Co-Autor) von Esther Hicks war Zirkusartist und Show-Man. Alles Leute, deren Beruf es war oder ist, die Wirklichkeit zu manipulieren und wirkungsvoll darzustellen.

Und jetzt sind sie plötzlich alle Wahrsager, Magier und Schamanen, Psychotherapeuten, Ratgeber, Gurus und Priester in einer Person. Sie treten mit dem Anspruch auf, uralte magische Geheimnisse zu kennen und zugleich im Besitz der absoluten Wahrheit zu sein. Sie servieren ihre Zaubersüppchen mit quantenphysikalischem Maggi, um sie auch für naive Wissenschaftsgläubige schmackhafter zu machen und schwurbeln von Gedankenfrequenzen, die wir als Wunschbestellungen ins Universum ausstrahlen und dort dann durch das geheimnisvolle *Gesetz der Anziehung* zu Geld und Bettpartnern werden oder uns von Krebs, Pips oder Inkontinenz heilen.«

»Jacky, du hast ja recht. Seltsam ist auch, dass sie dieses mächtige Wissen mühsam mit Büchern, DVDs und Seminaren verhökern. Ich wär schon längst auf Hawaii und würde meinem Hintern eine UV-Einbrennlackierung gönnen.«

»Also, Hugo, was ist?«

»Okay, wir machen es.«

> **DUELL-THEORIE**
>
> »Geh nie zu einem Pistolenduell, wenn du nur ein stumpfes Messer in der Tasche hast.«

Wölfe im Schafspelz der Ratgeberliteratur?

Bullshit hat einen technischen und einen moralischen Aspekt. Die Techniken sind nicht verwerflich: Sätze wirkungsvoll formulieren, Gefühle ansprechen, Botschaften »rüberbringen«: All das sind legitime rhetorische Mittel. Der moralische Aspekt einer Handlung wird jedoch durch das Ziel bestimmt, wie Marc D. Hauser in seinem Buch *Moral Minds* zeigte (S. 317).

Zauberkünstler und wir Showpeople schummeln kräftig, um unser Publikum zu *entertainen*. Das ist meist ein fairer Deal: Die Zuschauer schenken uns ihre Zeit und bekommen als Gegenleistung die erwartete Unterhaltung. Die Leute sind nicht blöd: Sie wissen, dass wir nach allen Regeln der Kunst mogeln, um dieses Ziel zu erreichen. Sie erwarten es sogar.

Bei den Wünsch-dir-was-vom-Universum-Artisten geht es jedoch nicht um ein Publikum, das Unterhaltung sucht. Ihre Botschaft richtet sich an Menschen, die überschuldet oder alleingelassen, verzweifelt oder krank sind. Und diesen armen Leuten geben sie die Illusion der Kontrolle über das gesamte Universum.

Und da hört für uns der Spaß auf: Es ist moralisch höchst bedenklich, Arbeitslosen einzureden, sie bekämen nur durch Wünschen einen neuen Job, Armen zu suggerieren, sie bräuchten für Geld nicht zu arbeiten, Kranken die falsche Therapie aufzuschwätzen, sie könnten sich ihr Leid einfach wegwünschen.

Wer Bedürftigen und Kranken, Notleidenden und Sinnsuchenden eine spirituelle Mogelpackung verkauft – Bullshit, der nur wie eine Lösung aussieht –, beraubt sie nicht nur ihres Geldes und ihrer Zeit, sondern auch ihrer Würde und ihrer Hoffnung.[14]

Still ruht der See

Bei unseren Recherchen ist uns aufgefallen, dass die Wünschelwichte ihre Theorien ohne nennenswerte Gegenwehr verbreiten können.

Am erstaunlichsten ist, dass die monotheistischen Religionsgemeinschaften wie Moslems, Juden und Christen sich öffentlich kaum um ihre immer stärker werdende Konkurrenz kümmern: Merken die nicht, dass da eine heimliche Palastrevolution stattfindet? Nicht mehr Gott ist Gott, *jeder* ist Gott. Und jeder Idiot kann erschaffen, was ihm gerade im Hirn herumdüdelt? Das hat uns angesichts aller Unmenschlichkeiten auf der Welt gerade noch gefehlt: dass man uns einredet, wir seien Gott. Benedikt ratzt du in Rom?

Seltsam ist auch, dass die meisten Wissenschaftler die Extrem-Esoteriker totschweigen, als wären es schmuddelige Verwandte aus dem Prekariat. Dabei vergessen sie, dass ein guter Teil ihres Erfolges sich aus dem Gedanken der Aufklärung entwickelt hat. Und Aufklärung von Experten wäre bitter nötig angesichts eines Rudels von Okkultisten, die auf geistigem Gebiet das sind, was unsere Vorfahren in den Savannen Afrikas wohl auf kulinarischem Gebiet waren: opportunistische Aasfresser.[15]

Esoteriker ernähren sich von den Kadavern längst verrotteter Theorien; aber wenn die Raubkatze Wissenschaft eine neue Beute erlegt, stürzen sie sich gierig auf das Frischfleisch. Newtons Gravitationstheorie (1687), Maxwells Theorie des Elektromagnetismus (1864), die experimentelle Entdeckung der Radiowellen von Hertz (nach 1886), Einsteins spezielle Relativitätstheorie (1905) und vor allem die Quantenmechanik von Heisenberg und Schrödinger (1925) – bei jeder dieser unglaublich erfolgreichen wissenschaftlichen Theorien brachen Esoteriker und andere Obskurantisten in Triumphgeheul aus und schlugen ihre fauligen Fänge in die frisch-saftigen Theorien-Steaks, um ihre uralten magischen Wunschvorstellungen endlich mit neuester Forschung zu »beweisen«, wie wir in Bärbel Mohrs Kapitel zeigen.[16] Während die Wissenschaftler heute noch mühsam erforschen, wie das Universum genau aussieht, behaupten die Wünschelwichte, dass es uns – wie Bill Bryson sagt – bereits Päckchen schickt.

Zum Glück gibt es da ein kleines, wenig bekanntes, aber aufrechtes Fähnlein Fieselschweif des kritischen Denkens. Die dazu gehörenden Wissenschaftler nennen sich »Die Skeptiker« (www.gwup.org) und sind organisiert in der Gesellschaft zur wissenschaftlichen Untersuchung von Parawissenschaften e.V. (GWUP). Ihr Motto: Außergewöhnliche Behauptungen erfordern außergewöhnliche Beweise. Das sehen wir auch so. Danke für die vielen Artikel und Informationen über die Pseudo-Wissenschaften.

Wir haben uns nicht vorgenommen, die Extrem-Wünsching-Theorie zu widerlegen. Erstens ist sie möglicherweise unwiderlegbar, und zweitens fehlen uns dazu vor allem die philosophischen, theologischen und physikalischen Kenntnisse. Aber die *praktischen Konsequenzen* der Theorie und vor allem die vorgelegten Wunderbeweise können und werden wir beurteilen. Dabei widmen wir jedem Extrem-Wünscher ein Kapitel.

In einem Punkt sind wir dem Rat der »Skeptiker« allerdings nicht gefolgt. Sie mahnen zu Recht,

ernst und neutral an die Dekomposition der Parawissenschaften zu gehen.
Scheiß drauf! Neutralität und akademische Distanz sind nicht unser Ding. Wir sind halt zwei alte Clowns und benutzen die Waffen, die wir gut kennen: die Tröte, die Klatsche und die Wasserspritze. Und wem das nicht gefällt, kann uns ja eins auf die Pappnase geben.

Und los!

Als Begrüßungsgeschenk bekommen Sie, liebe Leser, auf den nächsten vier Seiten eine Tabelle, die wir selbst gebastelt haben. Sie enthält den Kern der Theorien der untersuchten Wünschelwicht-Bücher in Form eines entlarvenden Frage- und Antwortspiels. Wir fragen – die Wichtel antworten mit wörtlichen Zitaten aus ihren Werken. Sie erinnern sich: Die Theorie der Extrem-Wünscher basiert auf dem ...

GESETZ DER ANZIEHUNG
ES BESAGT
GLEICHES ZIEHT GLEICHES AN.

Dieses Jahrtausende alte *Meisterwerk der Mumpitz-Magie* konnten wir durch eine brillante Zusatz-Hypothese erweitern und verfeinern. Wir sind sehr stolz darauf:

DREKSLER-BALDER ZUSATZ-HYPOTHESE
ZUM
GESETZ DER ANZIEHUNG
SIE BESAGT
GLEICHE FORMULIERUNGEN
ZIEHEN GLEICHE FORMULIERUNGEN AN.

Alles abgekupfert? Entscheiden Sie selbst! Vergleichen Sie die Zitate und genießen Sie die faszinierenden Übereinstimmungen.
Viel Spaß!

Wunsch-Bullshit im Universum

Extrem-Wünsching in Frage & Antwort

Das Gesetz der Anziehung

präsentiert von den esoterischen Wünschelwichteln
Du bestellst – Das Universum liefert. Garantiert.

»Gleiches zieht Gleiches an«

WÖRTLICHE ZITATE	RHONDA BYRNE bzw. die 24 »Mitautoren« **The Secret – Das Geheimnis**	ESTHER HICKS **Wünschen und bekommen**
1. Welche Wünsche werden erfüllt?	»Sie können alles haben, tun oder sein, was Sie wollen.« (15)	»Es gibt nichts, das Du nicht sein, tun oder haben kannst.« (47)
2. Alle? Wer sagt das?	»Das mächtigste Gesetz im Universum« (18)	»… das machtvoll Gesetz der Anziehung …« (69)
3. Wie heißt dieses Gesetz?	»Das Gesetz der Anziehung« (22)	»Das Gesetz der Anziehung« (69)
4. Und was behauptet das?	»Gleiches zieht Gleiches an« (22)	»Gleiches zieht Gleiches an.« (140)
5. Und womit ziehe ich etwas an? Mit Gedanken?	Durch die Macht des Denkens	»Deine Wünsche und Überzeugungen sind […] Gedanken.« (60)
6. Was passiert, wenn ich Wünsche äußere, also Gedanken denke?	»Gedanken senden ein magnetisches Signal aus, welches die Entsprechung […] zurückzieht«. (24)	»Ein solcher Wunsch setzt die magnetische Anziehungskraft in Gang.« (60)
7. Hey, dann bin ich also eine Art Sender! * Frequenz = Schwingungen pro Sekunde	Ja. »Sie sind wie ein menschlicher Sendeturm; Sie senden mit Ihren Gedanken eine Frequenz* aus.« (41)	Ja. »Du bist ein Sender energetischer Schwingungen, und in jeder Sekunde […] strahlst Du Dein Signal aus.« (87)
8. Wie geht das mit dem Senden technisch?	»… Gedanken haben eine Frequenz. Während Sie denken, werden Ihre Gedanken in das Universum ausgesandt, und sie ziehen magnetisch alle *gleichen* Dinge an …« (25)	»Jeder Gedanke schwingt, jeder Gedanke sendet ein Signal aus, und jeder Gedanke zieht wiederum ein passendes Signal aus der Umwelt an.« (69)

VORGESPRÄCH: Extrem-Wünsching oder Extrem-Bullshit?

Dreksler & Balder

präsentieren zum ersten Mal in der Geschichte der Esoterik eine neue Zusatzhypothese zum Gesetz der Anziehung

»Gleiche Formulierungen ziehen gleiche Formulierungen an«

NEU! mit Gesetz der Anziehung mit Hypothese Plus®

PIERRE FRANCKH Erfolgreich wünschen	BÄRBEL MOHR Bestellungen beim Universum (A) Übungsbuch (B)	BEMERKUNGEN
»Das Faszinierende ist […], dass es […] keine Grenzen gibt.« (16)	»Du brauchst nur […] zu sagen, […]was Du haben willst, und es wird kommen.« (A 14)	Kurz: alle Wünsche ohne Ausnahme
»Physikalisches Grundgesetz« (83)	»… geistiges Gesetz des Universums« (A 15)	
»Gesetz der Resonanz« (87)	»Gesetz der Resonanz« (A 26)	Resonanz = Mitschwingen
Gleiches zieht Gleiches an (87)	Gleiches zieht Gleiches an. (A 26)	Volksmund: Gleich und Gleich …
»Jeder Gedanke ist reine Energie und wirkt seinerseits auf die Energie ein«. (82)	»Gedanken formen Materie.« (A 32)	
»Unsere Gedanken sind wie unsichtbare Magnete …« (88)	»… die Energie folgt der Aufmerksamkeit und verstärkt das …« (A 69)	
»… Gedanken, Gefühle, Emotionen, Ereignisse und Situationen (sind) nur verschiedene Erscheinungsformen der Energie.« (79)	»Nicht Materie ist die eigentliche Realität, sondern Schwingung.« (A30)	
»Unsere Gedanken sind […] Energien, die auf einer ganz bestimmten Frequenz schwingen […] bringen Gleichschwingendes in Bewegung.« (88)	Die Ausstrahlung verschieden hoher Schwingungen und Energien beeinflusst Menschen. (A 33)	

Kurt Tepperwein geht von der gleichen Background-Theorie aus, deutet das aber nur vage an.

Wunsch-Bullshit im Universum

	RHONDA BYRNE The Secret – Das Geheimnis	**ESTHER HICKS** Wünschen und bekommen
9. Also etwa so wie beim Fernseher oder Radio?	»Wir wählen die Frequenz, indem wir einen Kanal einstellen, und dann empfangen wir die Sendungen, die auf jenem Kanal ausgestrahlt werden.« (25)	»Dieses Prinzip lässt sich am besten verstehen, wenn Du ein Radio [...] auf die Frequenz eines bestimmten Radiosenders einstellst.« (69)
10. Was bedeutet das denn konkret?	»Wenn es Geld ist, was Sie brauchen, werden Sie es anziehen.« (74)	»Du bekommst das, worüber Du nachdenkst ...« (72)
11. Wenn ich etwas denke, krieg ich es als »Ding«?	Ja. »Gedanken werden Dinge." (24)	Ja. Jeder Wunsch »... wird sich früher oder später physisch manifestieren.« (121)
12. Garantiert?	Ja. »Das Gesetz ist absolut präzise, es macht keine Fehler.« (27)	»Alle [...] Wünsche [...] werden sofort [...] erfüllt, ohne Ausnahme.« (100)
13. Und negative Wünsche?	»Negative Botschaften sind Ihnen nicht dienlich.« (167)	»In diesem [...] Universum gibt es kein Ausschließen.« (91)
14. Das alles soll funktionieren? Glaub ich nicht.	»Das Gesetz ... wirkt immer, ob Sie es glauben oder verstehen oder nicht.« (30)	»Es funktioniert, ob Du es verstehst oder nicht.« (81)
15. Ich erschaffe meine Welt?	Ja. »Sie sind ein Schöpfer ...« (61)	Ja, Du bist »... ein Schöpfer oder eine Schöpferin ...« (135)
16. Ich schöpfe Hoffnung. Wie schöpfe ich denn nun, was ich wünsche?	»Der schöpferische Prozess in drei einfachen Schritten hilft Ihnen zu erschaffen, was Sie wollen: Bitte, glaube und empfange.« (88)	»Der *Schöpfungs-Prozess* [...] besteht aus lediglich drei Schritten: [...] Du bittest [...] Deine Bitte wird beantwortet [...] Die Erfüllung ...« (99)
17. Woran erkenne ich, dass ich alles richtig mache?	»Die Emotionen sind ein ... Geschenk. Sie lassen uns wissen, was wir gerade denken.« (46)	»Deine Emotionen zeigen Dir ... präzise die Richtung Deines Denkens an ...« (137)
18. Muss ich das üben?	»Mit etwas Kleinem anfangen – etwa mit [...] einer Parklücke ...« (89)	–
19. Wie schnell krieg ich mein Schloss, meine Yacht, meinen Traumpartner?	»... [es] gibt eine zeitliche Verzögerung, sodass sich nicht alle Ihre Gedanken augenblicklich erfüllen.« (38)	»Erwarte keine sofortigen Resultate.« (Wunscherfüllung. Die 22 Methoden, S. 144)
20. Dann bin ich ja Gott!?	Ja. »Sie sind der Herr des Universums.« (216)	Ja. »Du bist Ur-Kraft. Du bist Schöpferin.« (75)

VORGESPRÄCH: Extrem-Wünsching oder Extrem-Bullshit?

PIERRE FRANCKH Erfolgreich wünschen	BÄRBEL MOHR Bestellungen beim Universum (A) Übungsbuch (B)	BEMERKUNGEN
»Die Schwingungsfrequenz erhöhen - Das ist wie das Verstellen eines Senders im Radio.« (96)	»Wir sind [...] eine Art Radiostation. Wir senden ständig irgendwelche Gedanken aus ...« (B 74)	Alle sehen das Universum auch wie ein riesiges Versandhaus, das Bestellungen entgegennimmt und versendet.
»Ob Geld, Haus, Autos ..., alles ist möglich.« (16)	»[...] sagen, [...] was Du haben willst, und es wird kommen.« (A 14)	Alle empfehlen u. A. die schriftliche Wunschbestellung.
»Was wir denken, materialisiert sich.« (84)	Ja, »... als würde ich mir mit meiner inneren Einstellung [...] meine Lebensumstände bestellen.« (A 98)	Alle betonen, dass genug von allem da ist. Das Bestellte fehlt keinem anderen.
Ja. »Das, was gewünscht wird, wird geliefert ...« (41)	»Anfängern schickt das Universum genau das Bestellte ...« (B 131)	Das Garantie-Zertifikat
»Das Universum filtert ... die Worte ‚kein' und ‚nicht'...« (38)	»... ‚Kein' und ‚nicht' werden gestrichen.« (A 15)	Hat das Universum bei Heidegger geklaut: „Das Nicht nichtet."
Keine Angabe.	Ja. »Für den Anfang brauchst du eigentlich noch nicht einmal richtig dran zu glauben ...« (A 16))	Frage- und Antwort-Tabelle
Ja. »... wir [sind] die Schöpfer aller Dinge.« (41)	Ja, wir haben »Schöpferkraft«. (B 18, 34)	„»Schöpfer« ist hier im Sinne von »Gott-Schöpfer« gemeint.
In 3 Schritten: Bestellung, Glaube, Dank + Lieferung (62, 63 ff.)	»‚Zuerst muss der Glaube da sein, dann das Vertrauen ... anschließend kommt der universelle Beweis. Er manifestiert sich durch Deinen Glauben.'« (A 15)	Wenn ich Teil des Universums bin, warum muss ich mich dann selber bitten und daran glauben, dass ich meinen Wunsch erfülle?
»... [man] muss nichts anderes tun als dem nachgehen, was sich gut anfühlt.« (153)	»Dein oberstes Gebot lautet: ‚Was sagt mein Bauch? ...'« (A 36)	Alle sagen zudem, der Verstand müsse ausgeschaltet werden.
»Parkplätze sind die leichteste Übung ...« (24)	»Wenn du ein Auto hast, kannst du mit Parkplätzen üben.« (A 81)	Auch Kurt Tepperwein rät, mit Parkplätzen zu beginnen (25 f.)
»Unmögliches wird sofort erledigt.« (120)	»... es könnte umgehend kommen!« (A 13) Aber man muss »Druck machen.« (A 12 f.)	Alle Vier sagen ebenfalls, dass sich Wünsche auch **sofort** erfüllen.
Ja. »... wir [sind] die Schöpfer aller Dinge.« (41)	»Ich bin kraftvolle/r Schöpfer/in meiner Realität.« (B 117, 44)	Für Christen, Juden und Muslime ist das reine Blasphemie.

2. Rhonda Byrne

Die Herrin der Anziehungskraft

Es möchte kein Hund so länger leben!
Drum hab ich mich der Magie ergeben,
Ob mir durch Geistes Kraft und Mund
Nicht manch Geheimnis würde kund.

Goethe, Faust I

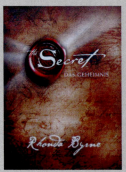

Rhonda Byrne: The Secret – Das Geheimnis

Rhonda ist eine australische Fernsehproduzentin (Prime Time Productions) und produzierte u. a. Sendereihen wie »The World's Greatest Commercials«. »Die Ratgeber-Literatur hat einen neuen Bestseller«, schrieb (wie gesagt) der Focus eine Woche, bevor Rhonda Byrnes Buch The Secret – Das Geheimnis im April 2007 in Deutschland erschien. Das ist eine doppelte Untertreibung. Erstens handelt es sich hier nicht um klassische Ratgeber-Literatur, sondern um die neue Heilige Schrift des Extrem-Wünschings; zweitens ist The Secret nicht nur das erfolgreichste Wunder-Werk der letzten Zeit, es ist zugleich Teil eines Gesamtkunstwerks der Geld- und Anhängervermehrung, bestehend aus 90-Minuten- Film, Hörbuch, Buch, Webseite und einem cleveren Mix aus klassischem und viralem Marketing. Die englische Originalversion von The Secret erschien auf Rhondas Website (www. thesecret. tv) im März 2006, das gleichnamige Buch kam im November 2006 auf Englisch und im April 2007 auf Deutsch heraus.

Rhonda Byrne: The Secret - Das Geheimnis. Goldmann Verlag 2007.
Alle allein stehenden Seitenangaben im folgenden Kapitel beziehen sich auf dieses Buch.

The Secret - Eine kleine Vivisektion

Vivisektion – so nennen Chirurgen den Eingriff am lebenden Körper. Rhondas Werk lebt nicht nur, es strotzt vor Vitalität und vermehrt sich munter in den Gehirnen von Abermillionen Menschen, die nach den drei großen R suchen: R-leuchten, R-kennen und R-raffen.

Auf allen drei Gebieten hat Rhonda mehr zu bieten als die anderen Wünschelwichte. Sie arbeitet systematischer und showiger als ihre Kollegen. Das erklärt ihren unglaublichen Erfolg. Wer »The Secret« ergoogelt, bekommt rund 70 Millionen Einträge – je nach Browser (2007). Unsere Frage- und Antwort-Tabelle in den vorhergehenden Abbildungen zeigte ein klares Ergebnis: Die Wünschelwichte haben offensichtlich den gleichen Kurs »Problemlos Wasser kochen« absolviert und köcheln alle mit demselben durchsichtigen Material – mit spirituellem H_2O.

Da fragt man sich: Wie kann das sein? Wo ist die Quelle? Von Pierre Franckh, Bärbel Mohr und Kurt Tepperwein bekommen wir dazu keine Hinweise und müssen annehmen, dass sie durch einen Zufall auf die gleichen feuchten Ideen gekommen sind und sie auch noch ähnlich formulieren. Esther Hicks wiederum hat ihre Theorie – wie sie in ihrem Buch *Wünschen und bekommen* sagt – von einem Gruppengeist namens Abraham diktiert bekommen. Ob wir auch mit ihm reden können, haben wir gefragt. Leider hat der Geist stets verneint. In diesem Kapitel versuchen wir, drei Fragen zu klären:

1. WIE ERKLÄRT SICH RHONDAS ERFOLG? Wenn uns alle dieselbe durchsichtige Materie verhökern: Warum ist Rhonda momentan so viel erfolgreicher als all die anderen Wasserträger des Universums? Zumal ihr Wasser auch noch wesentlich teurer ist als das der anderen. Wie hat sie es geschafft, das Wasser der Konkurrenten wie Ersatzflüssigkeit aussehen zu lassen?

2. Wie rechtfertigt Rhonda ihre Theorie? Die Wünschelwichte spüren instinktiv: Nicht alle Menschen sind so blöd und leichtgläubig wie der eitle Kaiser im Märchen. Er ließ sich bekanntlich von betrügerischen Schneidern für viel Geld unsichtbare Kleider herstellen und einreden, nur würdige, intelligente Menschen könnten sie sehen. Wie alle Extrem-Wünscher legt auch Rhonda großen Wert auf *Zeugen*, die ihre nichtmessbaren Gedankenstrahlen glaubwürdig machen. Wir untersuchen in Stichproben drei dieser »Zeugen«: (a) die mit dem Gesetz der Anziehung gewirkten Wunder, (b) die angeblichen Testimonials berühmter Geistesfürsten der Geschichte und (c) die naturwissenschaftlichen Beweise.

3. Wer sind Rhondas Spiessgesellen? Die Australierin hat 24 Glaubensgenossen gefunden, die mit ihr zusammen die DVD und das Buch *The Secret* zusammengeklaubt haben. Viele sind sehr erfolgreiche Motivationstrainer, Werbefachleute, Finanz-»Experten« oder Bestseller-Autoren der Ratgeberliteratur. Deren Klaubwürdigkeit steht für uns außer Frage; die Glaubwürdigkeit werden wir in ausgewählten Fällen allerdings unter die Lupe nehmen.

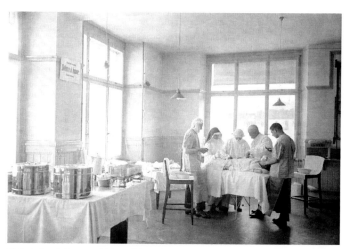

Vivisektion: Schwester Hildegard, bitte das Operationsbesteck und viele Tupfer! – Rhonda, lehn dich zurück ... da kommt schon die kleine Spritze. Keine Sorge, es tut gar nicht weh. Sie ist doch ganz stumpf!

Noch ein Wort zu dem, was wir *nicht* vorhaben:
Wir werden nicht untersuchen, ob Rhondas Gesamt-Theorie (und die der anderen Wünschelwichte) wahr oder falsch oder Bullshit ist. Wir glauben (wie gesagt), dass sie unwiderlegbar ist wie die Tautologie: »Wenn der Hahn kräht auf dem Mist, ändert sich das Wetter, oder es bleibt, wie es ist.« Anders formuliert: Wir werden nicht untersuchen, ob die philosophischen,

theologischen oder naturwissenschaftlichen Teile der Theorie einer kritischen Prüfung standhalten. Dazu fehlen uns die Fachkenntnisse.

Wir werden nicht ausführlich untersuchen, wo Rhondas Ideen-Gut (und das der anderen Extrem-Wünscher) herkommt. Hier muss eine kleine *tour d'horizon* genügen (Esthers und Rhondas Ahnen - Von der Wissgier zur Raffgier, S. 84).

Was wir allerdings vorhaben: Wir punktieren den esoterischen Körper mal an ein paar ausgewählten Problemzonen und schauen nach, ob hier und da heiße Luft entweicht.

Till Eulenspiegel

Titelseite der ersten erhaltenen Ausgabe des *Eulenspiegel*. Von Johannes Grieninger 1515 in Straßburg gedruckt. Nach dem einzigen bekannten Exemplar des Britischen Museums in London.

Wir basteln uns eine Geheimniskrämerei

In der ersten Hälfte des 14. Jahrhunderts rief Till Eulenspiegel die Schneider aus ganz Sachsen zu einem Meeting und versprach, er wolle sie eine großartige Kunst lehren. Als sie alle beisammen waren, enthüllte er: Wenn ihr die Nadel eingefädelt habt, vergesst nicht, ans andere Ende des Fadens einen Knoten zu machen.

»Hugo, was hat das mit Rhonda Byrnes Werk zu tun?«

»Sehr viel – wart's ab! Ich hab die ersten Seiten von Rhondas Buch analysiert und dabei ein Geheimnis entdeckt.«

»Du? A-na-ly-siert? Allmächtiger! Soll ich schon mal den Notarzt rufen?«

»Wie du wünschst.«

Unabsichtlicher Bullshit

Die Fernsehproduzentin Rhonda Byrne wollte mit ihrem Werk sicherlich keinen Bullshit produzieren – dazu ist sie zu intelligent, gebildet und erfahren. Doch wenn wir Fernsehleute überhaupt was gelernt haben, dann dies:

- **Pack sie:** Pack dein Publikum mit einem knalligen Aufmacher, der ein Versprechen enthält.

- **Rühr sie:** Rühr die Herzen der Menschen mit einer emotionalen Story.

- **Faszinier sie:** Gib ihnen das Gefühl etwas Sensationelles oder Einmaliges zu bekommen.

Und so geraten uns Texte und Filme unter der Hand manchmal zu Meisterwerken des Bullshits, in denen wir nur ein Ziel haben: unsere Botschaft optimal an den Mann zu bringen. Dazu ist uns – Wahrheit hin, Fakten her – dann jedes professionelle Mittel recht.

Gut gemachter Bullshit hat die Tendenz, einem durch die Finger zu rinnen, sobald man versucht, ihn zu packen. Wer uns oder einem guten Zauberkünstler die Tricks entreißen will, hat oft nur eine Chance: Er oder sie muss die Vorführung in Einzelbildschaltung durchgehen oder die Szenen freezen – sie einfrieren, um sie genau zu betrachten.

Na, dann – Festplatte ab! Die Zahlen in Klammern sind die Seitenzahlen von Rhonda Byrnes Buch *The Secret – Das Geheimnis*.

Pack sie – das Versprechen

Freeze 1: Die Verheissung. Rhonda verspricht zu Beginn des Buches und des Films:

»Das Geheimnis gibt Ihnen alles, was Sie wollen: Glück, Gesundheit und Reichtum.« (Bob Proctor in: The Secret, S. 15)

»Geheimnis« klingt klasse! Guter Schachzug. Jeder möchte gern ein Geheimnis erfahren. Rhondas Design unterstützt dieses Versprechen (und das ist natürlich kein Verbrechen).

Die Cover-Ästhetik vieler deutscher Wünschelwichte liegt irgendwo zwischen Poesiealbum und Mai-Andacht. Rhonda Byrne dagegen zelebriert ein Hochamt des Designs: der Umschlag wie ein Pergament aus einem Dan-Brown-Roman. Darauf ein rotes Garantie-Siegel, edel schimmernd, wie vom gelbwarmen Licht einer Pechfackel beschienen; die Seiten wie alte Dokumente; die Kapitelüberschriften wie vom Gänsekiel gekratzt! Die Botschaft ist unübersehbar: Altehrwürdigen Bibliotheken wurde ein kostbares Geheimnis entrissen; nun wird es uns anvertraut - das Mysterium der Weisen, das »Geheimnis des Lebens«.

Rhondas Website www.thesecret.tv ist analog designed: eine verwunschene Grotte, mystisch erleuchtet wie die Pharaonengruft in einem Sandalenfilm der Sechziger. Dort verkündet Kollegin Rhonda in der uns Fernsehproduzenten eigenen Zurückhaltung eine »neue Ära der Menschheit«:

»Dies ist das Geheimnis für alles – das Geheimnis für grenzenlose Freude, Gesundheit, Geld, Beziehungen, Liebe, Jugend: alles, was Sie immer schon wollten.« (www. thesecret. tv, Homepage, unsere Übersetzung)

Rühr sie – die Tränendrüse

Freeze 2: Am Abgrund. Jedes gute Märchen braucht eine vernünftige »tragische Fallhöhe«: 2004 brach Rhonda Byrnes Leben zusammen:

»Kurz bevor ich das Geheimnis entdeckte, teilten meine Buchhalter mir mit, dass meine Firma [...] in spätestens drei Monaten der Geschichte angehören werde.« (S. 122)

Freeze 3: Das rettende Geschenk. Wie heißt es? Die dunkelste Stunde ist immer kurz vor dem Morgengrauen. Rhonda:

Der Mann auf der Straße kann es kaum fassen: Würde Rhondas Firma in drei Monaten pleite sein?

»Damals konnte ich nicht ahnen, dass mir aus meiner tiefsten Not das größte Geschenk erwachsen sollte. Ich durfte einen Blick auf ein großes Geheimnis werfen, auf das Geheimnis über das Leben.« (S. 9)

Wer darf das schon! Auf ihrer Website wird erläutert, welche Gnade Rhonda widerfuhr:

»Es war im Frühjahr 2004 [wohl Frühjahr in Australien, also unser Herbst, H&J] als ein kleines altes Buch mit dem Titel ‚The Science of Getting Rich' [Die Wissenschaft des Reichwerdens, H&J] in ihre Hände gelegt wurde.« (www. thesecret.tv/ts_ presskit.pdf, S. D1, unsere Übersetzung)

Freeze 4: tote Geheimnisträger. Wer hätte hinter solch einem Titel das »Geheimnis des Lebens« vermutet! Das Buch war aus dem Jahr 1910 und stammte von Wallace D. Wattles (1860 – 1911),

Rhonda Byrnes' Website (Ausschnitt): In der geheimnisvoll erleuchteten Web-Grotte wird »A New Era For Humankind« – eine neue Ära der Menschheit – durch das »machtvollste Gesetz im Universum« verkündet. (www.thesecret.tv/home.html)

Wallace D. Wattles (1860 – 1911) schrieb 1910 *The Science of Getting Rich* (Die Wissenschaft des Reichwerdens).

einem Pionier der Wie-werde-ich-(erfolg)reich-Literatur. Der gute Wattles erwähnte das Gesetz der Anziehung in seinem Büchlein genau zwei Mal. Er vertrat die Basistheorie vom *amerikanischen Traum*, jeder »normale« Mensch habe das Bedürfnis reich zu sein und wer nicht, vernachlässige seine Pflichten gegenüber sich selbst, Gott und der Menschheit. Wir kommen auf ihn zurück.

Kleingeister hätten mit diesem profunden Wissen bestimmt versucht, »wissenschaftlich« fundiert reich zu werden. Bei Rhonda Byrne aber obsiegte die intellektuelle Wissbegierde:

»*Ich begann, die Spur des Geheimnisses in der Geschichte zurückzuverfolgen, und vermochte kaum zu glauben, wie viele Menschen es gekannt hatten […] Platon, Shakespeare, Newton, […] Edison, Einstein.*« (S. 9)

FREEZE 5: LEBENDE GEHEIMNISTRÄGER. Nun sind wir Fernsehschaffenden oft hochintelligent (auch wenn unsere Produkte das nicht immer vermuten lassen). Und so …

»Ungläubig fragte ich mich: ‚Warum weiß das nicht jeder?' [...] und ich fing an, nach heute lebenden Menschen zu suchen, die es kannten.« (S. 9, Rhondas Hervorhebung)

Gestärkt durch *Das Geheimnis* suchte sie Mitwisser: Wo wurde Rhonda Byrne nun fündig? Bei den Schamanen der Aborigines im heimischen Australien? Bei Grotten-Yogis im Karakorum-Gebirge? Bei den Medizinmännern im Amazonas-Becken? Nein, durch eine wundersame Fügung des Schicksals lebten alle Geheimnisträger in – na? – den USA, dem bedeutendsten Weltmarkt für spirituellen Mumpitz! Rhonda Byrne »entdeckte« auf diese Weise 24 sogenannte »Lehrer« – interessanterweise fast alles amerikanische Bestsellerautoren und höchst erfolgreiche Motivationsgurus, die mit teuren Seminaren, Vorträgen und Büchern ihr Geld verdienten und mit fast 200 Zitaten »Mitautoren« von Rhonda Byrnes DVD und Buch wurden. Darunter sind Auflagen-Tycoons wie Jack Canfield, der – laut Rhonda – mit Werken wie *Chicken Soup for the Soul* (deutsche Ausgabe *Hühnersuppe für die Seele*) weltweit über 100 Millionen Einheiten verkauft hat. (S. 225)

FREEZE 6: DIE VISION. Was würden Sie und wir mit dem Besitz eines solchen Geheimnisses tun? Südostasien kaufen? Nicht so Rhonda:

»Die Vision, es durch einen Film in die Welt zu tragen, nahm von mir Besitz ...« (S. 10)

Bei diesem schwurbeligen Tonfall möchte man Regieanweisungen geben: Leute, Licht langsam dimmen, dezenter Bodennebel und leise Gleich-passiert-was-Musik ab!

FREEZE 7: DAS WUNDER VON MELBOURNE. Und es geschahen seltsame Wunder ...

»Sieben Wochen später hatte unser Team [...] hundertzwanzig Stunden Filmmaterial. [...] Acht Monate später war er fertig.« (S. 10)

Wir müssen hier behutsam anmerken, dass es außer Rhonda Byrne auch zahllosen anderen tatsächlich gelungen ist, nach sieben Wochen Dreharbeiten und acht Monaten im Schneideraum einen Film herzustellen, darunter Produzentenkollegen wie Steven Spielberg oder Bernd Eichinger.

Faszinier sie – das Wunder!

FREEZE 8: DAS GEHEIMNIS DER VOGELFEDER. Nach Veröffentlichung des Films berichteten Rhonda Menschen, wie sie durch *Das Geheimnis* vom Totenbett auferstanden sind und sogar Traumautos bekamen.

»Das Geheimnis wurde [...] eingesetzt, um alles Mögliche anzuziehen: von einer speziellen Vogelfeder bis hin zu zehn Millionen Dollar.« (S. 11)

RHONDA BYRNE: Die Herrin der Anziehungskraft

Kleine Pause. Zur Entspannung schauen wir uns ein kleines Wünsch-Wunder an. Da Rhonda uns keine Belege gibt, wer sich mit dem Geheimnis 10 Millionen Dollar gewünscht (und hoffentlich bekommen) hat, nehmen wir mit der »speziellen Vogelfeder« vorlieb.

Es ist die Geschichte eines jungen Mannes, der die DVD *The Secret* gesehen hat. Er wollte das Gesetz der Anziehung auf die Probe stellen und visualisierte mit der Kraft seiner Gedanken eine Feder mit sehr ausgefallenem Muster. Und nun halten Sie sich fest:

»*Zwei Tage später war er im Begriff, ein Hochhaus in der Innenstadt New Yorks zu betreten. Zufällig fiel sein Blick nach unten [...]. Und da, am Eingang zu einem Hochhaus in New York, lag die Feder zu seinen Füßen.*« (S. 83)

Rhonda jubelt:

»*In diesem Augenblick wusste er ohne den geringsten Zweifel, dass hier das Gesetz der Anziehung **in all seiner Herrlichkeit** Wirkung gezeigt hatte.*« (S. 83, unsere Hervorhebung)

In all seiner Herrlichkeit! Wir jubeln mit und drängen skeptische Einwände beiseite (könnte es sich bei der wundersamen Federfindung um eine Folge des berühmten *Bestätigungsfehlers* (confirmation bias) handeln?[17] Die in den Sozialwissenschaften gut untersuchte Neigung von uns Menschen, positive Bestätigungen für unsere vorgefasste Meinung zu suchen und zu erhalten und widersprechende Informationen zu ignorieren oder zu vergessen? Ach Quatsch! Wir stimmen zu: ein echtes Wunder – »in all seiner Herrlichkeit«!

Endlich, endlich: Rhonda enthüllt das Geheimnis

FREEZE 9: DAS GEHEIMNIS – OFFENBART. Mit dieser Kapitelüberschrift auf Seite 16 nähern wir uns nach vielen Seiten ihres Buches der Enthüllung. Wer das Werk liest, ist jetzt natürlich hoch ge-

VOGELFEDER-TEST

Direkt vor ihren Füßen finden 19 Vogelkunde-Studenten der Universität zu Köln eine intensiv visualisiere Feder mit seltener Zeichnung. Prof. Dr. Karl Ranseier, der Versuchsleiter des wissenschaftlich kontrollierten Doppelblindtests: »Das ist der Beweis für das Gesetz der Anziehung in all seiner Herrlichkeit.«

spannt, welches Geheimnis es schafft, Filme in weniger als einem Jahr herzustellen, halb Tote genesen zu lassen und sogar Vogelfedern aus dem Nichts zu materialisieren. Regieabteilung: Bitte Orgelmusik, Kerzenschein, Spot auf Rhonda und Heiliger Schauder – ab! Uuuund bidde, Rhonda:

»*Das große Geheimnis des Lebens ist das Gesetz der Anziehung. Das Gesetz der Anziehung sagt: Gleiches zieht Gleiches an.*« *(S. 41, Rhondas Hervorhebung)*

»Wie bitte? Für dieses alte esoterische Hündchen die vielen Seiten voller Enthüllungsspektakel und Rührseligkeit?«
»Ja, Jacky, jetzt weißt du auch, warum mich das an Till Eulenspiegels Schneider-Story erinnert hat.«

Doppel-Huch! Die Autoren bringen ihre Gefühle beim Höhepunkt der Enthüllungs-Story zum Ausdruck.

Nach diesem großen Pffff… gehen wir, liebe Leser, gemeinsam auf Rhondas brillant gemachte Website: *www.thesecret.tv*. Hier können Sie die DVD *The Secret* kaufen oder sie für 4,95 Dollar online anschauen. Aber es reicht, erstmal den kostenlosen Trailer zu genießen.

FREEZE 10: DER TRAILER. Er ist ein optisch-akustisches Meisterwerk der Suggestion. Eine Stimme schwampfelt, alle Geistesfürsten der Geschichte wie Beethoven, Edison oder Einstein hätten eine Gemeinsamkeit. Bevor wir erfahren, welche, steckt ein Kreuzritter eine Metallrolle in seinen Gürtel, ein altägyptisch zurechtgemachter Kleindarsteller gräbt eine Smaragd-Tafel ein, eine weiße Perücke guckt gehetzt, ein Kirchenfürst in violetter Seide agiert drohend, böse Anzugträger blicken verschwörerisch drein. Aladins Wunderlampe knallt räuchelnd auf den Boden, der Dschinn erscheint am Nachthimmel. Eine Schwurbelstimme: »Und nun kann das Geheimnis wieder enthüllt werden«. Schließlich, untermalt von Brumm- und Tataaah-Chören, erfährt man:

Trailer der DVD The Secret:
Auf Rhondas Website kann man ihn sich kostenlos ansehen.
(www.thesecret.tv/home.html)

*Das Geheimnis wurde begehrt.
Das Geheimnis wurde verbannt.
Das Geheimnis wurde unterdrückt [...]
Nun, zum ersten Mal in der Geschichte,
wird das Geheimnis enthüllt.
In einem weltweiten Event.«*
(www. thesecret. tv, unsere Übersetzung)

Viel Lärm um – was?

Brillant gemacht. Eindrucksvoll. Rhonda, du hast unseren professionellen Respekt. Doch prüfen wir, was hier richtig ist und was nicht.

1. »Das Geheimnis wurde verbannt und unterdrückt.« Das Gesetz der Anziehung geht auf uralte magische Theorien zurück, die in der Renaissance durch die magischen Lehren eines gewissen Hermes Trismegistos wieder entdeckt wurden und Einfluss auf Kunst, Religion und Wissenschaft bekamen (diese Story erzählen wir im Kapitel: Esthers und Rhondas Ahnen etwas ausführlicher, S.84). Die strenge katholische Kirche hatte damals ein gespaltenes Verhältnis zu magischen Theorien und ging zuweilen rigoros gegen sie vor. Also okay – trotz der übertriebenen Formulierung: Das Geheimnis wurde *damals* verbannt und unterdrückt.

Aber seit rund 200 Jahren wird es in Hunderten von Büchern verbreitet – eins davon, das von Wallace D. Wattles, hast du gelesen und so *Das Geheimnis* kennengelernt. Und seither wurde es weder verbannt, noch unterdrückt, sondern im Rahmen der US-amerikanischen New-Thought- und New-Age-Bewegung ziemlich breit getreten.

2. »Zum ersten Mal in der Geschichte« Wie kann etwas, das seit Jahrtausenden bekannt ist und in Hunderten von Büchern verbreitet wird »*erstmals* in der Geschichte« enthüllt werden?

3. »Weltweites Event« Hört sich gut an, bedeutet aber nichts. Alle Texte, Fotos und Filme, die man irgendwo ins Internet stellt – selbst auf der mickrigsten Amateur-Website –, sind im nächsten Moment »weltweite Events«! Diese Aussage ist Werbegetrommel oder – bestenfalls – eine völlig nichtssagende Leerformel.

Rhonda, was denn nun?

Du liest ein Buch und lernst in einem 100 Jahre alten Buch über das Reichwerden das »Gesetz der Anziehung« kennen. Dann stellst du fest, dass dieses Geheimnis uralt ist. Danach recherchierst du und findest heraus, dass zig Autoren in den USA es schon lange kennen und es in weit über 200 Millionen Büchern verbreitet haben. Damit steht endgültig fest: Was du als Geheimnis erfahren hast, ist kein Geheimnis. Nun machst du einen Film und ein Buch und behauptest, dieses Nicht-Geheimnis würde »zum ersten Mal in der Geschichte« von dir enthüllt – in einem weltweiten Event.

Das Ausmaß des Enthüllungsbedarfs kann jeder selbst prüfen. Einfach folgende Suchwörter googeln: Law of Attraction –Rhonda, -Byrne, -Secret. »Law of Attraction« ist Englisch für »Gesetz der Anziehung«; das Minus vor den Stichwörtern klammert Websites aus, die sich speziell auf Rhondas Werk beziehen. In einer halben Sekunde bekommt man fast 2 Millionen Einträge (am 19.10.2007).

Cleveres Marketing

Wozu der Eiertanz zwischen Geschwurbel und Geheimnissen, die keine sind? Joe Vitale, einer deiner 24 »Mitautoren« von *The Secret – Das Geheimnis* hat vielleicht eine Erklärung. In einem Artikel *'The Secret' to Success?* von Frank Mastropolo auf der Website *ABC News* vom 26. November 2006 liest man:

Vitale sagte ABC: »Ich glaube, die Marketing-Kampagne hinter ‚The Secret' geht in die Geschichte ein als großartigste Fallstudie viralen Marketings, die es je irgendwo gab«. Vitale sagt, dass »The Secret« zunächst einen kurzen Trailer auf seiner Webseite stellte. »Er war hypnotisch. Er war einer der fesselndsten Teaser, die ich je in meinem Leben gesehen hatte.« […] Die Webseite lud die Besucher, die wissen wollten, wann der Film herauskam, ein, ihre EMail- Adresse zu hinterlassen. Dann baten die Produzenten [Rhondas Firma, H&J] die Mitautoren des Films, wie Vitale, ihre Fans auf die Website [von Rhonda, H&J] einzuladen. »Innerhalb eines Tages, innerhalb von Stunden sahen Zehntausende den Trailer. Noch wichtiger: Sie trugen sich alle ein, benachrichtigt zu werden, wenn der Film herauskam, was bedeutete, dass die Produzenten von ‚The Secret' plötzlich eine Fan-Basis hatten. Sie hatten eine gigantische Liste mit E-Mail-Adressen.« – »Die ganze Welt wurde aufmerksam«, sagt Vitale. »Die Produzenten hielten den Film jedoch monatelang zurück«, sagt Vitale, »damit die Welt summte und brummte und das Gerücht verbreitete.« […] »Als der Film im März endlich herauskam«, sagt Vitale, »hatten sie sofort einen Bestseller ...« *(http://abcnews.go.com/Health/Story?id=2681640&page=1, Seite 3, unsere Übersetzung)*

Wenn Joe Vitales Einschätzung richtig ist – und vieles spricht dafür –, erklärt sich auch der unglaubliche Erfolg Rhondas.

Ob die Fans auch so beeindruckt gewesen wären, wenn sie auf ihrer Webseite gesagt hätte:

Leute, im kommenden Film verbrate ich eine uralte Theorie vom Gesetz der Anziehung, die in Hunderten von Millionen Büchern schon mal verbraten wurde und die darum Hunderte von Millionen Menschen kennen.

Als Zückerchen gebe ich euch auch noch die gleichen alten Denk-positiv-Ratschläge (gegen die wir in ihrer säkularen Version nichts haben, H&J), die ihr aus Hunderten von Ratgeberbüchern kennt.

Ich verkaufe euch diese Mogelpackung nach der bewährten Eulenspiegel-Methode als ungeheure Neuheit und mache mit dem Material dann auch noch ein Buch.

Das alles motze ich auf mit meinen Verkaufserfahrungen aus dem Fernsehgeschäft und vermarkte es mit einer cleveren Mischung aus klassischer und viraler PR-Strategie.

Gewogen ...

Wägen wir zum Schluss ab, was wahr, halbwahr und falsch ist:

- **Wahr:** Rhonda entdeckt für sich ein Geheimnis in Wallace D. Wattles' Buch, das Gesetz der Anziehung.
- **Wahr:** Rhonda stellt fest, dass es viele Menschen kennen und kannten.
- **Falsch:** Rhonda Byrne behauptet weiterhin, es sei ein Geheimnis.
- **Falsch:** Rhonda Byrne behauptet, das Geheimnis wurde unterdrückt.
- **Falsch:** Das »Geheimnis« wird zum ersten Mal enthüllt.
- **Leerformel:** Das geschieht in einem weltweiten Event.

... und zu seicht befunden

Fassen wir zusammen:

Rhondas Einführungs-Story jongliert mit Wahrem, Falschem und vage Formuliertem. Man gewinnt den Eindruck, sie habe ein uraltes Geheimnis, das Gesetz der Anziehung, wiederentdeckt, um es jetzt zum ersten Mal in der Geschichte einer größeren Öffentlichkeit zu präsentieren, nachdem es lange verschollen war.

Rhondas »Mitautor« Vitale spricht von einer cleveren Marketing-Kampagne.

Wenn diese Analyse korrekt ist und wenn wir Prof. Frankfurts Bullshit-Definition anwenden, liegt die Vermutung nahe: Das ist Bullshit.

Wundervolle Wunder zum Wundern

Wer im Besitz des »Geheimnisses« ist, dem Gesetz der Anziehung, kann also alles im Leben haben und erreichen – Glück, Gesundheit und Reichtum. Alles, was man tun muss, ist Wünschen. Wie das genau geht, besprechen wir in der Abbildung »Wünschen - Glauben - Kriegen« (S.62).

Natürlich weiß eine intelligente Frau wie Rhonda, dass auch der gutgläubigste Idiot dazu neigt, kritische Fragen zu stellen wie: Wenn es so einfach ist, warum sind dann nicht alle Menschen reich, glücklich und gesund? Oder: Warum soll ich dir diesen Quatsch glauben? Oder: Bist du nur ein raffinierter Scharlatan und willst mit meiner Gutgläubigkeit Kohle machen?

Angesichts dieser extrem schwierigen Beweislage wirbt Rhonda in ihrem Buch mit »Wundern«, die das Gesetz der Anziehung bewirkt haben soll.

Wir haben – mit etwas Wohlwollen – sechzehn gezählt. In Abwandlung einer Definition von Ambrose Bierce könnte man sagen: Wünschen ist die Bitte um ein Wunder. Und das bedeutet nichts Geringeres, als zu verlangen, dass die Naturgesetze für den Bittenden mal eben aufgehoben werden.

Lourdes

Für uns normale Sterbliche sind echte Wunder etwas äußerst Seltenes. Und das gilt selbst für Orte wie Lourdes, wo Dr. Patrick Theillier vom medizinischen Büro der Diözese Lourdes alle untersucht, die glauben, durch ein Wunder geheilt worden zu sein. Keine leichte Aufgabe: Jährlich pilgern 5 Millionen Menschen dorthin. Bisher soll es 30 000 Heilungen gegeben haben, aber nur 67 davon wurden kirchlich als Wunder anerkannt – die letzte offizielle Wunderheilung gab's im Jahr 1976. Seltsam, dass die katholische Kirche hier so streng ist (immerhin haben Gott

Ambrose Bierce (1842-1914?) war Journalist, Autor und Satiriker. 1913 oder 14 verlor sich seine Spur in der Mexikanischen Revolution.

Ambrose Bierce

In seinem bekanntesten Werk »Des Teufels Wörterbuch« findet sich einer seiner vielen zynischen Definitionen zum Thema Beten. Sie trifft auch aufs Wünschen zu:

»Beten – verlangen, daß die Gesetze des Universums zugunsten eines einzelnen Bittstellers aufgehoben werden, der selbst bekennt, unwürdig zu sein.« Ambrose Bierce, Des Teufels Wörterbuch. Übersetzt von Gisbert Haefs (S. 22)

und Jesus nach ihrer Einschätzung zahlreiche Wunder gewirkt). Auf der anderen Seite vielleicht doch nicht so merkwürdig, denn mit solchen Vorbildern sind die Maßstäbe halt hoch.[18]

Wenn die Bücher von Rhonda und den anderen Wünschelwichten weiterhin so großen Erfolg haben, werden wir bald allerdings eine Flut von Wundern erleben. Denn: Mit Hilfe des Anziehungsgesetzes kann dann jeder Wunder wirken. Ständig und soviel er oder sie will.

Carl Sagan

»Alles steht und fällt mit dem Beweismaterial. Bei einer [...] wichtigen Frage muß das Beweismaterial absolut dicht sein. *Je sehnlicher wir wünschen, dass es wahr wäre, desto vorsichtiger müssen wir sein.* Keine Zeugenaussage ist gut genug. Menschen machen Fehler. Menschen spielen Streiche. Menschen nehmen es aus Geldgier oder Ruhmsucht mit der Wahrheit nicht so genau. Menschen mißverstehen gelegentlich, was sie sehen. Menschen sehen manchmal sogar Dinge, die es gar nicht gibt.«

Carl Sagan, Der Drache in meiner Garage. Oder die Kunst der Wissenschaft, Unsinn zu entlarven (S. 97 f., unsere Hervorhebung)

Carl Sagan (19934-1996) war Professor für Astronomie und Weltraumwissenschaften und schrieb zahlreiche populärwissenschafliche Bücher.

Wir beide haben allerdings die starke Befürchtung, dass die Inflation der Wunder mit einer starken Reduzierung der Qualität einhergeht. Auch mit Blick auf die Marginalie, dass zu jedem beliebigen Zeitpunkt 0,7 Prozent der Menschheit besoffen sind – was mögen sich diese Schluckspechte mit ihren benebelten Hirnen wohl alles wünschen (und garantiert erfüllt bekommen)?[19]

Als Beleg dieser gewagten These wollen wir zunächst einmal zeigen, wie hoch die Wunderlatte gegenwärtig liegt, und zwar mit einer absolut wahren Wundergeschichte, die sich letzten Samstag im Kölner Dom vor dem umstrittenen neuen Kirchenfenster des Künstlers Gerhard Richter abspielte.

Die Wunder der Kirchenfürsten

Der Kölner Kardinal Joachim Meisner stand mit dem weltberühmten Edel-Atheisten Richard Dawkins sowie einem muslimischen und einem jüdischen Kollegen vor dem Richter-Fenster. Die drei heiligen Männer beteten still vor sich hin, als Dawkins sie aufforderte, damit aufzuhören: Beten nutze nichts, es gebe keine Wunder.

»Oho!«, begehrte Meisner auf, »erst letzte Woche war ich mit dem Schiff unterwegs nach England. Ein Orkan drohte, unser Schiff zu verschlingen. Da betete ich zu unserem Herrn Jesus, und plötzlich wurde das Wasser in einem Radius von 50 Metern um das Schiff spiegelglatt, und wir kamen sicher in Dover an.«

Das sei kein Wunder, entgegnete der Atheist, dafür gebe es eine natürliche Erklärung: Eine Öl-Lache habe das Wasser beruhigt!

»Mag sein!«, wiegte der Mullah den Kopf, »aber ich habe ein Wunder erlebt, dass Sie nicht entkräften können! Gestern flog ich von Mekka nach Köln. Über den Alpen ein riesiges Luftloch, und unsere Maschine raste mit 900 Stundenkilometern dem sicheren Verderben zu. Ich betete zu Allah, und plötzlich hüllte uns im Umkreis von 50 Metern eine Wolke ein und trug uns sicher wieder auf die Reiseflughöhe.«

Der eingefleischte Atheist Dawkins winkt ab: Auch das sei naturwissenschaftlich zu erklären. Ein starker, warmer Aufwind habe sie nach oben getragen.

Da schüttelte der Rabbiner den Kopf: »Ich habe auch ein Wunder erlebt. Wie Sie wissen, darf ich heute, am Samstag, nicht arbeiten und auch nicht mit Geld umgehen. Auf dem Weg zum Dom lag eine prall gefüllte Geldbörse vor mir. Natürlich durfte ich sie nicht aufheben. Da betete ich zu Gott dem Herrn und, was soll ich euch sagen, plötzlich war im Umkreis von 50 Metern – Mittwoch!«[20]

Da musste auch der zynische Gottlose Dawkins klein beigeben und trollte sich zwecks Abbitte fluchend in die nächste Atheisten-Kapelle.

So, nachdem nun die Maßstäbe für Wunder festgezurrt sind, wollen wir uns objektiv die Wunder anschauen, die Rhonda als Beweis für die Kraft des Anziehungsgesetzes präsentiert. Dabei bemühen wir uns um abgefeimte Fairness und überlassen Rhonda die Auswahl. Sie leitet zwei ihrer Mirakel mit einer Trompetenfanfare ein, nach der niemand behaupten kann, wir hätten uns absichtlich schwache Wunder ausgesucht, um Rhonda zu kritisieren:

»Hier sind zwei wahre Geschichten, die das mächtige Gesetz der Anziehung und die Unfehlbarkeit des Universums in Aktion deutlich demonstrieren.« (S. 108)

Na, dann …

Drei Wunder und ein Todesfall

BODENNEBEL AB, ANSCHWELLENDER GEIGENTEPPICH UND WUNDER 1 ANFANG:

Eine Dame namens Jeannie zog sich Rhondas 90-Minuten-DVD mindestens einmal täglich rein, um »ihre Botschaft bis in die innersten Zellen ihres Körpers aufzunehmen«. Sie war besonders beeindruckt von dem Philosophen Bob Proctor (einem der 24 »Co-Autoren« von *The Secret*) und wünschte sich, ihn kennenzulernen. Eines Tages brachte ihr der Postbote versehentlich Bobs Post. (Jetzt bitte vorsichtshalber hinsetzen!) Jeannie stellte fest, dass John Proctor ganz in ihrer Nähe wohnte, ging zu ihm und lernte ihn kennen. (S. 10f.)

TUTTI-SCHLUSSAKKORD – WUNDER ENDE.

Wir meinen: Wenn wir das als Wunder anerkennen wollen, bleibt viel zu wünschen übrig. Der »Philosoph«, den wir gleich näher kennenlernen, wohnte sicher schon länger in der Gegend. Erst, als die Dame Bob auf der DVD sah, wurde in ihr der Wunsch übermächtig, den Meister kennenzulernen. Daran ist nichts Wunderbares. Höchstens Sonderbares, wie Sie selbst feststellen können, wenn Sie Bob auf seiner Website *www.bobproctor.com* besuchen, wo er meist irgendwo ein sprechendes Video von ihm abnudeln lässt. Nun kommt der fehlgeleitete Brief. Wenn das ein Wunder ist, hätte der Papst die deutsche und amerikanische Post seit Jahrzehnten heiliggesprochen! Was folgt, ist kein Wunder, sondern die normale Handlung eines höflichen Menschen: Die Dame brachte Bob den Brief und lernte ihn dabei kennen. Sorry, Rhonda, aber wir sehen hier nur *ein* Wunder: dass du den Mut hast, uns diese stinklangweilige Story als Wunder zu verkaufen.

LICHT DIMMEN, LEISE ORGELMUSIK AB UND WUNDER 2 ANFANG:

Noch faszinierender ist die Geschichte des zehnjährigen Jungen Colin, der *auch* deine DVD *The Secret* gesehen hatte. Mit seinen Eltern fuhr er nach Disneyworld und stand dort – wie alle anderen – in langen Schlangen an. Das stank ihm, und so wünschte er sich abends im Bett, dass er morgen nicht mehr anstehen müsse. Am nächsten Tag besuchte die Familie den benachbarten Disney-Vergnügungspark Epcot-Center. Ein Angestellter kam auf sie zu, gab ihnen VIP-Status als »erste Epcot-Familie des Tages« und begleitete sie an allen Schlangen vorbei zu den begehrten Attraktionen.

TUSCH – WUNDER ENDE.

Liebe Rhonda: Was hätte das Universum eigentlich gemacht, wenn die anderen 20 – 30 000 Besucher an diesem Tag auch deine DVD gesehen und erfolgreich gewünscht hätten, die Schlangen zu umgehen? Du sagst uns in *The Secret* zwar durch deinen »Lehrer« Michael Bernard Beckwith:

»Das Schöne am Geheimnis ist, dass es mehr als genug gibt und für alle reicht.« (S. 176)

Wirklich? Das mag für Liebe, Gerechtigkeit und Freiheit gelten. Das sind Dinge, die sich vermehren, wenn wir sie verschwenden. Aber gilt das auch für begehrte materielle Dinge wie ein S-Klasse Mercedes 600? Können wirklich, sagen wir, vier Milliarden Erwachsene auf der Welt eine solche Mühle ihr eigen nennen? Können wirklich alle 20 – 30 000 Besucher Epcot-Familie werden? Und muss dann wirklich keiner mehr in Schlangen anstehen?

Auch das, Rhonda, ist kein Wunder, sondern Zufall. So wie es Zufall ist, dass bei jedem Würfelwurf eine Zahl zwischen eins und sechs kommt. Das Schicksal, Epcot-Familie zu werden, trifft dort ständig jemand – ob er oder sie es (sich) nun wünscht oder nicht.

Wer jetzt immer noch störrischen Geistes ist, wird vielleicht vom »Wunder des schwulen Robert« überzeugt:

DIE DRITTE WELT STAUNT

»Das Schöne am Geheimnis ist, dass es mehr als genug gibt und für uns alle reicht.«

YMCA-Musik, Wunder 3 Anfang:

Robert war schwul und wurde deswegen beim Job gemobbt. Er wendete dann aber zum Glück das Gesetz der Anziehung an und konzentrierte sich auf den Wunsch, das abzustellen. Rhondas Co-Autor Bill Harris dazu:

»*Was innerhalb der nächsten sechs bis acht Wochen geschah, war ein* **absolutes Wunder**. *All die Menschen in seinem Büro, die ihn belästigt hatten, wechselten entweder in eine andere Abteilung, kündigten ihre Stelle bei dieser Firma oder fingen an, ihn ganz in Ruhe zu lassen.*« (S. 33, unsere Hervorhebung)

Tusch, Rakete – Wunder Ende (und, Herr, bitte schmeiss Hirn vom Himmel!).

Verehrte Rhonda, wenn das ein Wunder ist, wollen wir tot umfaaaaaaaaah…

Ta-Ta-Ta-Taaah – das Schicksal klopft an. Hat Beethoven zu Beginn seiner berühmten 5. Symphonie klammheimlich das »Gesetz der Anziehung« verborgen? Fiffi, such's Stöckchen!

Historisches Name-Dropping

Wunder sind die wichtigsten Beweismittel der Wünschelwichte. Aber es hat noch nie geschadet, sich auch der Unterstützung wichtiger Persönlichkeiten zu versichern.

Und so listet Rhonda genüsslich auf, welche historischen Geistesfürsten das »Geheimnis« kannten, »angewendet« oder in ihren Werken »dargestellt« haben, darunter illustre Namen wie: Platon, Shakespeare, Newton, Victor Hugo, Beethoven, Lincoln, Emerson, Edison und Einstein (S. 9); Sokrates, Pythagoras, Francis Bacon, Leonardo da Vinci und Goethe (S.18 f.) – ein paar mehr als im Trailer.

Eindrucksvoll ist sie, diese Phalanx dieser Dichter, Denker und Künstler. Alles vom Feinsten! Sie soll uns wohl sagen: Wenn diese anerkannten Genies mit dem Geheimnis auf Du und Du waren und ihre Leistungen womöglich durch das Gesetz der Anziehung geschafft haben, dann sollten arme Geistes-Würstchen wie wir auch an das Geheimnis glauben.

Laut Rhonda wurde das Gesetz der Anziehung u. a. auch durch Religionen wie Hinduismus, Buddhismus, Judentum, Christentum und Islam überliefert sowie durch die Schriften der Ägypter und Babylonier.

Imposant! Mag ja auch alles sein – aber wo? In welchen Bildern, Musikwerken, Büchern oder Schriftstücken? Wer mehr erfahren möchte, als diese vagen Andeutungen, muss sich schon selbst durch die Bibliotheken fressen, denn Rhonda gibt uns nicht den geringsten Hinweis. Sie wirft die Namen wie Stöckchen in die Botanik – Fiffi, such!

Ludwig van Beethoven

Nur bei Einstein hat sie – wie wir im Abschnitt »... und absoluter Bullshit« (S.25) gesehen haben – eine Ausnahme gemacht und Belege angeschleppt. Aber die waren alle falsch, das Argument Bullshit.

Wir haben lange überlegt, wo Leonardo im »Abendmahl« das Gesetz der Anziehung versteckt haben könnte oder ob es bei Beethoven nun im Anklopfen des Schicksals (Ta-Ta-Ta- Taaah) zu Beginn der 5. Symphonie oder vielleicht in *Freude, schöner Götterfunken*, dem Schluss-Chor der 9. Symphonie verborgen sein mag. Leider fehlt uns dazu das kunsthistorische Wissen und das musikwissenschaftliche Verständnis. Vielleicht sind wir auch einfach zu blöd, das Offensichtliche zu sehen. – Help Me Rhonda!

Wo liegt das Gemeinsame hinter all den illustren Namen? Okay, einige der genannten Meister haben sich mehr oder weniger stark mit Magie, Astrologie oder Alchemie beschäftigt. Aber das bedeutet doch nicht, dass sie an ein primitives Wünsch-dir-was-Prinzip glaubten. Shakespeares Tragödien zeigen oft Helden, die aufgrund ihrer Hybris einem unausweichlichen Schicksal entgegentaumeln – *egal, was sie sich wünschen*. Goethe hat in seinen »Wahlverwandtschaften« die chemischen Anziehungskräfte (heute sagt man »Affinitäten«) als Metapher für erotische Beziehungen und vor allem für die Ehe benutzt, aber die gewünschten Partnerkombinationen funktionieren am Ende nicht. In Goethes Faust I und II geht es um einen Wissenschaftler, der sich Wissen und Glück wünscht, seine Seele dafür dem Teufel und der Magie verschreibt, aber dennoch nicht bekommt, was er will! Edison hat sich hier und da für Spiritismus interessiert, aber er hat seinen Erfolg nicht herbeigewünscht, sondern täglich wie ein Blöder sechzehn Stunden gearbeitet. Leonardo war ein Realist, der... Moment, da sind wir doch glatt auf Rhonda reingefallen und jagen dem Stöckchen hinterher. Wie können wir so blöd sein: Nicht *wir* tragen die Beweislast, sondern die, die behaupten, das sei so!

Diese Form des Ein-Wort-Schmuckzitates soll wohl nur Eindruck schinden. Ähnliche Aufgaben haben die berühmten Testimonials mit Prominenten in der Werbung. In der Rhetorik gibt es dafür den schönen Begriff »Autoritäts-Argument«. Der Verweis auf eine anerkannte Persönlichkeit soll den lästigen Umweg über Beweise, Belege und echte Argumente ersparen. Wir sagen dazu schlicht: »Name-Dropping«.

Fiffi, such's Stöckchen!*

»Übrigens: Prinz Charles sagte mir neulich bei einem Empfang des Bundespräsidenten, dass er nichts so sehr hasst, wie Name-Dropping.«[21]

»Is' wahr? Ich habe bei meinen intensiven historischen Studien herausgefunden, dass Dschingis Khan, Picasso und Karl Lagerfeld das ganz genau so sehen.«

»Glaub ich nicht.«

»Dann such!«

Help Me Rhonda! Hilf suchen!

Leonardo da Vincis **»Letztes Abendmahl«**. Wo hat der Meister das Gesetz der Anziehung versteckt?

* Die Rolle des Fiffi gab (im strömenden Regen) die begnadete Hündin Lilli Fischer. Chapeau und danke, Lilli!

Jesus und andere Millionäre

Bei Rhondas Obsession, das Gesetz der Anziehung, »das Geheimnis«, aufzupolieren, muss selbst Jesus herhalten. Laut Rhonda war der Sohn Gottes stinkreich, weil er das Geheimnis kannte! Auf Seite 132 lesen wir nämlich mit einem Verweis auf Catherine Ponders Reihe *Millionaires of the Bible* ...

»... dass Abraham, Isaak, Jakob, Moses und Jesus nicht nur Lehrer des Wohlstandes waren, sondern auch selbst ‚Millionäre' mit einem großzügigeren Lebensstil, als ihn viele heutige Reiche sich träumen lassen.« (S. 132)

> **GELD-GEHEIMNIS**
>
> Sind Milliarden von Menschen auf dieser Welt zu blöd, um stinkreich zu sein?

Aha! Jesus ein reicher »Lehrer des Wohlstandes«. – Wie konnten die vier Evangelisten nur vergessen, uns zu erzählen, wie der neureiche Parvenü Jesus (seine Eltern waren bekanntlich ziemlich arm) juwelenbehangen auf dem Balkon seines Palastes stand und der Menge Demut predigte, wie er und seine Jünger es sich beim letzten »Abend-Galadinner« mit getrüffelten Wachtelbrüstchen an einer leichten Weincreme gut gehen ließen und wie er seine Dienerschaft das Kreuz zum Berg Golgatha schleppen ließ, während er seine glänzende goldene Krone zur Schau stellte.

Liebe Rhonda, auch wir lieben gute Geschichten. Aber: Glaubst du nicht, dass sich viele Menschen verarscht fühlen, wenn sie solch eine an den Haaren herbeigezogene Bullshit-Argumentation lesen?

Eine der zentralen Thesen aller Wünschelwichte ist: Mit dem Gesetz der Anziehung kannst du ohne Arbeit stinkreich werden. Rhonda:

Der einzige Grund, warum jemand nicht genug Geld hat, ist, weil er das Geld mit seinen Gedanken **blockiert** *...* (S. 121, Rhondas Hervorhebung).

Aha! Das sagt in schöner Offenheit auch Rhondas »Co-Autor« Bob Proctor (auf Seite 15 als »Philosoph, Autor und persönlicher Trainer« eingeführt):

»Warum, meinen Sie, verdient ein Prozent der Bevölkerung rund sechsundneunzig Prozent des Geldes? Halten Sie das für einen Zufall? Es ist so eingerichtet. Sie [die Reichen, H&J] haben etwas verstanden. Sie verstehen das Geheimnis. Jetzt werden Sie in das Geheimnis eingeführt.« (S. 20)

Ein letztes Mal aha: Die Reichen wissen also, wie's geht, weil sie das Gesetz der Anziehung kennen! So wie Jesus. Aber keine Sorge, verstrahlt Bob in seinem letzten Satz Hoffnung: Bald werden auch die ärmsten Schweine auf unserem Planeten um das Geheimnis wissen. Und dann, nehmen wir an, haben wir sieben Milliarden Millionäre auf der Welt. Leider können wir nicht beurteilen, ob das zu Problemen wie Inflation führen könnte, weil uns hierzu die volkswirtschaftlichen Kenntnisse fehlen.

Wir würden von Bob allerdings gern wissen, woher er seine Zahlen hat und für welches Land sie gelten? Nehmen wir mal an, er meint sein Heimatland, die USA, was ja nahe liegt: Am 12. Oktober 2007 veröffentlichte das *Wall Street Journal* die offiziellen Zahlen der amerikanischen Steuerbehörde IRS.

Ergebnis: Ein Prozent der US-Bevölkerung verdiente 2005 nicht 96 Prozent des Geldes (Einkommen), sondern »nur« 21,2 Prozent.[22]

Das ist immer noch eine schreiende Ungerechtigkeit. Aber das ändert nichts daran: Bob Proctor nennt hier extrem falsche Zahlen. Warum? Vielleicht, um uns die kleine Unverschämtheit anschaulicher zu vermitteln, dass mehr als sechs Milliarden Idioten auf dieser Welt nur deshalb nicht stinkreich sind, weil sie »etwas nicht verstanden haben« – sprich: ein bisschen blöd sind? Und dass das »so eingerichtet« ist – von wem eigentlich? Wenn das so ist, Bob, dann

Multi-Millionär Jesus will bei der Auferstehung einen riesigen runden Goldklumpen in den Himmel schaffen, um wenigstens einen Teil seines Besitzes zu retten. Aber das hohe Gewicht des Metalls und die im Grab eingeklemmten Seidengewänder verhindern den Vermögenstransfer. (Gemälde von Mathias Grünewald, 16. Jh.)

Geburt eines reichen Geizhalses. Nur 10 Kreuzer will sich der hungernde Hirte von Jesus leihen. Aber Gold-Marie, die Mutter des jungen Geldmagnaten, bleibt hart und deckt den Jungen zu, weil ihn soviel Armut ankotzt. (Gemälde von Gerard van Honthorst, Anbetung der Hirten, 17. Jh.)

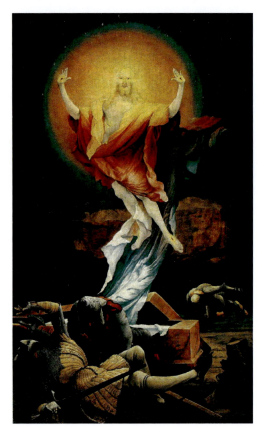

wäre das gottverdammter Bullshit – leichtfertiger und opportunistischer Umgang mit der Wahrheit, nur, um deine Secret-Geheimnis-Botschaft »rüberzubringen«.

Bullshit wäre es auch, wenn hier wieder keine Information vermittelt werden sollte, die passend gebogenen Zahlen nur Gier schüren sollen: Leute hier gibt's was zu erraffen!

Wir haben in diesem Zusammenhang eine einfache und vielleicht etwas naive Frage: Bob, du bist seit mehr als drei Jahrzehnten im Wünschelzirkus-Business unterwegs. Mit einem so machtvollen Geheimnis auf deiner Seite – warum fehlst du eigentlich auf sämtlichen *Forbes-Listen* der reichsten Leute der Welt oder deines Landes, den USA?[23] – Bob? Booo-oob! ... Tja.

Radio Gaga

Rhondas Theorie besagt: Mit der Kraft unserer Gedanken erschaffen wir nicht nur uns selbst, sondern *alle* Dinge, die wir uns wünschen – »Gedanken werden Dinge« (S. 24).

In unserem Frage- und Antwortspiel auf den vier Abbildungen *Das Gesetz der Anziehung (S.32-35)* haben wir gesehen, dass sie (und die anderen Wünschelwichte) uns diese außergewöhnliche Behauptung mit Vergleichen aus dem Bereich des Elektromagnetismus, vor allem der Funktechnik klar machen möchte.[24]

Schon immer haben die Esoteriker gern die neuesten Ergebnisse der Naturwissenschaft als Verbündete benutzt, um zu beweisen: Mit Gedankenmagie kann man Dinge herbeizaubern.

Als Newton 1687 mit seinem Gesetz der Massenanziehung das moderne Uhrwerk-Weltbild mathematisch formulierte, stürzten sich Scharlatane wie Franz Anton Mesmer 1765 darauf und erklärten damit ihre einträglichen, aber fragwürdigen Heilmethoden. Seit der Physiker Heinrich Rudolf Hertz im 19. Jahrhundert die elektromagnetischen Strahlen experimentell nachwies, die zum Funk und Rundfunk führten, warfen sich ganze Horden von Esoterikern auf diese Wellen und krähten: Jajaja ... Genau so strahlen auch wir Gedanken mit einer bestimmten Frequenz aus. Zur Erinnerung: Rhonda sagt ...

»Sie sind wie ein menschlicher Sendeturm ...« (S. 41) – »... Gedanken haben eine Frequenz. Während Sie denken, werden Ihre Gedanken in das Universum ausgesandt, und sie ziehen magnetisch alle gleichen Dinge an.« (S. 25, Rhondas Hervorhebung)

Hugo kratzt sich am Kopf. »Zwei Fragen. Wie meint Rhonda das – magnetisch anziehen?«

»Das Gesetz der Anziehung zieht was an, Magnete ziehen was an – klingt wie ein guter Vergleich. Aber die Definition des Gesetzes heißt: *Gleiches zieht Gleiches an*. Und das tut ein Magnet nicht. Der zieht nämlich sein Gegenteil an und stößt Gleiches ab.«

»Dann ist das entweder physikalischer Unsinn oder ein falsches Sprachbild.«

»So isses! Es ist aber nicht nur falsch, sondern auch Bullshit. Weil man damit so schön ohne Argumente überreden kann.«

»Jacky, sie sagt, Gedanken hätten eine Frequenz – was ist nochmal Frequenz?«

»In der Physik bedeutet *Frequenz*: wie oft eine Welle in einer Sekunde schwingt. Die Maßeinheit ist Hertz, Abkürzung Hz. Wenn eine Welle einmal pro Sekunde schwingt, hat sie eine Frequenz von 1 Hz, schwingt sie 10 Mal pro Sekunde ist ihre Frequenz 10 Hz. Wir sind laut Rhonda (und den anderen Wünschelwichten) so etwas wie der Radiosender WDR 5. Er sendet elektromagnetische (Radio-) Wellen unter anderem auf der Frequenz 90,0 Megahertz aus. Die Vorsilbe ‚Mega' bedeutet ‚Million'. Also schwingt die ausgestrahlte WDR-Welle 90 Millionen mal pro Sekunde. Die können wir nur empfangen, wenn wir unser Radio auf diese Frequenz einstellen.«

»Was hat das mit unserem Gehirn zu tun? Strahlt das seine Gedanken auch mit einer bestimmten Frequenz aus?«

»Die Wünschelwichte sagen ja. Rhondas ‚Co-Autor' John Assaraf lässt uns mit leicht arrogantem Unterton zum Beispiel wissen:

‚Die meisten Menschen verstehen nicht, dass ein Gedanke eine Frequenz hat. Wir können ihn messen.' (S. 24)«

> **JOHNS GEHEIMNIS**
> »Die meisten Menschen verstehen nicht, dass ein Gedanke eine Frequenz hat. Wir können ihn messen.«

Doch, John, das verstehen wir. Aber die Frage ist doch: *Welche* Frequenz haben Gedanken? Anders formuliert: Wie *oft* schwingen sie? Und *was* schwingt da? Elektromagnetische Wellen sind's nicht, die sind alle erforscht: Handy, Fernseher und Mikrowellenherd arbeiten mit mehr als 300 Millionen Schwingungen pro Sekunde, gelbes Licht schwingt rund 500 Billionen Mal, Röntgenstrahlen 300 Billiarden Mal pro Sekunde usw. Nun du, John: Wie oft schwingt deine »Gedanken-Welle« pro Sekunde? – Wir hören nichts! – John? – Joooohn!!!

Schade, John! Deine Überheblichkeit wäre vielleicht angemessen, wenn du präzise sagen könntest: Der Gedanke an 20 Millionen Dollar schwingt mit einer Frequenz von 34,5 Furzillionen Assarafs (As), der an Paris Hilton mit 45,7 Furzillionen As. Aber das kannst du nicht! Sonst hättest du es schon herausgetrötet, hättest zwei Nobelpreise und wärst so reich, dass du dir Bill Gates als Poolputzer leisten könntest! Wie alle anderen Wünschelwichte kannst du nur *wissenschaftlich klingende* Behauptungen tuten, um leichtgläubige Trottel zu bekehren. »Höhö«, hören wir dich auftrumpfen, und was ist mit den Gehirnwellen, die wir mit einem Enzephalogramm aufzeichnen?

Stimmt: Jede Nervenzelle unseres Gehirns sendet elektromagnetische Impulse aus. Und ja, die können wir messen. Wenn die Lexika recht haben, schwingen unsere Gehirnwellen

- 1-mal pro Sekunde im Tiefschlaf
- 7-mal pro Sekunde bei Wachträumen
- 20-mal pro Sekunde bei Wachheit
- 30-mal die Sekunde unter Stress[25]

Aber dabei wird die Gehirnaktivität von riesigen Gehirn-Arealen gemessen, die aus Millionen Gehirnzellen bestehen und keine »Gedanken«. Auch die magnetische Feldstärke unserer Gehirnaktivität lässt sich feststellen. Aber diese Strahlen sind so schwach, dass man sie in gut abgeschirmten Räumen direkt an der Schädeldecke messen muss.

Die magnetische Feldstärke unserer Gehirnströme ist etwa so stark wie die eines Computerchips. Sie ist 1000-mal schwächer als die unserer Lungenzellen, 100-mal schwächer als die unseres Herzens. Unsere Großstadtumgebung hat ein 100 000 Mal so starkes Magnetfeld, und das unserer Erde ist 100 Millionen mal stärker.[26] Was immer da schwingen mag, würde im elektromagnetischen Lärm unsere Welt hoffnungslos untergehen. John und Rhonda: Niemand bezweifelt, dass wir mit unseren Gedanken »etwas *bewirken*« können. Wir können uns selbst und »die Welt« verändern. Niemand stellt in Frage, dass wir mit positiven Gedanken, mit der Konzentration auf unsere Wünsche und Ziele das Leben angenehmer und Erfolge wahrscheinlicher machen. (Es lässt sich andererseits aber auch zeigen, dass negative oder kritische Gedanken einen hohen evolutionären Wert fürs Überleben in dieser Welt haben. Doch das steht hier nicht zur Debatte.)

John, Rhonda und die anderen Wünschelwichte: Ihr müsst die Theorie, dass Gedanken eine Frequenz haben, natürlich unter allen Umständen weiter aufrechterhalten. Denn damit steht und fällt euer gesamtes pseudowissenschaftliches Erklärungsmodell der Wunschmagie (und das aller Okkultisten, die seit Jahrtausenden behaupten, man könne Gedanken lesen oder mit ihrer Kraft Blumenvasen bei spiritistischen Sitzungen verrücken oder Besteck demolieren). – Bullshit!

Zum Abschluss nehmen wir nun noch die »unfehlbare« Bitt-Technik unter die Lupe …

Wünschen - Glauben - Kriegen

»Der schöpferische Prozess in drei einfachen Schritten hilft Ihnen zu erschaffen, was Sie wollen: Bitte, glaube und empfange.« (Rhonda Byrne, The Secret, S. 88)

1. Bitte

2. Glaube
Burj al Arab

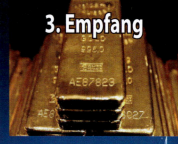
3. Empfang

Rhonda: Bitten heißt, sich klar werden, was man will. (S. 88). – Fühlst du dich wohl beim Bitten, weißt du, dass du richtig liegst. (S. 43 ff.) Okay, Du bist eine ganz arme Sau und bittest das liebe Universum, stinkreich zu sein. Hey, das war leicht. Geht ja gut los.

Rhonda: Glauben heißt handeln, sprechen, fühlen und denken, als ob du schon empfangen hast (S. 88). Also: wohlfühlen! – Okay, du mietest für 10 000 Euro pro Nacht die feine Royal Suite im teuersten Hotel der Welt, dem Burj al Arab in Dubai.

Du bist eine coole Sau und lässt dich mit Hummer, Champagner und Liebessklaven verwöhnen. Du wartest auf die Kohle vom Universum, um das alles zu zahlen.

4 Wochen später

Nix passiert. Der Hotelchef wird nervös. Du auch. Du liest bei Rhonda (S. 88) nach: »Zum Empfangen gehört, zu spüren, wie Sie sich fühlen werden, sobald Ihr Wunsch sich manifestiert hat.« – Wat? Du willst nicht wissen, wie du dich fühlen wirst, wenn du empfangen hast. Das weißt du seit vier Wochen. Du willst empfangen, und zwar das Geld. Jetzt.
Wünschen – Glauben –Kriegen
1. BITTE 2. GLAUBE 3. EMPFANGE

Ausgetrickst

Rhonda arbeitet mit dem gleichen System wie die anderen Wünschelwichte. Sie hat es nur am präzistesten formuliert und ist deshalb leichter zu packen. Das System ist zirkulär – am Ende schicken sie dich in einem Rundlauf zurück zu Punkt 1 oder 2. Dort solltest du dich ja auch schon wohl fühlen – als hättest du schon empfangen. Wirst du irgendwann sauer, sagen sie dir: Du hast negative Gedanken, darum schickt dir das Universum genau das Negative – in diesem Fall Weiterbestehen der Armut. Bleibst du fest im Glauben und fragst, wann das Universum denn liefert, bekommst du zwei Antworten: Auf Seite 89 sagt Rhonda: »Das Universum benötigt keine Zeit, um zu verwirklichen, was Sie wollen.« Auf Seite 38 aber sagt ihre »Lehrerin« Lisa Nichols: »… [es] gibt eine zeitliche Verzögerung …« Ach was! Wieder verloren. Du hast keine Chance – nutze sie!

RHONDA BYRNE: Die Herrin der Anziehungskraft

Der Geld-Geist geht um: Rhonda Byrnes Secret Society

Rhonda Byrne nennt ihre 24 Zitatspender »große lebende Meister« (S. 10). Sie haben mit rund 200 Zitaten zum Buch beigetragen. Die meisten Meister sind allerdings lediglich bekannte Motivationstrainer/Lebensberater, Ratgeber- und Bestseller-Autoren sowie »internationale Redner« – was auch immer das sein mag. Eine Liste ihrer Websites gibt's im Anhang.

Rhonda präsentiert jeden von ihnen mit einem mehrzeilig-protzgedruckten »Lorbeerkranz«, der oft mehr Raum in Anspruch nimmt, als das Zitat selber. Hier findet man interessante und ungewöhnliche Qualifikationen, aber auch zwei Quantenphysiker. Eine Auswahl der seltsamen Berufsbezeichnungen:

- Metaphysiker und Marketingspezialist
- Spiritueller Führer
- Visionär
- Spezialist für das Gesetz der Anziehung
- Trainer für das Potenzial des menschlichen Geistes
- Unternehmer & Experte im Geldverdienen
- Arzt & führender energetischer Heiler
- Autor von Büchern und Programmen über Wohlstand

GELD-GEIST
Bei der Wünschel-Theorie geht es weniger um Spirituelles, als um Materielles – Geld.

Es sind alles bekannte und meist unglaublich erfolgreiche Business-People mit einer selbstsicheren, charismatischen Ausstrahlung, die ihr Geld mit Büchern, DVDs, Kursen und Seminaren im Bereich Lebens- und Erfolgsberatung verdienen. Schwer zu erklären, wieso Rhonda so große Probleme hatte, sie zu finden: Eine Internet-Recherche von wenigen Minuten hätte die meisten von ihnen ans Tageslicht befördert. Sie alle waren schon lange vor Rhondas Erleuchtung erfolgreich und haben starke und schwache Varianten der Wünschelwicht-Theorie mit hohem Gewinn an ihr Publikum verkauft.

Selten fehlt auf ihren Webseiten der fette Hinweis, dass sie Teil der Rhonda-Byrne-Marketingkampagne von *The Secret* sind, und möglicherweise ist das ja ein Grund, warum sie alle auf Rhondas Zug aufgesprungen sind, obwohl er die gleichen Gleise befährt, die sie schon lange vor ihr befahren haben.

Die Webseiten der 24 »Lehrer« sind eigentlich Geschäfte. Und das bestätigt recht eindrucksvoll das Gefühl, dass man schon bei der Lektüre der Wünschelwicht-Bücher bekommt: Bei der spirituellen Theorie geht es vor allem um Materielles. Um Geld. Einige Webseiten sind Fachgeschäfte für Motivations- und Erfolgstraining; manche aber sind regelrechte Tante-Emma-Läden mit Grabbeltischen für esoterischen Schnickschnack, Hypnose, Marketing usw. – wie die des Allround-Gurus.

Dr. Joe Vitale, MSC.D

Dr. Joe »Mr. Fire« Vitale - so nennt er sich selbst – ist ein fröhlicher Geselle und teilt uns auf seiner Webseite *www.mrfire.com* zur Begrüßung fröhlich mit, dass man hier nicht nur die »Originalmethode« des Gesetzes der Anziehung lernen kann, sondern auch am rechten Fleck ist, wenn's um Marketing, Publicity und Werbetexte geht. Sein Blogspot zwinkert:

»*Wenn Sie die kostenlosen Artikel in diesem Blog mögen, lassen Sie es Joe wissen, indem Sie ihm sein Lieblingsgeschenk kaufen – einen Geschenkgutschein von Amazon.*« (http://blog.mrfire.com). (Unsere Übersetzung)

Praktischerweise gibt es gleich einen Link dorthin – »click here!« Für jemand, der im Besitz eines Geheimnisses ist, mit dem man sich alles wünschen kann, ist diese liebenswürdige Bettelei sicher nur ein Zubrot oder vielleicht ein Relikt aus alten Zeiten, als er vor über 30 Jahren arbeits- und obdachlos in Türeingängen und Kirchen schlief. Er hat mehrere Bestseller geschrieben, darunter das auch in Deutsch erhältliche Buch *Die Gebrauchsanweisung für Ihr Leben*.

Rhonda Byrne weist hochachtungsvoll darauf hin, dass er zwar vor 20 Jahren obdachlos, heute aber Doktor der Metaphysik, ein zertifizierter Hypnotiseur, ordinierter Geistlicher und Qi-Gong-Heiler sei. Nicht schlecht für jemand, der seine spirituelle Entwicklung in den Achtzigern sieben Jahre lang als persönlicher Assistent von Bhagwan Shree Rajneesh begonnen hatte.

Fürs fröhliche Shopping hält Dr. MSC.D »Mr. Fire« Vitale auf der Webseite *www.mrfire.com/hypnotic-products.html* ein beachtliches Angebot parat: Kurse, Bücher, Schreib-Software, Audio-Tapes, Tassen, Hunde- und Kinderkleidung sowie Mr. Fire's Zero Limits T-Shirts, Mouse-Pads, Poster und mehr – mit einem Bild, das speziell designed wurde, um »Sie von aller Negativität zu reinigen«. Es ist »energetisch aufgeladen« und enthält die vier magischen Sätze aus dem – wie es heißt – bald erscheinenden Buch *Zero Limits*. Damit bei uns (und wohl auch bei Mr. Fire) kein Mangel entsteht, haben wir auf der Webseite *www.cafepress.com/drjoevitale* noch die Wahl zwischen diversen Produkten mit Aufschriften wie: »I love marketing«, »I market, therefore I am« (etwa: Ich mach Marketing, also bin ich) oder »Help, I'm in a buying trance« (Hilfe, ich bin im Kaufrausch) und »Wealth is not accidental« (Reichtum ist kein Zufall).

Beenden wir unseren Besuch bei Mr. Fire mit einer Frage, die sich der eine oder andere gestellt haben mag: Was bedeutet der schmucke Namenszusatz *Dr. MSC.D*? Die Antwort: Doktor der Metaphysik. Aha. Und wo um alles in der Welt bekommt man einen *Doktor der Metaphysik* her? Von einer »normalen« Uni sicher nicht. Sein Titel »Doctor of Metaphysical Science« wird mitsamt dem schmucken Namenszusatz *MSC.D* zum Beispiel von der University of Metaphysics verliehen *(www.metaphysics.com)*, einem Fernlehrinstitut, bei dem Sie für 995 Dollar im Nullkommanix »promoviert« werden. Unter Metaphysik versteht die »Universität« nicht das übliche langweilige philosophische Fach, sondern – wie besonders betont wird – eine Kombination von Parapsychologie, Mystizismus, Yoga, Außersinnlicher Wahrnehmung, Träume, Astrologie, Selbsthilfe, Positives Denken, Reinkarnation usw. Gut zu wissen. Ob Mr. Fire seinen Titel genau von *dieser* »Universität« hat, konnten wir leider nicht herausfinden.

In seinem Buch *The Attractor Factor* behauptet Joe Vitale, dass Gruppenmeditation stärkere Wirkungen zeigt, als das Wünschen einzelner. In einem Internet-Artikel berichtet Connie L. Schmidt: Als die Golf-Küste der USA im September 2005 noch unter den Auswirkungen von Hurrikan Katrina litt, kam ein neuer Hurrikan auf Texas zu: Rita. Viele Menschen in Houston gerieten in Panik und viele verließen die Stadt. Joe Vitale forderte die Leser eines seiner online Newsletter auf, positive Gedanken auszusenden, um Rita zu neutralisieren. Ein paar Tage später habe Vitale seine Leser informiert: »Das Ergebnis war, dass Rita sich von einem schrecklichen Hurrikan der Kategorie 5 zu einem der Kategorie 2 abschwächte, [...] Er veränderte auch seine Richtung. Er hat Houston nie erreicht [...] Haben unsere kombinierten positiven Bemühungen den Unterschied ausgemacht? Was meinen Sie?« Connie kommentiert lakonisch: »Frag nur nicht, was die Leute in Ost-Texas und Teilen von Louisiana darüber denken, von denen einige immer noch ohne Zuhause sind, weil Rita die Richtung geändert hat.«*

Der Hurrikan-Bericht und die Zitate stammen von Connie L. Schmidt (Internet-Name »Cosmic Connie«), die u. a. kritische Essays über paranormale Fähigkeiten schreibt. (Unsere Übersetzung)

*Vgl. den ausgezeichneten und Secret-kritischen Internet_Artikel von Connie L. Schmidt: The Wrath of the Secretons, http://www.csicop.org/specialarticles/secretons.html

Bob Proctor, Philosoph

Auf seiner Website *www.bobproctor.com* begrüßt uns der »Philosoph« und »persönliche Trainer« mit einem philosophischen: »Tell me what you want, and I'll show you how to get it!« (Sag mir, was du willst, und ich zeig dir, wie man's kriegt). Und das tut er denn auch, wie er sagt, seit Jahrzehnten in Wort, Ton und Schrift – und bei spirituellen Butterfahrten. Sein Hauptthema: Philosophie des Geldes. Hier und da könnte sich der Eindruck aufdrängen, dass es eher um eine Geldraffosophie geht.

Bob ist ein Gentleman mit dem Aussehen eines *Elder Statesman* und ein brillanter Redner. Als Präsident der USA oder als Gebrauchtwagenhändler würde er eine glänzende Figur machen.

Bob liebt Kreuzfahrt-Seminare und hat dafür sogar eine eigene Webseite *(www.bobproctorcruise. com)*. Am 6. Oktober 2007 startete seine 7-Tage-Mexican-Riviera-Cruise, für die er ein ganzes Schiff für 2000 Teilnehmer gemietet hat.

Eins seiner weltweiten geldphilosophischen Fachseminare wurde im Sommer 2007 auf der Website *www.mindandmoneystrategies.com.au* angeboten: 21. – 24. Juni, Melbourne, Australien: Der verheißungsvolle Titel: *The Secret To Wealth* (etwa: Das Geheimnis zum Reichwerden). Das 3½-Tage-Seminar kostete 2396 Dollar und lehrte laut David Schirmer, ein weiterer Stichwortlieferant in Rhondas *The Secret*, der hier das Werbegetute übernimmt:

> **MONEYSOPHIE**
> »Sag mir, was Du willst, und ich zeig Dir, wie man's kriegt!«
> Philosoph Bob Proctor auf seiner Webseite

»... Schritt-für-Schritt-Techniken, die mich vom Pleitier zum Multimillionär geführt haben, die Bob Proctor mit Hunderten von Einkommensquellen versorgt haben, die [...] viele Tausende von Millionären und Multimillionären produziert haben. Schritte, die Sie reich machen, wenn Sie sie befolgen.« *(Unsere Übersetzung)*

Das klingt jetzt weniger philosophisch, aber beruhigenderweise bekommt man sein Geld zurück, wenn man nach dem Seminar nicht vollkommen überzeugt ist, dass man mit dem neuen Wissen nicht mindestens 23 960 Dollar verdienen wird (in welchem Zeitraum ist leider nicht angegeben). Zudem erhält man das Privileg, Bobs CDs und DVDs mit 40 Prozent Rabatt zu kaufen und, so rechnet die Website präzise vor:

»Mit Ihrem Gewinn von 798 Dollar pro Verkauf, erbringen nur 6 Verkäufe soviel, um ihr Investment in dieses Seminar zu verdoppeln.« *(Unsere Übersetzung)*

Wir rechnen: Man sollte dringend zu diesem brillanten Geschäft raten, denn man müsste außer den Seminargebühren von 2396 Dollar nur noch zusätzliche 4788 Dollar riskieren, um einen Reibach von 3192 Dollar einzusacken – vorausgesetzt, man kriegt das wertvolle Videomaterial zum angedachten Bruttopreis von 7980 Dollar verkauft. Das ist fast geschenkt!

David Schirmer ist laut Rhonda Investmenttrainer, Lehrer und Vermögensspezialist (The Secret, S. 84). Zum Glück ist David nicht so einfältig wie seine Kunden, und er kontempliert in einem

RHONDA BYRNE: Die Herrin der Anziehungskraft

Wünschelwichte lieben Kreuzfahrt-Seminare

mit »Dear Secret Friend« eingeleiteten Brief mit treuherzig zur Schau gestellter Selbstkritik:

»*Mir ist bewusst, dass ich ein extrem **gewagtes** Versprechen gemacht habe [...]. Und um ganz offen zu sein, hatte ich ein ernstes Problem, als ich mich hinsetzte, um diesen Brief zu schreiben. Mein Problem? Wie beschreibe ich diese machtvollen ‚geheimen' Strategien und Techniken, ohne dass es **wie ein Haufen Schwindel** klingt?*« *(Unsere Übersetzung und unsere Hervorhebungen)*

Tja, bei diesem Problem können wir David jetzt bedauerlicherweise auch nicht helfen. Aber immerhin haben wir's ernsthaft versucht und im ersten Satz (Original: »I realise I've made an extremely *bold* promise«) das Wörtchen »bold« sehr frei mit »gewagt« übersetzt, obwohl uns laut Lexikon auch noch »frech« und »dreist« zur Verfügung gestanden hätte.

Dr. John Gray

Rhonda bejubelt ihn als einen »international erfolgreichen Psychologen, Autor und Redner«. (S. 95). Er ist der Autor des internationalen Bestsellers *Männer sind anders. Frauen auch.* (Goldmann 1993), in dem er seine neue These vertritt, dass alles, was Männer glücklich macht, völlig anders ist, als das, was Frauen glücklich macht. Laut seiner Webseite *www. marsvenus.com/john-gray.php* hat er insgesamt 30 Millionen Bücher davon weltweit verkauft und 14 weitere Bestseller geschrieben. (Warum arbeiten die alle noch so hart?)

Wenn man Connie L. Schmidt (Internet-Name »Cosmic-Connie« glauben darf, lebte John neun Jahre lang als zölibatärer Hindu-Mönch in der Schweiz als persönlicher Assistent des Obergurus der Transzendentalen Meditation Maharishi Mahesh Yogi. In dieser Zeit erwarb er einen Bachelor- und Master-Titel in »Creative Intelligence« von der Maharishi European Research University. Wobei man »University« in riesigen Anführungszeichen schreiben sollte.[27]

Den Doktortitel erwarb er an der *Columbia Pacific University*, eine Fernuni, die 1999 vom Staat Kalifornien zwangsgeschlossen wurde, weil sie eine sogenannte *Titelmühle* war.

Hugo unterbricht: »Was ist denn eine Titelmühle?«

»Ein zweifelhaftes Institut, bei dem du Doktortitel mit wenig Mühe oder viel Geld kaufen kannst.«

Wer mal laut lachen möchte, schaut sich auf *Wikipedia (http:// en.wikipedia. org)* an, wofür Studenten dort ihre Scheine oder Diplom- und Doktortitel bekamen! Eine Dissertation war 61 Seiten lang, besaß weder eine Hypothese, noch eine Datensammlung oder statistische Analysen und trug den schönen Titel *A Complete Guide to Glass Collecting* (etwa: Vollständige Anleitung fürs Glas-Sammeln). Ein Diplomstudent bekam einen Schein für ein Unterrichtsvorhaben, in dem er beschreibt, wie er weiterhin Tanzunterricht nehmen würde und bei Tanzvorführungen zuschauen wollte, um seine Fähigkeiten als Country-Western-Tänzer zu verbessern.

Der Fairness halber wollen wir hinzufügen: Es kann natürlich durchaus sein, dass Dr. Gray seinen Titel dort mit einer ernsthaften wissenschaftlichen Arbeit zu einem Zeitpunkt erworben hat, als die Uni noch keine Titelmühle war.[28]

Mike Dooley

Die 24 Mitautoren von Rhonda Byrne sind nicht nur Visionäre im metaphysisch-spirituellen Bereich, was beim Extrem-Wünsching ja nur hilfreich sein kann, nein, es sind beruhigenderweise auch zahlreiche »führende Spezialisten« für das Erreichen irdischer Güter dabei, zum Beispiel Mike Dooley, laut Rhonda ebenfalls »Autor und Internationaler Redner« (S. 24), der sich für ihr Buch womöglich durch die erfolgreiche Mitbegründung der Firma *Totally Unique Thoughts* qualifiziert hat (etwa: Total einmalige Ideen). Die weltweit agierende Firma hat laut Rhonda schon über 1 Million Totally-Unique-T-Shirts® verkauft (herzlichen Glückwunsch für diese spirituelle Großtat!) und wurde im Jahr 2000 – trotz dieses Riesenerfolges (und passend zur abenteuerlichen Wünschel-Theorie) – in einen »philosophischen Abenteurerclub« umgewandelt. (S. 227)

Jack Canfield und das Huch-Wunder

Dieses Mirakel nimmt mit vier Seiten den breitesten Wunder-Raum in Rhondas Buch ein (ab S. 117). Es ist ein Musterbeispiel für ein Wünschelwicht-Wunder.

Jack Canfield ist ein erfolgreicher Bestsellerautor (und Mitschöpfer der Buchserie *Hühner-*

VISUALISIERUNGS-PHÄNOMEN: Nach 29 Tagen harter Visualisierungsarbeit hing Jack Canfields 100000-Dollar-Note immer noch an der Zimmerdecke.

suppe für die Seele, der laut Rhonda mehr als 100 Millionen Exemplare verkauft hat (S. 225) – verdientermaßen, denn die Bücher sind tatsächlich gut geschrieben.

Jack Canfield arbeitete für 8000 Dollar im Jahr bei William Clement Stone (1902 – 2002).[29] Stone war ab den späten zwanziger Jahren mit einer Versicherungsagentur schwer reich geworden und schrieb Selbsthilfebücher wie *Der unfehlbare Weg zum Erfolg*. Er wurde zum Mentor des jungen Canfield, lehrte ihn – wie Canfield sagt – »Das Geheimnis« und riet ihm, er solle sich ein großes Ziel setzen und es täglich visualisieren. Canfield gehorchte:

»*Ich hatte mir tatsächlich einen Hunderttausend-Dollar-Schein gebastelt und an der Zimmerdecke befestigt.*« *(S. 118)*

Er wandte die dreistufige Wunschtechnik an und stellte sich täglich vor, er habe das Geld bereits. Und? 30 lange Tage tat sich nichts – keine Ideen, keine Kohle. Dann geschah das Wunder, er hatte *die* Hunderttausend-Dollar-Idee. Und nun bitte festhalten: Jack berichtet mit eigenen Worten Unfassbares:

»*Wie aus dem Nichts kam sie mir einfach in den Sinn. Es gab ein Buch, das ich einmal geschrieben hatte, und ich sagte mir: ‚Wenn ich vierhunderttausend Exemplare dieses Buches für je einen Vierteldollar verkaufen kann, dann wären das hunderttausend Dollar.'*« *(S. 118f.)*

Tja, so einfach ist das, wenn man rechnen kann und ein exzellentes Erinnerungsvermögen hat. Das spontane Sich-Wiedererinnern an längst vergangene Taten nennen wir beide übrigens gern das »Huch-Phänomen«: Huch, wieso kann ich die Steckdose so problemlos auswechseln? Ach ja, ich hab ja mal eine Elektrikerlehre gemacht!

HUCH-PHÄNOMEN. Plötzlich erinnerte ich mich: Huch, da gab es doch eine Lexikon-Serie, die ich mal geschrieben habe. Wenn ich die dem Duden-Verlag anbieten würde …

Das Universum ließ sich für die Erfüllung von Jacks Wunsch etwas Ungewöhnliches einfallen. Im Supermarkt erblickte Jack das Tratsch- und Klatschblättchen *National Inquirer*. Und hier geschah das nächste Wunder, na sagen wir besser: Rechenwunder. Jack ...

»Wenn die Leser von meinem Buch erfahren, dann werden es bestimmt vierhunderttausend Leute kaufen.« (S. 119)

Jack, hab Dank für diese brillante Idee. Wir rechnen uns auch schon mal reich: Wenn Bild, Focus, Spiegel und alle anderen deutschen Publikumszeitschriften uns nur in einer ihrer Ausgaben mit einem ganzseitigen Hurra-Artikel erwähnen würden, kämen wir in rund 123 Millionen Exemplaren vor. Wenn wir pro Exemplar ein Buch verkaufen ...

Sechs Wochen später traf Jack unter schicksalhafter Mitwirkung des Universums eine Dame, die freiberuflich für das Blättchen arbeitete und einen Artikel über ihn schrieb. Das Buch verkaufte sich gut, das Geheimnis entfaltete seine segensreiche Wirkung, aber dennoch bekam Jack in diesem Jahr »nur« 92 327 Dollar. – Eine Frechheit vom Universum! Aber in dieser schweren Stunde zeigte sich, dass der Glaube an »Das Geheimnis« Jack und seiner Gemahlin Stärke gab:

»Aber meinen Sie, wir waren deprimiert und dachten: ‚Das hat nicht funktioniert'? Nein, wir fanden: ‚Das ist erstaunlich!'« (S. 119)

Ja, wirklich erstaunlich diese innere Kraft, diese edle Haltung angesichts eines Fehlbetrages von 7673 Dollar!

Halten wir einen Moment inne: Jack forderte vom Universum 400 000 verkaufte Exemplare, aber das All-Eine konnte (so rechnen wir um) offensichtlich nur 369 308 Bücher an den Mann

EINEN SCHÖNEN KAISER-WILHELM-SCHNÄUZER wünschte sich der junge Karl Ranseier 1903 vom Universum. Leider erfüllte ihm das All-Eine den Wunsch nur zum Teil (oben). Aber meinen Sie, er war deprimiert? Dachte er »Das hat nicht funktioniert?« Nein, er fand: »Das ist erstaunlich!«, veränderte das Geschenk des Universums minimal und wurde zwei Jahrzehnte später richtungsweisend für die Schnurrbart-Mode in Deutschland.

bringen. Wie kann das sein? Heißt es im Anziehungsgesetz nicht, *alles* werde geliefert wie bestellt? Und: Das Universum macht keine Fehler?

Hugo blickt vom Taschenrechner auf: »Wo sind die restlichen 30 692 Bücher?«

»Das Universum hat rund 7,7 Prozent Skonto für Sofortlieferung abgezogen!«, rechnet Jacky vor. Das war zwar eine befriedigende Erklärung, aber 7,7 Prozent sind eindeutig zu viel!

Obwohl das Universum sie übers Ohr gehauen hatte, blieben Jack und seine Frau fest im Glauben, nahmen sich nun die Million vor und schafften auch das mit dem Buch *Hühnersuppe für die Seele*.

Schmerz beiseite: Jack Canfield ist ein überaus erfolgreicher und – man kann es auf seiner Website *www.jackcanfield.com* sehen – auch wirklich sympathischer Mensch mit einer Ausbildung in der US-Elite-Uni Harvard. Die Bücher sind gut geschrieben – er hat seinen Erfolg verdient. Kann man da noch meckern? Ja, denn Jack behauptet:

»Funktioniert dieses Geheimnis wirklich? Wir haben es der Prüfung unterzogen, es funktionierte einwandfrei ...« (S. 120)

Wir sind da völlig anderer Meinung. Jack, welche Prüfung? Du hast eine wissenschaftliche Ausbildung, und da darf man wohl ebensolche Kriterien an deine Ausführungen legen.

Du hast einen Wunsch geäußert. Das Erbetene erfüllte sich, aber nicht so präzise, wie es das Gesetz der Anziehung fordert. Ein echter Test wäre es doch nur gewesen, wenn du – wie bei der wissenschaftlichen Hypothesenprüfung üblich – **vor** der Erfüllung deutlich gemacht hättest, was als Lieferleistung des Universums akzeptiert wird und was nicht. Hättest du auch »nur« 90 000 Dollar als Beweis für die Lieferung akzeptiert? 9000? 900?

Deine bei Rhonda dargestellte Lebensgeschichte mag vielleicht mit den Tatsachen übereinstimmen. Aber sie ist doch kein Beweis für das Funktionieren des Gesetzes der Anziehung. Es ist deine private Einschätzung, dass zwischen *deiner* Anwendung des Gesetzes (Wunsch äußern, fest an die Erfüllung glauben) und dem unbezweifelbaren Erfolg ein Ursache-Wirkungszusammenhang besteht. Wissenschaftler nennen eine Story wie deine einen Einzelbericht, eine Fallstudie oder *»anekdotische Evidenz«*, was man in unsere biedere Alltagssprache übersetzen könnte mit: »persönliches Erlebnis, das wir einfach glauben müssen, weil es keine Sau überprüfen kann und bei dem man nicht weiß, ob der Erzähler alles richtig sieht, ob ihm die rosarote Brille einen Streich spielt oder ob er sich das alles nach einer Linie oder im Suff aus den Fingern gesogen hat«.

Außerdem, Jack, ist deine Erfolgsstory ein sogenanntes *einseitiges Ereignis*[30] – wie viele der Wunder, die von den Wünschelwichten paradiert werden.

Hugo schüttelt den Kopf: »Aber wir haben doch eben gesagt, dass Jacks Wunder im Buch vier Seiten einnimmt.«

»Okay, fangen wir ganz vorne an.«

»Allmächtiger! Ich ziehe die Frage zurück.«

»Nichts da! Wenn du im Spielcasino 100 000 Euro auf Rot setzt, was kann passieren?«

Karl Ranseier: einseitiges Ereignis Karl verliebte sich in die russischen Zwillingsschwestern Olga & Olga, als er in einer Moskauer Metzgerei Wurstwasser kaufen wollte. Gewissenlose Husaren hatten die ahnungslosen Mädchen aus ihrem kuscheligen Taiga-Bordell entführt und gezwungen in der Hauptstadt als Fleischereifachverkäuferinnen zu schuften. Ein einseitiges Ereignis, denn nur das Treffen mit den Damen hatte Bedeutung für ihn, die Alternative nicht. Ohne den inneren Drang, sein geliebtes Wurstwasser zu erstehen, hätte er sie nie getroffen und nichts wäre passiert …

Karl Ranseier: zweiseitiges Ereignis Karl nahm die beiden Schönheiten mit ins heimatliche Köln-Sülz, woselbst er eine Dreisterne-Heringsbraterei betrieb. Er unterbreitete das Ansinnen, eine von ihnen möge Fisch und Bett mit ihm teilen. Die beiden Zwillinge glichen sich wie ein Ei dem anderen. Egal, ob Olga sein Angebot annehmen würde oder Olga – beides hätte große Bedeutung für sein Leben: Es war somit ein zweiseitiges Ereignis. Als dann aber beide zu ihm ins Bett krochen und unisono »Ja, ich will« sagten, spürte er, dass es ein dreiseitiges Ereignis geben würde.

»Ich gewinne 100 000 dazu oder ich verliere meine Kohle.«
»Wäre der Gewinn ein Ereignis für dich?«
»Ein Riesenereignis!«
»Und der Verlust?«
»Auch, aber kein schönes.«
»Also: Es gibt *zwei* Möglichkeiten, aber egal, was passiert, das Ergebnis hat *große Bedeutung* für dich. An beide Fälle wirst du dich darum später gut erinnern. Das nennt man ein *zweiseitiges Ereignis*. Wenn der 1. FC Köln spielt, ist das auch ein zweiseitiges Ereignis, denn Sieg oder Niederlage – beides hat große Bedeutung für den Fan. Jetzt zu Jack. Als er sagte: 100 000 Dollar her! Welche Möglichkeiten gab's da?«
»Entweder es passiert oder es passiert nicht.«
»Genau. Beim Nicht-Passieren passiert halt nichts, *es gibt kein Ereignis*. Nur *eins* hat Bedeutung. Und das nennt man ein einseitiges Ereignis – wenn von zwei möglichen Ergebnissen nur eins bedeutsam ist. Bei einseitigen Ereignissen bleibt nur das eingetroffene Ereignis im Gedächtnis haften, nicht das Ausbleiben. Man erinnert sich nur an den Erfolg. Nicht an die Nicht-Ereignisse, an die ganze Zeit, wo sich kein Erfolg einstellt. Außerdem sind einseitige Ereignisse zeitlich meist nicht festgelegt. Als Jack die 100 000 visualisierte, hat er da gesagt, innerhalb welchen Zeitraumes die Lieferung eintreten sollte oder müsste, um als Erfolg zu gelten?«

»Nöh.«

»Er hat einen Monat gewartet, in dem *nichts* geschah. Dann kam ihm die Idee, dass er ja ein längst geschriebenes Buch veröffentlichen könnte. Das tat er, dann kam die Idee, die Zeitschrift könnte helfen, dann traf er die freie Mitarbeiterin, die einen Artikel veröffentlichte, dann stiegen die Verkaufszahlen, dann erst hatte er den Scheck in der Hand. Würdest du die Zwischenereignisse bis zum Scheck als Erfolg zählen?«

»Nein, 100 000 oder nichts!«

»Genau. Zwischen dem Wunsch und dem Scheck lagen garantiert viele, viele Monate. Was, wenn sich das Buch nicht so gut verkauft hätte, und es hätte 2, 5 oder 10 Jahre gedauert, dann hätte er im ersten Jahr vielleicht nur 10 000 gemacht, könnte man das als Erfolg zählen?«

»Eigentlich nicht.«

»50 000?«

»Nöh.«

»92 327 Dollar? Was er bekommen hat.«

»Tja, wenn man's genau nimmt ...«

»Und was wäre, wenn die Buchverkäufe erst in 10 Jahren auf 100 000 Dollar aufgelaufen wären? Ergebnis des Wunscherfolgs?«

»Okay, erledigt. Sonst noch was?«

»Oh ja. Anfang des 14. Jahrhunderts lebte ein Franziskanermönch namens William von Ockham. Er interessierte sich vor allem für den Unterschied zwischen Glauben und Wissen. Und er erfand ein Entscheidungsinstrument, das man *Ockhams Rasiermesser* nennt:

Wenn mehrere Theorien einen Sachverhalt gleich gut erklären können, nimm die einfachere Theorie.

Jetzt frag ich dich: Was erklärt Jacks Erfolg einfacher:

1. Theorie 1: Jack war tüchtig, hat ein großartiges Buch geschrieben und eine Idee gehabt, wie man es gut vermarkten kann.

2. Theorie 2: Jack bekam Hilfe von einem geheimnisvollen Universum, in dem Wünsche nach einem geheimnisvollen Prinzip vom Gehirn als geheimnisvolle Schwingungen abgestrahlt werden, die ihre Entsprechung auf geheimnisvolle Weise in diesem Universum anziehen, zu dem Wünschenden zurückkehren und dort auf geheimnisvolle Weise zu Dingen materialisiert werden.«

Hugo hört kaum noch zu und surft schon wieder im Internet herum.
»Ich hab hier noch was Interessantes über Jack Canfield.«
»Lass hören.«
»Jack gab dem holistischen Gesundheitsmagazin *Share Guide* 2004 ein langes Interview (rund acht Seiten) zum Thema: ‚Bücher schreiben, publizieren und persönlicher Erfolg' *(www.shareguide.com/ Canfield.html)*.«
»Und?«
»Darin rät er jungen Autoren zur Geduld und erzählt, dass das erste Buch aus der Chicken-Soup-Serie von *123 Verlagen zurückgewiesen* wurde, dass er und sein Co-Autor Mark Victor Hansen wie blöd geschuftet haben, um das Buch zu einem Erfolg zu machen. Canfields Expertenrat:

»In der heutigen Welt braucht man eine erstaunliche Menge an Energie. Mark und ich haben im Lauf der Jahre vielleicht 2000 Radio-, Print- und Fernsehinterviews gegeben. […] Und dennoch hat es uns anderthalb Jahre gekostet, um auf die Bestsellerliste zu kommen.« (Unsere Übersetzung)

Und er gibt jungen Autoren auch noch den guten Tipp:

»… verbring in den nächsten 12 –18 Monaten mindestens drei Viertel Deiner Zeit mit dem Promoten Deines Buches. Viele Leute wollen das nicht. Sie würden lieber meditieren, Yoga betreiben oder auf Mount Shasta sitzen [heiliger Berg der Indianer, H&J]. *Das ist okay, aber es ist unwahrscheinlich, dass Dein Buch sich gut verkauft, wenn das alles ist, was Du damit tust.* **Das Marketing von Büchern ist eine Wissenschaft.**« *(Unsere Übersetzung und Hervorhebung)*

»Hugo, der Mann hatte eine tolle Idee und hat hart für seinen Erfolg gearbeitet. Das ist ja fast selbstverständlich. Was ist denn daran so interessant?«
»Hier, schau dir seine Website an *(www. jackcanfield.com)* – gleich auf der ersten Seite findest du das Secret-Logo und eine Erwähnung oben im Text. Weiter hinten kannst du die Secret-DVD kaufen usw.«
»Und?«
»Schau dir das Datum des Interviews an – 2004.«
»Das Jahr, in dem Rhonda mit ihrer Recherche begonnen hat.«
»Ja, und in dem ganzen endlos langen Interview *nicht ein einziges Wort* über *The Secret*, dem er doch laut Rhondas Buch seinen gesamten Erfolg verdankt.«
»Tatsächlich – nur von harter monatelanger Arbeit ist die Rede.«
»Wie sagte er doch: Das Marketing von Büchern ist eine Wissenschaft.«

»Du meinst, er habe sich die Secret-Story nach dem Marketing-Erfolg Rhondas im Nachhinein zurechtkonstruiert, damit sie zum Thema ihres Buches passt?«

»Keine Ahnung. Aber wenn, dann wäre das gut geschriebener Bullshit.«

Prof. Dr. John Hagelin

Rhonda Byrne hat zwei »Co-Autoren«, die echte Quantenphysiker sind. Mit »echt« meinen wir: Es sind keine selbst ernannten Experten, sondern Wissenschaftler, die sich mit harter Arbeit akademische Kenntnisse auf einem Gebiet erarbeitet haben, das zu den schwierigsten Disziplinen der Welt gehört, und sich mit wissenschaftlichen Doktorarbeiten an renommierten Universitäten qualifiziert haben.

Einer ist Prof. Dr. John Hagelin, ein brillanter Quantenphysiker und Politiker, den wir im Kasten am Ende dieses Kapitels kurz vorstellen. Der andere ist …

Prof. Dr. Fred Alan Wolf

Fred Alan Wolf hat an verschiedenen renommierten Universitäten gelehrt und schreibt heute unter anderem populärwissenschaftliche Bücher, zum Beispiel unter dem Spitznamen »Dr. Quantum« – sehr interessante übrigens. Wir empfehlen seine Webseite www.fredalanwolf.com, wo man erfährt, dass er an die jüdische Kabbala ebenso glaubt wie an Magie und sich selbst als »neuen Alchemisten« bezeichnet.[31]

Jacky gähnt: »Scheint in Rhondas Beuteschema zu passen. Ist er ein Spinner?«

»Schwer zu sagen. Rhonda zitiert ihn auf Seite 36 als Bestätigung der Analogie, dass wir der mächtigste Sendeturm im Universum sind und mit unseren Gedanken nicht nur uns, sondern auch die ganze Welt erschaffen haben.«

»Dummes Zeug. Uns, den modernen Menschen, gibt es erst seit hundert- höchstens zweihunderttausend Jahren. Das Universum ist aber 13,7 Milliarden Jahre alt, wenn die Astronomen recht haben, unsere Erde 4,6 Milliarden Jahre. Vor etwa 6 oder 7 Millionen Jahren haben sich die Entwicklungslinien vom heutigen Schimpansen und heutigen Menschen getrennt. Wer hat da wann was mit welchen Gedanken erschaffen? Und wie? Haben wir das Universum vor 100 000 Jahren etwa *rückwirkend* geschaffen?«

»Egal, Jacky. Rhonda zitiert den Quantenphysiker Wolf in der DVD und im Buch. Da steht:

‚Die Quantenphysik ist im Begriff, diese Entdeckung zu bestätigen. Sie sagt, dass wir nicht ein Universum haben können, ohne dass unser Geist darin eine Rolle spielt, und dass unser Denken tatsächlich genau das gestaltet, was wir wahrnehmen.' (S. 36)«

»Moment, damit sagt Wolf ja nur, dass wir Menschen im Universum irgendeine Rolle spielen und dass unser Denken unsere Wahrnehmung beeinflusst – das hat ja bisher kaum jemand bestritten.«

»Richtig. Rhonda scheint das aber als Bestätigung für ihre These zu sehen, dass unser gesamtes Universum aus einem Gedanken entstanden ist.«

»Ich habe hier in Karen Kellys Buch *The Secret of ‚The Secret'* etwas Interessantes dazu gefunden. Sie hat wohl Dr. Wolf zu diesem Thema befragt. Der beschwert sich, dass viel von seinem Interview auf dem Boden des Schneideraums geblieben ist.«

»Die von mir erwähnte wissenschaftliche Basis wurde vermurkst, und alles, was dabei rauskam, war eine vereinfachte Idee, nur wenig mehr als ein Werbe-Infomercial. Ich war bestürzt, denn ich hatte viele interessante Dinge zu sagen. Aber ich habe nicht gesagt, dass das Gesetz der Anziehung auf Physik beruht. **In der Physik gibt es absolut nichts, das sagt: Nur weil Du etwas wünschst, ziehst Du es in Dein Leben.«** *(Karen Kelly, The Secret of ‚The Secret', S. 101 f.) (Unsere Übersetzung und Hervorhebung)*

Tja, Rhonda, *ein* qualifizierter Zeuge weniger in deinen Reihen. Wenn die Passage bei Karen Kelly die Tatsachen korrekt wiedergibt, dann hat Rhonda Dr. Wolfs Aussage geschickt aus dem Zusammenhang gerissen, um ihre These »rüberzubringen« – und das wäre Bullshit.

> **SELBSTSCHUSS**
>
> **»In der Physik gibt es absolut nichts, das sagt: Nur weil Du etwas wünschst, ziehst Du es in Dein Leben.«**
>
> *Dr. Fred Alan Wolf*
> *Quantenphysiker*
>
> von Rhonda Byrne in »The Secret« als Kronzeuge für das Gesetz der Anziehung zitiert.

Wie Rhonda Byrnes »Co-Autor« Prof. Dr. John Hagelin das Gewaltverbrechen runtermeditiert hat

Ig-Nobelpreis

1994 zeichnete die Harvard-Universät Dr. John Hagelin mit dem Ig-Nobelpreis aus – eine satirische »Würdigung« für unnütze, unwichtige oder skurrile wissenschaftliche Arbeiten, die nicht wiederholt werden können oder sollen.

Prof. Dr. John Hagelin (*1954)

Hagelin ist ein mehrfach ausgezeichneter brillanter Quantenphysiker, der sich von der reinen Naturwissenschaft abwandte und nun führende Positionen an der *Maharishi University of Management* innehat, die die Lehren des einstigen Beatles-Guru Maharishi Mahesh Yogi vertritt. John war dreimal amerikanischer Präsidentschaftskandidat der Natural Law Party, bekam aber nie mehr als 0,1 Prozent der Stimmen.

Das Meditations-Experiment*

Im Sommer 1993 war Professor Hagelin der führende Kopf eines Experimentes in Washington: 5000 Experten der Transzendentalen Meditation (TM) aus den USA und 80 anderen Ländern wollten 2 Monate lang unisono meditieren und dabei ein – wie sie sagten – quantenphysikalisch erklärbares »kohärentes Superstring-Bewusstseinsfeld« erzeugen, um so die Rate der Gewaltverbrechen in der Stadt um 20 Prozent zu senken.

Das Ergebnis laut Prof. Dr. Park*

Irgendwas muss mit der Quantenphysik schief gegangen sein, denn während die TM-Jünger in der ganzen Stadt friedlich mit geschlossenen Augen im Schneidersitz ihre Mantras wiederholten, listete die *Washington Post* jeden Montag genüsslich die grauenhaften Gewaltverbrechen auf, die währenddessen in der Stadt passierten: Die Mordrate in diesen zwei Monaten erreichte eine zuvor nie da gewesene Höchstmarke.

Dr. Hagelin wusste eine Erklärung: Ja, es habe mehr Morde gegeben, und zwar wegen der ungewöhnlichen Hitze, aber die »brutale Kriminalität« sei gesunken. Professor Parks: »Man muss sich das wohl so vorstellen, dass die Morde auf humanere Weise erfolgten – vielleicht ein sauberer Schuss zwischen die Augen statt eines Blutbades.«

John Hagelin: Hat Washington zur Friedensmetropole hoch meditiert

Wie auch immer, Hagelin versprach, die Sache wissenschaftlich zu untersuchen und tauchte tatsächlich ein Jahr später mit einem 55-Seiten-Bericht bei einer Pressekonferenz auf und strahlte, die Gewaltkriminalität sei in den zwei Monaten um sage und schreibe 18% gesunken.

Ein verblüffter Reporter der *Post* dachte an den in Wirklichkeit schrecklichen Anstieg an Gewalttaten in besagtem Zeitraum und fragte: 18% im Vergleich zu was? – Friedlich lächelnd antwortete Dr. Hagelin geduldig: im Vergleich zu dem, was passiert wäre, wenn wir nicht meditiert hätten. – Wie Hagelin denn wissen könne, wie hoch die Mordziffer ohne Meditation gewesen wäre? – Das, so Hagelin, habe man durch eine wissenschaftlich rigorose Zeit-Serien-Analyse erhärtet, die nicht nur die Untaten, sondern auch Faktoren wie Wetter und Fluktuationen im Erdmagnetfeld einbezogen hätte. All das sei von einem »unabhängigen wissenschaftlichen Untersuchungsgremium« festgestellt worden. Auf mehrfaches Drängen von Professor Parks musste Hagelin schließlich öffentlich zugeben, dass sämtliche »unabhängige« Gremiumsmitglieder Jünger des TM-Gurus waren.

---

* Wir verlassen uns hier auf die Einschätzung von Prof. Robert Park, Physiker an der Universität Maryland (USA), in: Voodoo Science. The Road From Foolishness to Fraud, S. 28-31, unsere Übersetzung und Zusammenfassung.

3. Esther Hicks
Die Nase Abrahams

Wer kann was Dummes, wer was Kluges denken
Das nicht die Vorwelt schon gedacht?

Goethe, Faust I

Esther Hicks: Wünschen und bekommen

Esther wuchs in einer stark religiös geprägten Kleinstadtumgebung im Westen der USA auf und soll Sekretärin gewesen sein. 1980 heiratete sie Jerry, mit dem sie bisher (2007) acht Bücher veröffentlicht hat. In den frühen Achtzigern wurden Esther und Jerry Anhänger von Jane Roberts und ihren »Seth Books«. Roberts lehrte, dass man seine eigene Realität kreiere. Mitte der Achtziger machten sie die Bekanntschaft einer gewissen »Sheila«, einer Spiritistin aus Phoenix, Arizona, die das Sprachrohr eines Gruppen-Geistwesens namens Theo war. Die beiden fragten Sheila/Theo, wie sie ihre Ziele besser erreichen könnten. Die Antwort: Ihr seid auch Channel-Medien. Meditiert, und dann werdet ihr ein »hellhöriges Erlebnis« haben. Das hatten sie, und seit 1986 fahren sie mit einem (neuerdings 1,3 Millionen Dollar teuren) Bus durch die USA und verbreiten die Botschaft des Wesens, das ihnen erschien, in mehr als 50 Städten pro Jahr und unter anderem auch auf Kreuzfahrtseminaren.

Esther & Jerry Hicks: Wünschen und bekommen. Wie Sie Ihre Sehnsüchte erfüllen. Allegra Verlag 2006. Alle allein stehenden Seitenangaben im folgenden Kapitel beziehen sich auf dieses Buch.

Wir basteln uns einen Klopfgeist

Esther Hicks ist die »Spirituellste« unter den Wünschelwichten. Sie berichtet keine Wunder. Sie geht nur hier und da auf die materiellen Güter ein, die man mit dem Anziehungsgesetz erraffen kann – das Hauptthema bei allen anderen. Wir haben daher ein zweites Buch von ihr zurate gezogen: *Esther & Jerry Hicks, Wunscherfüllung. Die 22 Methoden*. Hugo schmökert darin herum.

»Hier stehen ja vernünftige Dinge drin – wie man zu einem emotional ausgeglichenen Menschen wird, wie man mit den Widrigkeiten des Lebens fertig wird und so.«

»Kein Wunder, dass sie seit über 20 Jahren so erfolgreich ist. Sie bietet den Menschen halt die richtige Mischung: spirituelles Denken und gute praktische Ratschläge. Auch einige andere Wünschelwichte haben gute Ratschläge für ein zufriedenes Leben in ihrem Programm. Leider sind die nicht Thema unseres Buches. Fragen wir lieber, wie Esther zu ihren Kenntnissen kam. Das ist ausführlich in ihrem Buch *Wünschen und bekommen* geschildert.«

Abraham klopft an - herein!

Zwei Tage nach Thanksgiving war's soweit: Esther meditierte wie gewohnt in ihrem Ohrensessel. Wie immer in den letzten Tagen wiegte sich Esthers Kopf dabei hin und her. Das konnten keine zufälligen Bewegungen sein! Wir anderen schrieben das Jahr 1985, Esther aber schrieb Buchstaben in die Luft – mit ihrer Nase: M-N-O-P. Unglaublich? Esther sah das auch so:

»‚Jerry', rief ich, ‚ich schreibe Buchstaben mit meiner Nase!'« (S. 27)

In diesem Moment näselt Esther weitere Buchstaben in die Luft; der abseits hockende Gatte notiert …

»‚ICH BIN ABRAHAM. ICH BIN DEIN SPIRITUELLER FÜHRER.'« (S. 28, Esthers Versalien)

Die Nasführerei endete nur wenige Wochen später mit einem »starken Drang« in Esther, zur Schreibmaschine zu gehen. Da geschah das Unglaubliche:

»Als ich meine Finger auf die Tasten legte, befühlten meine Hände die Schreibmaschine von oben bis unten, als ob jemand rasch herausfand, wozu dieses Gerät zu gebrauchen war …« (S. 30)

Hier geschah Ungewöhnliches: Erstens ist es gar nicht so leicht, eine Schreibmaschine von oben bis unten zu befühlen, während man die Finger auf die Tasten legt, und zweitens schrieben diese Tasten plötzlich wie von Geisterhand geführt:

»Ich liebe dich. Wir werden zusammen ein Buch schreiben.« (S. 30)

Und so geschah es. Am besten stellt sich der Geistermeister selber vor:

»Abraham ist eine Familie von Nicht-Physischen Wesen, die sich in der gemeinsamen Absicht vereint haben, Euch, unsere physischen Kinder, an die Gesetze des Universums zu erinnern …« (S. 38)

Wie geht das technisch?

»Gelegentlich tut sich [...] ein Kommunikationskanal auf, durch den wir unsere Erkenntnisse an jemand vermitteln können [...]. In diesem Fall geschieht das durch Esther. Dabei werden Schwingungen eingesetzt, die sich mit Funksignalen vergleichen lassen.« (S. 39)

Das ist schön für Esther, aber was ist für uns drin? Nun, Abraham sagt, dass wir mit seinen »Durchsagen« alles erreichen können, was wir wollen:

»Gesundheit, Reichtum oder was immer Du Dir sonst wünschst.« (S.39)

Genau diese These kennen wir doch schon von Rhonda Byrne, nur das sie das geist-los vorgetragen hat.
Schauen wir uns doch noch einmal unsere Frage- und Antwort-Tabelle *Das Gesetz der Anziehung (S.32-35)* an, besonders die Antworten von Rhonda und Esther.
    Ist diese fast perfekte Harmonie nun ein weiteres Wunder, oder muss man sich wundern? Wir kommen dem Geheimnis näher, wenn wir einen Blick auf das Cover der neuen DVD aus dem Hause Esther & Jerry Hicks werfen. Man beachte hauptsächlich das Fragezeichen hinter

»The Secret«! Sieht es nicht aus wie ein Fragezeichen? Aber was will es uns fragen? Das enthüllen wir im nächsten Abschnitt.

Ein Geheimnis hinter dem »Geheimnis«?

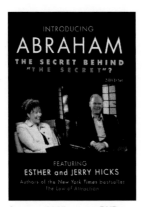

Sommer 2007 – neue DVD von Esther & Jerry Hicks auf ihrer Website www.abrahamhicks.com.

Für die amerikanische Esoterik-Szene war 2004 offensichtlich ein Schicksalsjahr.

• 2004: Die US-Originalausgabe von Esther & Jerry Hicks' Buch *Wünschen und bekommen* erscheint.

• 2004: Im Frühjahr beginnt das Shooting für den Film *The Celestine Prophecy* – nach dem gleichnamigen esoterischen Roman von James Redfield.

• 2004: Die DVD *What The Bleep Do We Know* erscheint – eine esoterische Dokumentation mit ähnlicher Machart und Länge wie Rhondas späterer Film.

• 2004: Im Frühjahr wurde Rhonda wie schon in *Freeze 3: Das rettende Geschenk* (S.42) gesagt »Das Geheimnis« in Form von Wallace D. Wattles Buch *Die Wissenschaft des Reichwerdens* »in die Hände gelegt«. Die Spontanerleuchtung mündete in die Planung des Films *The Secret*.

Zufall? Schicksal? Fügung? – Die Antwort kennt ganz allein der Sonnenwind. Zur Erinnerung: Nach der Erleuchtung durch das Wattles-Buch, in dem Rhonda mit dem »Gesetz der Anziehung« und zugleich mit dem »Geheimnis des Lebens« bekannt gemacht wurde, fragte sie sich:

»'Warum weiß das nicht jeder?'[...] und ich fing an, nach heute lebenden Menschen zu suchen, die es kannten.« (The Secret - Das Geheimnis, S. 9, Rhondas Hervorhebung)

Sie suchte und fand Reichtum, aber zunächst einmal hatte sie wohl die Erleuchtung, sich mit Esther und Jerry Hicks zu treffen – wenn man Esthers Aussagen in einem Video glauben darf, das laut YouTube (www.youtube.com) unter dem Titel *Abraham Reveals. The Secret Behind The Secret* (Abraham enthüllt. Das Geheimnis hinter dem Geheimnis) am 8. April 2007 bei einer Hicks-Veranstaltung aufgenommen und – ebenfalls laut YouTube – am 28.4.2007 von Abraham/Hicks eben dort ins Netz gestellt wurde.[32]

Wenn Esthers Ausführungen hier korrekt sind, zeigt sich folgendes Bild: Es gibt zwei Versionen des Films *The Secret* – eine Originalversion mit umfangreichen Soundbites von Esther Hicks und Abraham (und den anderen 24 »Lehrern«) und eine kurz darauf hergestellte und seither ausschließlich vertriebene, in der Esther nicht mehr vorkam.

Im Hicks-Video fragt eine (möglicherweise gedungene) Dame aus dem Publikum Esther, warum sie und Jerry nicht im Film *The Secret* zu sehen sind, obwohl der Inhalt doch den Lehren von Esther und Abraham sehr ähnlich sei. Esther Hicks erwidert ... (die eingeklammerten Zahlen sind Video-Time-Code (TC), alle Übersetzungen von uns):

»*Die Produzentin von ‚The Secret' kam zu Jerry und Esther* [sie spricht von sich meist in der 3. Person, H&J]. *Sie wollte eine Serie von TV-Movies machen, die auf dem Werk Abrahams basieren.*« (TC 1:10)

Esther weiter: Rhonda Byrne und ihre Crew kamen zu einem der Kreuzfahrt-Seminare und interviewten Esther, Jerry und Abraham vor einem Green-Screen.

»*... diese ganz reizende Frau sagte, sie wolle noch andere finden, die das Gesetz der Anziehung verstehen und sie würden eine Collage herstellen. Und Jerry und Esther stellten fest, dass einige dieser Leute* [Rhondas Co-Autoren, H&J] *schon lange auf ihren aufgezeichneten Programmen waren.*« (TC 2:11)

Dann - so Esther Hicks - wären etwa 200 000 dieser DVDs mit Esthers Gesicht und Abrahams Stimme verkauft worden. Es habe eigentlich ein TV-Movie sein sollen, aber aus irgendeinem Grund habe der australische Sender, der es ausstrahlen sollte, das Material nicht senden wollen. Und so habe die Produktionsfirma nach anderen Wegen gesucht, es zu vermarkten, um ihre Dollars wieder herein zu bekommen. (TC 2:53)

»*Dann bekamen Sie* [Esther & Jerry, H&J] *eine E-Mail vom Produzenten, die besagte: Der Vertrag, den wir mit Ihnen haben [...] hindert uns daran, dies so zu vermarkten, wie wir wollen. Darum haben Sie zwei Möglichkeiten: Sie können entweder Ihre ‚Rechte am geistigen Eigentum' an uns übergeben, oder wir müssen Sie rausschneiden.*« (TC 3:51)

Die Rechteübertragung (TC 4:23), so Esther weiter, sei für sie nicht in Frage gekommen. Esther bewertet den Vorgang so:

»*... was sie tat, war nicht nett.*« (TC 6:29)

Nun wirkt Esther richtig sauer:

Einen maulwurffreien Rasen hatten sich 17 Studenten der Uni Köln gewünscht. Unter der Leitung von Gartenbau-Professor Karl Ranseier prüfen sie das Ergebnis der prompten Wunscherfüllung.

»Der Film ‚The Secret' erzählt die Geschichte von unterdrücktem Wissen, [...] dass es Gesetze und Dinge gibt, die Du nicht wissen darfst. Und wir meinen, dass sie durch die Herausnahme von Abraham sowie Jerry und Esthers Anteil, genau das Gleiche wieder tun.« (TC 7:17)

Und sie schließt mit einer Erkenntnis:

»Es gibt kein Geheimnis. Das Gesetz der Anziehung ein Geheimnis zu nennen, ist so, als nenne man die Schwerkraft ein Geheimnis«. (TC 8:23)

Im Buch *The Secret* dankt Rhonda nicht nur ihren Mitautoren, sondern ganz hinten nebenbei auch neun weiteren Personen für ihre »inspirierende Lehren« – darunter Jerry und Esther Hicks. (S. 221)

Ein Artikel von Allen Salkin in der New York Times vom 25. Februar 2007 endet mit den Worten, Frau Byrne habe [mit den Vorwürfen konfrontiert] gesagt, dass niemand das Gesetz der Anziehung besitzt, weil es universell wie ein anderes berühmtes Gesetz sei [gemeint ist das zu Recht wesentlich »berühmtere« Gravitationsgesetz von Isaac Newton]:

»Ich kann nicht einfach sagen ‚das Gravitationsgesetz gehört mir'«. (Unsere Übersetzung)

Drei Monate nach Rhondas Buch *The Secret* erschien im März 2007 flugs Esther und Jerrys neuestes Buch. Ätsch-Titel: *The Law of Attraction* – das Gesetz der Anziehung.

Esthers und Rhondas Ahnen: Von der Wissgier zur Raffgier

Nach diesem Bericht lehnt Hugo sich zurück und hat dieses zufriedene Grinsen um die Augenwinkel, das sich auch am Ende einer Show in sein Gesicht schleicht, weil er alle Wörter mit mehr als drei Silben fehlerfrei ausgesprochen hat.

»Damit dürfte klar sein: Rhonda hat ihre Weisheiten von Esther und die von ihrem Geist Abraham.«

»Das hat Esther diskret durchblicken lassen. Aber leider ist es nicht ganz so einfach. Abraham ist möglicherweise eine gute Vermarktungs-Strategie, aber für die Anziehungs-Ideen hätte sie ihn überhaupt nicht gebraucht, und Rhonda hätte Esther nicht gebraucht.

Als Esther 1986 mit der Spökenkiekerei begann[33], gab es bereits eine gut zugängliche Literatur, in der Abrahams Theorie seit über 100 Jahren in diversen Varianten breitgetreten wurde. Esthers Mann Jerry verwandte einen dieser Autoren sogar als Grundlage für seine Vorträge und Seminare. Aber das ist eine lange Geschichte ...«

»Erzähl, aber mach 'ne Kurze draus.«

»Weil der Herr Großmoderator die Aufmerksamkeitsspanne eines Dreijährigen hat?«

»Nein, aus Rücksicht auf die Leser. Während du erzählst, hol ich ne neue Flasche Château Schlaberadeur. (Psst ... liebe Leser, Sie müssen jetzt ganz stark sein ... oder machen Sie doch einfach 'ne Pinkelpause! Die nächsten drei Kapitel werden wieder unterhaltsamer – versprochen!)«

Dreimal größter Hermes

Öhm ... 1462 hatte der Renaissance-Fürst Cosimo de Medici Erfolg mit seiner Suche nach verloren gegangenen alten Schwarten. Man entdeckte die geheimnisvollen Schriften des legendären Hermes Trismegistos, was soviel heißt wie »dreimal größter Hermes«. Bis in unsere Zeit beeinflussten sie Magier, Künstler, Dichter, Philosophen und Naturwissenschaftler – aber auch zahlreiche Scharlatane. Seine undogmatischen Gedanken widersprachen der vorherrschenden katholischen Lehre und vereinten Weltanschauungen wie Platonismus, Hinduismus, jüdische Kabbala, Alchemie und Astrologie mit der Magie.[34]

Er sagt: Wir Menschen sind auf einer spirituellen Reise, um uns wieder mit dem Göttlichen zu vereinen. Bei unserer Suche müssen wir offen, tolerant, neugierig und lernbegierig sein. Es sieht so aus, als bestünden wir und das Universum aus Gegensätzen, aber in Wirklichkeit ist alles eins, und wir sind ein Teil dieses Einen. Es besteht aus reinem Bewusstsein, es lebt also (in der Terminologie der modernen Wünschelwichte: Es besteht aus reiner vibrierender Energie). Dieses All-Eine ist männlich und weiblich zugleich und erneuert sich ständig durch Selbstvögelung. Wir Menschen sind aktiver Teil dieses ständigen göttlichen Schöpfungsprozesses.

Wie oben so unten

In der Hermetik finden sich bereits viele Elemente der Wünschelwicht-Theorie. Berühmt sind vor allem die *Smaragdtafeln* des Hermes Trismegistos, (die in Rhondas DVD-Trailer vergraben wurden). Die berühmteste These daraus: »Wie unten so oben«. Dahinter verbirgt sich die Idee, dass im Mikrokosmos (wir) die gleichen Gesetze herrschen wie im Makrokosmos (das Universum), eine Idee, die schon die Astrologen vor 5000 Jahren ausgetüftelt hatten, um die Machtverhältnisse auf der Erde mit denen im Himmel zu rechtfertigen.[35]

Diese These erklärt auch die anhaltende Liebesbeziehung unserer Wünschelwichte zur modernen Physik, vor allem zur Quantenphysik. Die bizarren Ergebnisse auf der Ebene der Elementarteilchen (hier Mikrokosmos) übertragen sie kritiklos auf unsere makroskopische Welt. Zum Beispiel ist bekannt, dass Informationen auf der Quantenebene über weite Strecken zwischen

Hermes Trismegistos, Ahnherr aller Wünschelwichte. Der Legende nach der ägyptische Gott Thot, aber die Schriften stammen wohl von neuplatonischen Autoren aus dem 1. oder 2. Jahrhundert n. Chr.

zwei Elementarteilchen übertragen werden können. Fehlschluss der Wichtel: Also können wir auch unsere Wunschinformationen auf das Universum übertragen und es so per Gedankenkraft zum Spenden beeinflussen. Aber das funktioniert leider nur auf der Mikroebene. Das in Science-Fiction-Filmen so beliebte Beamen geht leider nur im Raumschiff Enterprise.

Newton und Wissenschaft

Besonders in Zeiten des geistigen Aufbruchs wie der Renaissance oder der wissenschaftlichen Revolution hat diese tolerante und optimistische Sicht der Dinge viele Philosophen, Künstler und Wissenschaftler zu neuen Ideen, aber auch zur Rebellion gegen die dogmatische Schultheologie angeregt. Auch die Väter der modernen Naturwissenschaft, wie Kepler oder Newton, waren Hermetiker und glaubten an Astrologie, Magie und Alchemie.

Was sie allerdings von den damaligen Theologen und heutigen Magiegläubigen unterschied, war ihre Idee, dass Theorien über unsere Welt möglichst mathematisch formuliert sein sollen, durch die Erfahrung überprüfbar sein müssen und nicht nur auf den Erleuchtungserlebnissen Einzelner beruhen dürfen. Damit wurden sie zu den Wegbereitern des modernen wissenschaftlichen Denkens. Hier liegen die Anfänge zu einer Wissenschaftstheorie, so der Philosoph Karl Popper 1934: Wissenschaftliche Theorien müssen so formuliert sein, dass sie (vor allem) durch Beobachtungen widerlegbar sind.[36]

Die Magiegläubigen und Scharlatane haben sich immer gern der neuesten Ergebnisse der Naturwissenschaft bedient, um ihren Mumpitz zu begründen. Das Kriterium der Widerlegbarkeit haben sie dabei mit Vorliebe vergessen.

Hugo lugt durch den Türspalt:
»So, da bin ich wieder. Wo bist du?«
»Gutes Timing, Hugo. Ich komme gerade zu einer wissenschaftshistorisch hochinteressanten Figur, die sogar Freud beeinflusst hat …«
»Ach du Kacke. Bis gleich.«
Und Abgang.

Issac Newton (1643–1727) Schuf mit seiner Gravitationstheorie das moderne Uhrwerk-Universum.

Mesmers Biomagnetismus

Tja … Vorlage für die Vorstellung, dass Gedanken Anziehungskräfte haben können, war die Gravitationstheorie Newtons (1687), die auch den Arzt und Scharlatan Franz Anton Mesmer (1734–1815) faszinierte. In seiner Doktorarbeit nahm er 1766 Newtons Theorie der Anziehungskräfte zwischen den Planeten und entwickelte daraus eine verwandte Idee, die zur Grundlage vieler esoterischer Ideen wurde: dass eine überall fein verteilte »universelle Schwerkraft« Krankheiten beeinflusst. Diese Theorie einer feinstofflichen biologischen Energie (»animalischer Magnetismus«), die durch Gedanken magnetisch kontrolliert werden kann, beeinflusste seither Esoteriker, Philosophen wie Schelling und Schopenhauer oder romantische Dichter wie E.T.A. Hoffmann.[37]

Mesmerismus & Geistheilerei

In den USA dilettierte 1838 der Uhrmacher Phineas Parkhurst Quimby mit Mesmers Methoden herum, eröffnete aber bald eine eigene Geistheilerei. Daraus entwickelte sich eine esoterisch-religiöse Bewegung, die sich später »New Thought« nannte (deutsch »Neugeist«). Quimby taufte seine Heiltechnik »Beweis-Methode«: Gott ist vollkommen, darum können wir, seine Geschöpfe, nicht unvollkommen sein. Nun muss man den Patienten (und sich selbst!) überzeugen: deine Krankheit ist die Folge negativer Gedanken. Hier liegt die moderne Quelle aller Denk-positiv-Philosophien.[38]

Krankheit als Irrtum

1862 wird Mary Baker Eddy erst Quimbys Patientin, dann seine Konkurrentin. Sie klaut seine Ideen, addiert Lehren aus der Bibel und sagt: Krankheit und Tod sind Illusionen und das Ergebnis falschen Denkens. Alles ist Geist, Materie ist nur ein Irrtum. Darum kann der Geist auch geistigen Irrtum (die Krankheit) heilen. Eddy gründete 1879 die einflussreiche Religion »Christian Science«. – Bete positiv![39]

Sir Karl Raimund Popper (1902–1994). Plädierte gegen Bullshit und ganz besonders für intellektuelle Redlichkeit. Seine Wissenschaftstheorie: Formuliere Theorien so, dass sie durch Beobachtung widerlegbar sind.

Christliche Wissenschaft

Auftritt Emma Curtis Hopkins. Sie war zunächst eine Anhängerin von Mary Baker Eddy, wandte sich aber dann von ihr ab und gründete 1888 in Chicago ein Seminar, in dem sie im Lauf der Zeit 50 000 Menschen ausgebildet haben soll. Sie wird die Mutter der New-Thought-Bewegung, die sie *Lehrer der Lehrer* nennt. Emma verband Eddys und Quimbys Ideen erfolgreich mit anderen esoterischen Lehren. In ihrem Kielwasser sammelte sich alles, was etwa folgende

Franz Anton Mesmer (1734–1815). Wunderheiler und Scharlatan. Expertengremien in Wien und Paris sagten, dass seine Methoden auf Hypnose und Betrug basierten – und auf der Leichtgläubigkeit der Patienten.

Dinge glaubt: Nur Geist ist Realität und gut. Durch Meditation und positives Denken erreichen wir einen göttlichen Bewusstseinszustand, der alles Negative vernichtet. Wir sind Schöpfer von uns und unserer Welt.[40]

Das spiritistische Prachtweib

Unterdessen hatte eine kettenrauchende russische Spiritistin die Bühne betreten: Madame (Helena) Blavatsky (1831–1891). Nachdem sie sich in vielen Ländern und Erdteilen mit spiritistischen Schummeleien durchs Leben geschlagen hatte, landete sie 1873 in New York. Dort beeindruckte sie ihre Zeitgenossen mit Hellsehen und Zaubertricks. Madame war eine der faszinierendsten und umstrittensten Okkultisten der Weltgeschichte. Sie beeinflusste die New-Thought-Gurus und gilt als Großmutter der Flower-Power-New-Age-Bewegung. Viele ihrer Ideen finden sich bei unseren Wünschelwichten wieder. 1875 gründete sie die *Theosophische Gesellschaft*. Sie mischte europäischen Okkultismus und hermetische Gedanken mit selbst erfundenem Hinduismus und Naturwissenschaft. Was Madame Blavatsky so faszinierend macht, ist der Versuch, okkulten Mumpitz mit aktueller Wissenschaft zu begründen.[41]

Elektromagnetismus als Modell der Esoterik

Bis 1864 wurden Magnetismus und Elektrizität als verschiedene Phänomene gesehen. Da zeigte der schottische Physiker James Clerk Maxwell, dass sie als Elektromagnetismus zwei Seiten der gleichen Medaille waren. Außerdem sagte er Wellen schwingender elektromagnetischer Felder voraus, die ab 1886 von Heinrich Rudolf Hertz experimentell bestätigt wurden und Grundlage der Funktechnik und des Radios wurden.

Ab da gab es im esoterischen Lager kein Halten mehr. Die Physik lieferte endlich ein naturwissenschaftliches Erklärungsmodell für Geistheilerei und Wunschdenken nach dem hermetischen Grundsatz »wie unten so oben«: Wenn wir im atomaren Mikrokosmos mit elektromagnetischen Radiowellen Informationen übertragen können – warum soll das nicht auch auf der makroskopischen Ebene mit Gedankenwellen funktionieren?[42]

Backe backe Kuchen

Aus den magischen und naturwissenschaftlichen Ingredienzien backten die Anhänger von Hopkins und Madame Blavatsky nun einen mystischen Kuchen. Man nehme:

- 1 Pfund Christengott oder Pantheismus
- 1 Pfund Naturwissenschaft
- 1 Pfund positives Denken
- ¾ Liter Spiritismus
- 400 g zerkleinerten Hermes Trismegistos
- 250 g Hinduis-Mus
- 1 Stange Mesmer
- 150 g Hegel- oder Schelling-Essenz

- 1 Stich jüdische Kabbala
- 2 Prisen Mystik und Saft von 3 ausgepressten Theosophen

James C. Maxwell (1831–1879) Sagte die Radiowellen voraus.

Heinrich R. Hertz (1857–1894) zeigte: Radiowellen existieren.

Die Masse in einer nicht zu kleinen American-Dream-Form in einen magischen Backofen geben und unter ständigem positiven Denken zwei Stunden bei mystischer Oberhitze meditieren lassen, mit Wunschdenken bestreuen und alles mit glücklichem Lächeln servieren. Die Amerikaner schluckten das süße Gebäck mit Begeisterung, denn die Betonung des positiven Denkens kam dem Optimismus und der Aufbruchstimmung der damaligen Zeit perfekt entgegen.

Charles Fillmore: Reichtum ist dein gutes Recht

1889 tritt der tiefreligiöse Charles Fillmore (1854–1948) auf die okkulte Bühne. Nach Krankheit und Bankrott gründet er mit Gattin Myrtle das journalistische Zentralorgan der Bewegung, das Magazin *Modern Thought* und später die Kirche *Unity School of Christianity*. Charles brachte als einer der Ersten einen neuen angenehmen Gedanken in die Truppe: Reichtum ist dein Geburtsrecht.[43]

Prentice Mulford: Gedanken sind Dinge

Im gleichen Jahr veröffentlicht Prentice Mulford (1834–1891) das Buch *Thoughts Are Things* (Gedanken sind Dinge). Damit überträgt der kalifornische Goldgräber, Autor und Humorist u. A. die Kraft des naturwissenschaftlichen Gesetzes der Anziehung auf die geistige Anziehung und formuliert schon im Titel des ansonsten hauptsächlich spirituellen Büchleins, worum es geht: Gedanken werden Dinge.[44]

Hugo tänzelt schwerfällig ins Zimmer.
»Und? Fertig?«
»Fast. Ich komme gerade zum …«
»Schade, das hätte ich gern gehört, aber ich muss noch das Zierkaninchen striegeln.«
Und weg.

William Walker Atkinson: Das Gesetz der Anziehung

Ein erster Höhepunkt dieser Ideen erreichte 1906 William Walker Atkinson mit seinem Hauptwerk *Thought Vibration or the Law of Attraction in the Thought World* (Gedankenschwingungen und das Gesetz der Anziehung in der Welt des Denkens). Atkinson war der Herausgeber von Fillmores Magazin *Modern Thought*[45] und schrieb unter dem Pseudonym Yogi Ramacharaka[46] 13 Bücher, die hinduistisches Gedankengut popularisierten. Dabei griff er auch auf die Ideen von Helena Blavatsky zurück, Hermes Trismegistos mit der Naturwissenschaft zu vereinen. Atkinsons Buch zeigt deutlich die Herkunft der Anziehungsidee aus naturwissenschaftlichen Disziplinen:

»*Wir reden gelehrt vom Gesetz der Schwerkraft* [gemeint ist Newtons Gravitationsgesetz, H&J]*, aber wir ignorieren die ebenso wundervolle Offenbarung, das Gesetz der Anziehung in der Gedankenwelt. [...] Wir verschließen unsere Augen vor dem mächtigen Gesetz, das uns die Dinge anzieht, die wir wünschen oder fürchten ...*«[47] (Unsere Übersetzung)

Und hier finden wir auch das spätere Geschwurbel von Gedankenstrahlen und Magneten:

»*Wenn wir denken, senden wir Schwingungen einer feinen ätherischen Substanz aus, die genau so real sind, wie die Schwingungen, aus denen Licht, Hitze, Elektrizität und Magnetismus bestehen. Dass diese Schwingungen nicht von unseren fünf Sinnen wahrgenommen werden können, ist kein Beweis, dass sie nicht existieren.*«[48] (Unsere Übersetzung)

Zudem spricht Atkinson von Gleichem, das Gleiches anzieht:

»*Ein starker, lang gehegter Gedanke macht uns zum Zentrum der Anziehung für entsprechende Gedankenwellen anderer. Gleiches zieht in der* **Gedankenwelt** *Gleiches an ...*«[49] (unsere Hervorhebung)

Und – voilà! – die Idee, dass wir nur anziehen, was auf der gleichen Wellenlänge schwingt – mitsamt elektromagnetischer Erklärung:

»*Wir ziehen nur Gedanken anderer von gleicher Größenordnung an. [...] Sie werden diese Idee besser begreifen, wenn Sie an die drahtlosen Marconi-Geräte denken, die ihre Schwingungen nur von einem sendenden Gerät aufnehmen, das auf die gleiche Wellenlänge eingestimmt ist.*«[50] (Unsere Übersetzung) [Der italienische Physiker und Elektroingenieur Guglielmo Marconi war ein Pionier der drahtlosen Telegrafie, H&J]

Atkinsons Buch enthält nahezu alles, was zum Universum der Wünschelwichte gehört. Allerdings: Nirgendwo ist bei ihm die Rede davon, dass wir mit Gedankenkraft *direkt* Dinge materialisieren können.

Stets geht es, darum, sich selbst zu verändern und andere, die einem dabei helfen können, in sein Leben zu ziehen.

Was New-Thought-Gurus wie Fillmore, Mulford und Atkinson spirituell vorbereitet haben, geht ab jetzt schleichend ins Kohlemachen, Erfolghaben und Zaubern über.

Wallace D. Wattles: Wissenschaftlich reich werden

Da ist zunächst Wallace D. Wattles und sein Buch *The Science of Getting Rich* – das Werk, das Rhonda in ihrer schwersten Stunde in die Hände gelegt wurde. Kostprobe:

»*Der Mensch, der nicht den Wunsch hat, Geld genug zu haben, um alles zu kaufen, was er will, ist abnormal.*«[51] *(Unsere Übersetzung)*

Nun wissen wir endlich, woher er kommt – der Hang der Spirituellen zum Materiellen: Arme sind sündige Missgeburten. Dann spricht Wattles wie Rhonda, Esther und die anderen Wünschelwichte von dem unfehlbaren Gesetz, mit dem man reich wird:

»*Reich werden ist keine Frage der Umgebung* [in der man lebt, H&J].« und »*Es gibt mehr als genug für alle.*«[52] *(Unsere Übersetzung)*

Diese schwachsinnige Idee finden wir bei allen Wünschelwichten wieder. – Als könnte ein alter Analphabet am Wasserloch im Dschungel durch pures Wunschdenken zum Bill Gates aufsteigen. Zum Schluss versichert Wattles:

»*Reich werden ist eine exakte Wissenschaft.*«[53] *(Unsere Übersetzung)*

Rhonda hat begriffen, was dieser Mann wollte. Chapeau, Rhonda. Du hast es geschafft, den pampigen alten Gedankenbrei aufzukochen und als neues Dreisterne-Menü zu servieren.

Charles F. Haanel: Reicher schreibt für Arme

Hugo kommt zurück und blättert in Rhondas Buch. »Was ist eigentlich mit diesem Haanel, den sie dauernd zitiert?«
»Charles F. Haanel lebte von 1866 bis 1949. Er war ein stinkreicher Geschäftsmann und schrieb 1912 sein bekanntestes Buch *The Master Key System* (,Master Key' bedeutet Generalschlüssel). Auch er geht von der üblichen New-Thought-Theorie aus ...«

»*Wie werden die notwendigen Bedingungen sichergestellt, die Dein Ideal in der objektiven Welt materialisieren? – Durch das Gesetz der Anziehung [...]. Welche drei Schritte sind nötig, um das Gesetz in Anwendung zu bringen? – Starke Wünsche, vertrauensvolle Erwartung, kraftvolle Forderung.*«[54] *(Unsere Übersetzung)*

Voilà: Ein paar alte Buchtitel und Zitate, und wir bekommen fast die gesamte Theorie unserer Wünschelwichte. Ab jetzt wird der Wunsch nach Mammon immer wichtiger.

Napoleon Hill: Umfrage bei Reichen

Bei Napoleon Hill (1883–1970) sind wir endgültig bei der typischen Werde-reich-und-hab-Erfolg-Ratgeberliteratur des 20. Jahrhunderts angekommen. 1919 bedankt Hill sich bei Charles F. Haanel, er habe seinen jetzigen Erfolg vor allem dessen Buch *The Master Key System* zu verdanken. Hill schrieb 1937 sein bekanntestes Buch *Think and Grow Rich*, das mehr als 30 Millionen Exemplare verkauft hat.[55]

Esther, Jerry & »Geister« Abraham: Good Old New Thought

Hugo trommelt mit den Fingern:
»Was hat das alles mit Esther Hicks zu tun. Dass ihre oder Abrahams Ideen schon vorher bekannt waren, hättest du auch schneller sagen können.
»Schon. Doch gehen wir mal auf die Biografie-Seite der Webpage von Esther und Jerry: www.abraham-hicks.com/about_hicks.php. Dort steht (am 23.9.2007):

,Jerrys Leben liest sich wie eine Prominenten-Bio: Zirkusartist, Jongleur, Boxer, Sänger, Turner, Radio-Moderator, Comedian, Millionen-Unternehmer.' (Unsere Übersetzung)

Kannte auch Jerry ,Das Geheimnis'? Offensichtlich. Die Biografie fährt nämlich fort:

,Das Sprungbrett für seinen Erfolg beruhte fast ausschließlich auf einer zufälligen Lektüre von Napoleon Hills Buch ,Think and Grow Rich". (Unsere Übersetzung)«

Hugo krabbelt sich am Hals: »Hm, da schließt sich der Kreis. Vielleicht war Jerry etwas gelangweilt, als Abraham Esther Dinge erzählte, die er schon aus Napoleon Hills Buch kannte.«
»Gut möglich. Jerry hat Hills Ideen sogar in Kursen und Vorträgen verbreitet, wie er auf der eingangs genannten DVD sagt. Eine andere Frage ist, warum ein so machtvolles Geistwesen wie Abraham seiner Esther diesen uralten und in zig Büchern verfügbaren esoterischen Ramsch erzählt. Abraham könnte doch Geheimnisse ausplaudern, die uns schon lange auf den Nägeln brennen: Wo sind die verschollenen Bücher von Platon? Wo sind die nächsten großen Ölvorkommen? Wie könnte man Paris Hilton zur nächsten Mutter Teresa machen?«
»Man könnte aber auch überlegen, warum Esther und Jerry sich – mit dem mächtigsten Gesetz des Universums im Hintergrund – die Mühe machen, ihre Website zu einem Tante-Emma-Laden zu machen. Guck mal, da kann man viele Bücher und DVDs kaufen ...«
»Grußkarten, Kalender und Musik-CDs.«
»Workshops ... oder auch Kreuzfahrtseminare nach Alaska, Mexiko oder Hawaii ...«
»Tja, Jacky, die Wege des Universums sind wunderbar.«

Die New-Thought-Bewegung – Urahnen, Ahnen und Stars
Moderne Wünschelwicht-Theorien enthalten viele Elemente dieser Welt- und Geldanschauungen

30 000 v. Chr. Höhlen-Magie

3000 v. Chr. Astrologie

600 v. Chr. Hinduismus

500 v. Chr. Buddhismus

Christentum

100 n. Chr. Jüd. Kabbala

300 n. Chr. Alchemie

- **1460 Hermes Trismegistos** (= dreimal größter Hermes): Der Renaissance-Fürst Cosimo de Medici fand die Schriften des legendären Magier-Gottes, der mit seiner undogmatischen Heilslehre Magier, Alchemisten, Künstler, Dichter, Philosophen und Wissenschaftler wie Kopernikus und Newton beeinflusste. Seine Haupt-These: »Wie oben, so unten.«

- **1765 Franz Anton Mesmer** (1734–1815): Newtons Gravitationsgesetz bringt den Arzt auf die Idee: Die planetarischen Anziehungskräfte beeinflussen unser Nervensystem. Später »entdeckt« er die heilsame Wirkung von Magnet-Strahlen und eröffnet in Wien und Paris lukrative Scharlatanerien. Inspirierte die Romantik, New Thought und Freud.

- **1836 Ralph Waldo Emerson** (1803–1882): Der US-amerikanische Dichter-Philosoph kombiniert in seinem Essay *Natur* Ideen von Swedenborg, Mesmer und idealistischen Philosophen wie Hegel mit hinduistische Gedanken wird Führer der *Transzendentalen Bewegung* und sagt: Unser Geist bestimmt die Welt unserer Erfahrungen.

- **1852 Phineas Parkhurst Quimby** (1802–1866) rührt die Ideen von Swedenborg, Mesmer und Emerson zu einer eigenen Theorie zusammen, eröffnet im US-Staat Maine eine Geistheilerei und wird mit »Krankheit ist die Folge negativen Denkens« zum Vater der New-Thought-denk-positiv-Bewegung und der modernen Esoterik.

- **1862 Mary Baker Eddy** (1821–1910) wird Quimbys unzufriedene Patientin und Schülerin, kombiniert seine mit christlich-hermetischen Ideen, gründet mit »Christian Science« eine eigene religiöse Bewegung und meint: Krankheit und Tod sind Illusionen und das Ergebnis falschen Denkens, die durch Gebete geheilt werden können.

- **1875 Helena Blavatsky** (1831–1891): Die Russin gründet in New York die einflussreiche *Theosophische Gesellschaft*. Sie mischt europäischen Okkultismus und hermetische Gedanken mit selbst erfundenem Hinduismus und Naturwissenschaft. Sie wird oft des Ideenklaus und der spiritistischen Taschenspielerei beschuldigt.

- **1888 Emma Curtis Hopkins** (1831–1891): Mit einer Seminar-Gründung in Chicago wird die Ex-Anhängerin von Eddys *Christian Science* zur Sammelstelle und Organisatorin für alle Freunde der vorgenannten Ideen und zur Mutter der New-Thought-Bewegung. Sie war Prophetin, Mystikerin, Theologin, Autorin und Feministin.

- **1889 Charles Fillmore** (1854–1948): Nach Krankheit und Bankrott gründet er mit Gattin Myrtle das Zentralorgan der Bewegung *Modern Thought* und später die Kirche *Unity School of Christianity*. Brachte als einer der Ersten den neuen Gedanken in die Truppe: Reichtum ist dein Geburtsrecht, es ist eine Sünde, arm zu sein.

- **1889 Prentice Mulford** (1834–1891): Der kalifornische Goldgräber, Autor und Humorist veröffentlicht *Thoughts Are Things* (Gedanken sind Dinge). Ein spirituelles Buch trotz des Titels. Mulford überrägt u.a. die Kraft des naturwissenschaftlichen Gesetzes der Anziehung in gut mesmerischer Tradition auf die geistige Anziehung.

- **1906 William Walker Atkinson** (1862–1932) veröffentlicht *Thought Vibration or the Law of Attraction in the Thought World* (kombiniert fast alle Ideen der vorgenannten Autoren). Er war Herausgeber des *Modern Thought* Magazins, und er ist die Nahtstelle zur modernen Werd-reich-und-glücklich-Ratgeber-Literatur.

- **1910 Wallace D. Wattles** (1860–1911) schrieb das Buch, das Rhonda Byrne zu ihrem Geheimnis-Werk inspirierte: *The Science of Getting Rich*. Er vertiefte das »Gesetz der Anziehung« mit: »Der Mensch, der nicht den Wunsch hat, genug Geld zu haben, um alles zu kaufen, was er will, ist abnormal.« Wurde so Vater der Raffgier-Ratgeberbücher.

- **1912 Charles F. Haanel** (1866–1949): Der Geschäftsmann veröffentlicht *The Master Key System* (etwa »Das Generalschlüssel-System«)., eine »spirituelle« Anleitung zum Reichwerden. Auch er nennt das »Gesetz der Anziehung« explizit, ebenso die Wunschdreifaltigkeit »Starke Wünsche, vertrauensvolle Erwartung, kraftvolle Forderung.«

- **1937 Napoleon Hill** (1883–1970): Wurde angeblich vom Stahlbaron Andrew Carnegie beauftragt, das Erfolgsgeheimnis der 500 erfolgreichsten Geschäftsleute in Interviews herauszufinden. Das Ergebnis inspirierte ihn zu seinem Hauptwerk: »Think and Grow Rich«. Verdankt seinen Erfolg nach eigener Aussage auch Haanels Buch.

4. Pierre Franckh

Der Oberlehrer des Universums

Mich drängt's, den Grundtext aufzuschlagen,
Mit redlichem Gefühl einmal
Das heilige Original
In mein geliebtes Deutsch zu übertragen

Goethe, Faust I

Pierre Franckh: Erfolgreich Wünschen

Pierre ist ein wirklich brillanter Schauspieler und es macht Freude, seiner Kunst zuzuschauen. Schon als Junge stand er auf der Bühne, drehte Filme wie: Lausbubengeschichten oder Der Totmacher (mit Götz George), war zu sehen in über 200 TV-Filmen und –Serien: Diese Drombuschs, Schwarzwaldklinik, Derrick, Edel und Stark und, und, und. Er ist verheiratet mit der Schauspielerin und Autorin Michaela Merten und hat den Wunsch-Bestseller Erfolgreich wünschen geschrieben. Pierre ist ohne Zweifel intelligent und gebildet. Man würde sich allerdings wünschen, dass sein Text dies häufiger widerspiegelt. Pierres Büchlein ist voller ehrlicher und liebenswerter Menschlichkeit, aber das tröstet nicht über die Stellen hinweg, bei denen man froh ist, eine Pediküre hinter sich zu haben, weil sich einem bei der Lektüre sonst die Fußnägel aufrollen würden.

Pierre Franckh: Erfolgreich wünschen. 7 Regeln wie Träume wahr werden. Koha Verlag, 2006.
Alle allein stehenden Seitenangaben im folgenden Kapitel beziehen sich auf dieses Buch.

Wir basteln uns ein deutsches All

Hugo ist – nach eigener Einschätzung – Schauspieler und hat das Buch des Kollegen Pierre Franckh daher mit besonderer Aufmerksamkeit gelesen. Hugo liebt Schauspielerwitze wie jeder weiß, der bei Aftershow-Partys nicht schnell genug so was murmelt wie »Sorry, ich muss mal eben dem Dings Hallo sagen.« Und daher …
»Jacky, wie viele Schauspieler braucht man, um eine Glühbirne einzuschrauben?«
»Keine Ahnung.«
»Hundertundzwei. Einen, der die Leiter hält. Einen, der die Birne reinschraubt und hundert andere, die dabei stehen und meckern: Das hätte ich *auch* gekonnt!«
»Haha! – Und was hat das mit Pierres Wunschtheorie zu tun?«
»Ne Menge. Pierre ist nicht nur ein brillanter Schauspieler, er kann auch Regie führen, Filme produzieren und Bestseller wie diese schreiben …«

- Glücksregeln für die Liebe
- 21 Wege, die Liebe zu finden
- Lustvoll Lieben. 7 Regeln für erfüllten Sex

»Fein, ich wüsste zu gerne, wie Pierre das Wünscheln beim ‚*Lustvoll Lieben*' einsetzt. Er sagt in einer Überschrift zum Beispiel:

‚Mit dem Universum zu arbeiten ist wesentlich einfacher[,] als sich alleine abzustrampeln.' (S. 28)«

»Wie darf man sich das vorstellen? Wenn's in den Federn nicht so richtig klappt, kommt das Universum von hinten und …«

»Werd nicht albern. Pierre meint, dass wir uns den Alltag erleichtern, indem wir uns einfach wünschen, was wir begehren. Er gibt auch ein Beispiel.«

»Erzähl.«

Das Wunder der Zimmerpflanzen

Wunder ab. Pierre und seine Frau Michaela Merten wünschten sich große Pflanzen für ihr Heim. »Am besten sollten sie bis zur Decke reichen.« Aber das Geld war knapp. »Also blieb uns nur noch eines: Wünschen, Danken und Vertrauen.« Bereits eine Woche später rief ein Freund an und nahm sie zu einem Konkursverkauf mit. Ahnst du schon was? Pierre berichtet weiter: »Als wir das Bürogebäude betraten, war uns alles klar. Riesige wunderschöne Kübel mit gewaltig groß gewachsenen Pflanzen lachten uns an.« Und nun wieder festhalten! Pierre: »Und da sie keiner wollte, bekamen wir sie vom Konkursverwalter fast geschenkt.« (S. 28 f.) Wunder Ende.

»Das war's schon? Dann hoffen wir mal, dass Pierres Regeln und Wunder im Reich der Liebesträume besser sind als die im Land der Wunschträume. Was ist wohl passiert? Ein Freund, der möglicherweise von ihrem Pflanzenwunsch gewusst hat und ganz sicher weiß, dass es sich hier um einen Konkursverkauf einer Büroausstattung handelt (zu der Kübelpflanzen ja gehören), ruft an, und siehe da …«

»Du meinst, das sei kein Wunder?«

»Es ist höchstens ein Wunder, dass er es wagt, diese Geschichte als das wunderbare Walten des Universums zu verkaufen. Aber kommen wir zurück zu deinem brillanten Witz. Warum hast du mir den erzählt?«

> **MÄNNERWUNSCH**
>
> »Ebenso wichtig … ist es zu wissen, dass uns alles immer zur Verfügung steht und dass, wenn wir etwas bekommen, es nicht jemand anderem fehlt. (Das gilt natürlich nicht, wenn ich mir den Mann meiner Freundin wünsche.)«
> (S. 15)
>
> Zwei Fragen, Pierre: Erstens, ist wirklich von allem genug da? Überall auf der Welt oder nur bei uns? Und zweitens: Du hast eine sehr hübsche Frau – warum solltest du dir den Mann deiner Freundin wünschen?

»Als Pierre von der neuen Form des Wunsch-Placements im Universum gehört hatte, dachte er sich möglicherweise: ‚Das kann ich auch' – schon als Kind habe ich unter schweren Wünschanfällen gelitten. Und so hat er gleich ein Buch darüber geschrieben: *Pierre Franckh: Erfolgreich wünschen. 7 Regeln wie Träume wahr werden.* Pierre verwendet darin übrigens die gleiche Hintergrundtheorie wie Rhonda und Esther, deshalb müssen wir uns darum nicht mehr kümmern (siehe seine Spalte in unserem Frage-und-Antwort-Schema *Das Gesetz der Anziehung*, S. 32-35). Nur nebenbei: Auch er gibt natürlich keinerlei Quellen oder Belege für seine Behauptungen an.«

»Na, dann schauen wir uns noch einige seiner Wunschwunder an – ich hab elf gezählt.«

»Später, erstmal seine Spezialität: die Konstruktion einer exakten Wunschgrammatik.«
»Wozu?«
»Für die gehobene Konversation mit dem Universum.«
»Was juckt es das Universum, wie ich mit ihm rede?«
»So ein Universum ist manchmal unberechenbar. Frag die Astronomen.«

Unexaktes Wünschen oder »Der verhängnisvolle Wunschzettel«

Als Pierre neun Jahre alt war, übermittelte das Universum Pierre zwei Nachrichten. Eine gute: Wünsche sind verbindliche Bestellungen beim Universum, das laut Pierre wie ein »gigantisch großes Versandhaus« organisiert ist (S. 14 f.). Und eine schlechte: Sprachliche Schlampereien auf dem Bestellschein werden nicht geduldet.

Und das kam so: Pierre bestellte damals »… von den ‚Wesen dort oben'…« (S. 9), er wolle in einem Kinofilm mitspielen. Noch im gleichen Jahr übernahm er eine kleine Rolle in dem Film *Lausbubengeschichten*. Pierre über seine bitteren Erfahrungen:

»Ich hatte […] einen kleinen verhängnisvollen Fehler gemacht. Ich hatte auf den Zettel geschrieben, dass jeder mich in dem Film sehen sollte. Von hören war also nicht die Rede.« (S. 9)

Friedhelm haderte mit dem Universum. Er hatte ausdrücklich »um'n Waldzwerg« für seinen Vorgarten gebeten. Und jetzt das!

Das Schreckliche geschah: Pierre wurde nachsynchronisiert. Er war – wie gewünscht – zu sehen, aber nicht zu hören.

»Einen besseren und leider auch schmerzlicheren Beweis für unexaktes Wünschen konnte ich wohl kaum bekommen.« (S. 9f.)

Aber auch ein Tritt in den Hintern bringt einen nach vorne, und Pierre erkannte: Das Universum ist zickig, wenn's um Formulierungen geht. Und so schuf Pierre erst einmal Ordnung im deutschen Teil des Universums und etablierte preußische Offizierstugenden: Korrektheit. Gehorsam. Klare Befehle. Pierre lässt uns mit der Formulierung exakter Wünsche zum Glück nicht allein, denn wie er sagt:

»Auch wünschen will gelernt sein.« (S. 13)

Aha. Hoffen wir, dass das All-Eine nicht so weit geht, unsere Wünsche erst nach Vorlage eines Wünsch-Diploms zu erhören.

Rechtschreibreform im Universum

Pierre begann mit einer scharfsinnigen Analyse des Grundproblems:

»Der größte Fehler, der beim Wünschen immer und immer wieder gemacht wird, ist der, dass bereits durch die Wortwahl eine völlig andere Botschaft ausgesandt wird als beabsichtigt.« (S. 31) – »Dem Universum ist es egal. Das, was gewünscht wird, wird geliefert ...« (S. 41)

Abermals aha: Wem also Wischi-Waschi-Wunschwelsch unkontrolliert aus dem Maul wuselt – Obacht! Eine schlunzige Wünsch-Semantik kann verheerende Folgen zeitigen Das Universum hat nämlich ein eingeschränktes Sprachverständnis und interpretiert Wünsche wörtlich.

Wer unvorsichtigerweise murmelt: »Ich will ein Mietshaus«, muss sich nicht wundern, wenn er ein miauendes Wohngebäude bekommt.

Vorsicht auch bei genuschelten Wunsch-Wörtern wie »Nachttischlampe«! Unser Partner ist sicher nicht beglückt, wenn statt der erbetenen Boudoir-Leuchte eine Schlampe zum Nachtisch erscheint.

Katastrophale Folgen aber kann es haben, wenn man ordert: »Ich will'n Waldzwerg für meinen Vorgarten«. Mal abgesehen von ästhetischen Erwägungen führt in einem deutschen Standardvorgarten selbst ein unterdimensioniertes Walzwerk zu erheblichen Raumproblemen.

Zum Glück hat sich Pierre die Mühe gemacht, eine Art Wunschformulierungsverordnung zu entwickeln. Aufgepasst: Selbst einfachste Sätze haben es in sich! Pierre:

»Wünscht man sich zum Beispiel viel Geld, ist es völlig falsch, den Befehlssatz ‚Ich will reich sein' zu formulieren.« (S. 31)

Pierre sagt: Äußere ich ein Wollen, dann betone ich, dass ich es noch nicht habe, äußere also einen Mangel. Und der wird mir dann wortwörtlich geliefert. – Grundgütiger! Hier lauern tückische Fallen. Pierre weiß zum Glück, was das Universum erwartet:

»*Die richtige Formulierung lautet daher: ‚Ich bin bereit für den Reichtum in meinem Leben.' Oder: ‚Ich bin reich und glücklich.' Oder: ‚Das Geld, das für mich bestimmt ist, gibt es bereits und es findet gerade den besten Weg, um in mein Leben zu treten.'*« (S. 32)

Wir überlegen:
365 000 Menschen sind wegen der Kämpfe aus der somalischen Hauptstadt Mogadischu an den Stadtrand geflohen und leben dort heute (am 7. September 2007) unter katastrophalen Bedingungen.
   Sind Hilfsorganisationen wirklich gut beraten, Nahrungsmittel und Medikamente dorthin zu liefern?

Pierre Franckhs Buch »**Erfolgreich wünschen**« rettet die Verzweifelten in Mogadischu.

Durch Pierres brillante Analyse dämmert uns: Die Ärmsten haben aus Unkenntnis der strengen Sprachvorschriften unvorsichtigerweise Wünsche geäußert wie »Ich will satt und gesund sein und in Frieden leben.« Wie dumm von ihnen! Wenn Pierres Analyse stimmt, hat ihnen das Universum genau diesen geäußerten Mangel geschickt: Hunger und Krieg. Sie hätten formulieren müssen: »Brot, Wasser, Medikamente und Frieden, die für mich bestimmt sind, gibt es bereits, und sie finden gerade den besten Weg, um in mein Leben zu treten.«
   Und schon ist unser flammender Aufruf an die Hilfsorganisation Caritas unterwegs: »Stoppt Lieferung von Lebensmitteln und Medikamenten! Sofort Pierre Franckhs Buch in Somali übersetzen und 100 000 Exemplare an die Hungernden und Cholera-Kranken verteilen!«

Universum ohne Zukunft

Das Universum und Pierre haben ein gemeinsames Problem: die Unterscheidung zwischen Gegenwart und Zukunft. Pierre sagt:

»Wir wünschen immer in der Gegenwartsform, nie in der Zukunftsform. ‚Ich will glücklich sein', bringt uns leider eben genau das: das Wollen. Wir werden es weiterhin wollen. Das Universum versteht es so, dass es unser Wunsch ist, etwas zu wollen. ‚Ich bin glücklich', bringt uns den Zustand, den wir uns eigentlich wünschen.« (S. 33)

Sehen wir es dem Universum nach, dass es einen Satz wie »Ich will glücklich sein« grammatikalisch als »Futur« interpretiert. Aber dem Sprachpuristen Pierre raten wir dringend, sich mal mit Modalverben wie »wollen« zu beschäftigen. Dann wird er bestimmt den Unterschied zwischen »Ich will glücklich sein« und »Ich will glücklich werden« erkennen und damit den Unterschied zwischen Präsens und Futur. Viel Glück!

Wir vermuten, dass man in hormonellen Drucksituationen besonders vorsichtig sein muss. Im Bett sollte man darauf verzichten, Sätze zu äußern, die mit »Ich will« beginnen. Sicherer ist folgende Formulierung seiner Wünsche: »Schatz, ich bin bereit für die Liebe in meinem Leben.«

Neulich im Universum

Nie keine Verneinungen nicht!

Das Universum hat laut Pierre ein weiteres Bildungsproblem, das wir schon bei Rhonda und Esther kennengelernt haben (woher wissen *die* das eigentlich?):

»*Das Universum kennt [...] die Worte 'nicht' und 'kein' nicht. Mit der Verneinung kann es nichts anfangen. [...] Das Universum filtert nämlich die Worte 'kein' und 'nicht' einfach aus dem Bestellformular heraus und führt es so aus, als würden wir uns genau dies so wünschen. 'Ich will nicht krank sein', bedeutet als Wunschenergie: 'Ich will krank sein.'*« (S. 38)

Pisa allerorten! Wie kann das Universum so blöd sein? Jeder Vollidiot versteht, dass »Ich bin gesund« und »Ich bin nicht krank« etwa dasselbe bedeuten. Das Universum aber würde uns – laut Pierre – im ersten Fall Gesundheit, im zweiten Krankheit schicken, weil es das »nicht« einfach wegfiltert. Pierre erklärt auch, warum das so ist:

»*Wir können nicht etwas* nicht *entstehen lassen. Wir können immer nur etwas* erschaffen *und nicht etwas nicht* erschaffen.«[56] (S. 38, Pierres Hervorhebungen)

Das klingt vernünftig, ist jedoch Unsinn. Wer schon mal verhütet hat oder seine Hausaufgaben absichtlich nicht gemacht hat, der weiß, dass man durchaus etwas »nicht erschaffen« kann. Hättest Du, Pierre, zum Beispiel dein Buch »nicht erschaffen«, hätten wir dieses Kapitel nicht erschaffen. Und deine und unsere Leser könnten ihre Zeit sinnvoller ... egal.

Zudem kommen wir hier auf der sprachlichen Ebene vollends in den Bereich zwischen Logik und Schwachsinn. Wir überlegen: Wenn wir Geld wollen, sollten wir laut Pierre nicht wünschen »Ich will reich sein«. Das Universum interpretiert: »Der äußert einen Mangel, und wenn das sein Wunsch ist, schick ich ihm den, nämlich Armut.«

Versuche ich, das Universum auszutricksen und sage: »Ich will nicht reich sein«, komme ich auch nicht weiter, weil das All das »nicht« einfach wegfiltert, und ich hab also den gleichen Wunschsatz wie zuvor.

Was aber ist mit: »Ich will arm sein!« – Sagt das Universum nun: Aha, er wünscht sich einen Mangel an Armut, also schicke ich Reichtum? Fragen über Fragen. – Pierre weiß aber noch mehr über das Stilempfinden des Universums.

In der Kü liegt die Wü!

Wir überlegen: Auf der Erde leben momentan fast 7 Milliarden Menschen. Wenn jeder am Tag nur 3 Wünsche wünscht, sind das rund 7 Billionen Wunschbefehle pro Jahr oder rund 240 000 pro Sekunde! Zur Entlastung des Universums befiehlt Pierre völlig zu Recht:

»*Klar, knapp und präzise formulieren.*« (S. 56) – »*Versuchen Sie es in zwei oder drei Sätzen auszudrücken*« (S. 58)

Das Versandhaus Universum hat Besseres zu tun, als sich mit unserem Wortmüll herumzuplagen. Pierre weiß zum Glück, wie man mit dem Wortpedanten Universum umzugehen hat:

»Möchte man z. B. einen Schrank für sein Wohnzimmer, so beschreibt man, wie der Schrank aussehen und wo er hinpassen soll. Welche Farbe, welches Holz, welche Größe und ebenso welche Gegenstände darin Platz finden sollen.« (S. 57)

Das ist nur klug. Bei einem verzickten Formulierungsfetischisten wie dem Universum wäre es nicht verwunderlich, wenn es uns bei einem dahingeplapperten Wunsch nach einem »schönen Wohnzimmerschrank« irgendeine Kacke wie die Wohnwand »Siegfried« in Eiche rustikal anliefert. Das Universum hat aber laut Pierre noch eine Macke.

Bestellungen bitte in Schriftform

Wie im richtigen Versandhaus hat das Universum anscheinend eine Abteilung, die mündliche Bestellungen entgegennimmt. Pierre präferiert daher – wie Rhonda und Esther – die schriftliche Niederlegung des Wunschbefehls. So hat man auch eine Kontrolle, ob und wie korrekt das Universum liefert. Aber Pierre untermauert diesen Rat auch mit physikalischen Gründen:

»Schreiben Sie den Wunsch auf. Auf diese Weise wird der Wunsch verstärkt. Er verlässt den Körper zum ersten Mal physisch. Allein dadurch gewinnt er an Kraft. [...] Ab nun ist er Materie.« (S. 40)

Wir kommen gleich auf die physikalischen Probleme zurück. Wenn man Pierre glaubt, kann das Universum also nicht nur hören, sondern auch lesen. Hugo hat Pierres Anweisungen in »Verordnung zur Kommunikation mit dem Universum der Bundesrepublik Deutschland« mal ordentlich und präzise zusammengefasst. (S. 107)
»Wie findest du sie?«
»Hugo, das hast du schön gesagt, und schöner als schön kann man es nicht sagen. Pierre wäre stolz auf dich.«
Hugo wiegt den Kopf: »Woher weiß Pierre eigentlich, dass das Universum kurze schriftliche Sätze in der Gegenwart ohne Verneinungen schätzt?«
»Keine Ahnung. In guter Wünschelwicht-Tradition nennt er keine Quellen. Es gibt nur vier Möglichkeiten: Erstens, das Universum hat ihm seine Kenntnisse in einer stillen Stunde offenbart. Zweitens, er hat sich den ganzen Kram mit dem ‚gesunden Menschenverstand' aus den Fingern gesogen; drittens, er hat es von irgend jemandem ‚kreativ adaptiert' und hat vergessen, ihn oder sie zu zitieren.«
»Und viertens?«
»Hab ich nur gesagt, damit's nach mehr klingt.«
»Guter Bullshit! Du meinst also, Pierre hat – wie Rhonda Byrne – ein kleines Büchlein von irgendwem ‚in die Hand gelegt bekommen'? Oder ein netter Geist hat ihm seine Kenntnisse diktiert wie bei Esther Hicks?«
»Wer weiß! Viel wichtiger ist die Frage, ob man Pierres Oberlehrer-Ratschläge ernst nehmen muss, oder ob das alles nur Bullshit ist.«

»Das hängt davon ab, welches *Ziel* Pierre mit diesen präzisen Anweisungen *wirklich* verfolgt. Da gibt's ja nur ein paar Möglichkeiten:

- Pierre weiß tatsächlich, wie das Universum tickt. Dieses Wissen will er uns löblicherweise vermitteln. In diesem Fall muss man ihm gratulieren – es ist ihm vortrefflich gelungen und kein Bullshit.

- Pierre hat keinen Schimmer, was das Universum will, tut aber so. Dann wäre es auch kein Bullshit, sondern eine Lüge oder verlogene Prahlerei.

- Pierre weiß nicht, was das Universum will, aber aus didaktischen Gründen möchte er uns zur ‚Wunschdisziplin' erziehen. Das wäre dann leichter Bullshit. Denn das hätte er uns auch anders klarmachen können, als mit schwer zu schluckenden Storys über ein Universum mit Intelligenzdefekten und Lernproblemen.

- Pierre hat in Wirklichkeit nicht das Ziel, uns zu informieren; er will sich mit seinen angeblichen Kenntnissen nur ein bisschen wichtig machen. Dann wären seine Ausführungen Bullshit.

- Pierre will seine Wünschel-Theorie gegen Kritik immunisieren. Würde ihm jemand entgegen halten: Ich hab gewünscht, aber nichts bekommen, könnte Pierre sagen: Tja, mein Bester, du hast halt falsch gewünscht. Auch dann wären seine Thesen Bullshit.«

Hugo krault seinen Stoppelbart.
»Und wofür entscheiden wir uns?«
»Das überlassen wir der Intelligenz unserer Leser – falls gerade welche da sind … halt!, hiergeblieben, Leser! Gleich geht's weiter mit einem grandiosen Wunder.«

Verordnung zur Kommunikation mit dem Universum der Bundesrepublik Deutschland

§ 1 Gleichlautende oder gleich geschriebene Begriffe

Das deutsche Universum kann gleichklingende Wörter wie Walzwerk und Waldzwerg nicht unterscheiden. Dergestaltige Wunsch-Befehlsäußerungen sind zu unterlassen!

§ 2 Willenskundgebungen

Zu beachten ist: Das deutsche Universum interpretiert Äußerungen der syntaktischen Form »Ich will X« im Sinne einer Mangel-Äußerung und verschickt nicht X, sondern den geäußerten Mangel!

§ 3 Tempus der Wunschbefehle

Das deutsche Universum erwartet korrekt formulierte Bestellungen im Präsens, nicht im Futur! Von Befehlsformulierungen der Form »Ich will X werden/sein« ist abzusehen!

§ 4 Verneinungsbefehle

Es ist zu berücksichtigen, dass das deutsche Universum die Wörter *nein* und *kein* nicht kennt. Sie werden im Bestellformular umgehend getilgt.

§ 5 Befehlsformulierungskorrektheit

Das deutsche Universum akzeptiert nur klare, knappe und präzise Bestellbefehle. Ein Maximum von drei Sätzen ist einzuhalten!

§ 6 Schriftform

Das deutsche Universum erwartet Bestellungen vorzugsweise in der Schriftform. Auf Lesbarkeit ist zu achten!

Zuwiderhandlungen auf eigene Gefahr

Kai Pflaume, Pierre und das Wunder des Jaguars

Das Universum kennt offensichtlich auch bei Wünschen mit unpräzisen Zahlenangaben kein Erbarmen und besteht auf der Auslieferung der erbetenen Himmelsware auf dem Grundsatz »geliefert wie bestellt«. Das beweist ein Wünschwunder, das Pierre gleich im Anschluss an seine universale Grammatik beschreibt, quasi als Beleg für seine These: Präzises Wünschen ist wichtig.

März 1999. Eine Skihütte in den Alpen. Pierre schreibt das Drehbuch zum Kinofilm *Und das ist erst der Anfang*. Den Stoff muss er nicht erfinden; der Streifen erzählt die romantische Geschichte, wie er und seine Frau Michaela sich kennengelernt haben.

Juli 2000 Kinostart. Pierre hat den Film mit eigenem Geld produziert, hat ein erstklassiges Regiedebüt hingelegt, und die Zuschauer mochten den unterhaltsamen Film mit Julia Richter und René Hofschneider. Leider nicht genug: Der Streifen wurde für Pierre ein finanzielles Desaster, er und Michaela waren am Ende.

Aber wenn du denkst, es geht nicht mehr, kommt von irgendwo ein Lichtlein her. Diesmal in Form von Ehefrau Michaela, die meinte, man müsse doch nur erfolgreich wünschen! Pierre:

»Wenn gar nichts mehr geht, wünschen geht immer. Natürlich. Wie konnte ich das nur vergessen [...].« (S. 47)

Ja, wie konnte er! Denken Sie an Zauberer Merlin: Vor ihm Krokodile, hinter ihm die feindliche Armee, rechts Tiger, links Drachen, unter ihm eine sich öffnende Schlangengrube. Da erinnert er sich: Hey, was reg ich mich auf – ich kann ja zaubern ...

Pierre rechnete, wie viel man braucht, um das nächste Jahr zu überleben – 80 000 DM. Na gut, dachte er: 77 777, wohl, weil's eine schönere und mystisch bedeutsamere Zahl ist. Der Wunschbefehl wurde als Bestellung rausgeschickt. Artig und nach den Regeln der Kunst bedankte er sich beim Universum schon mal für den Erhalt der Summe, und schon einige Wochen später lieferte das Universum.

Michaela und Pierre waren zu einer Unesco-Gala eingeladen, um dort für einen guten Zweck Lose zu verkaufen. »Fressen für Afrika« – so was in der Art. Da müssen Prominente richtig arbeiten! Und jetzt wieder festhalten: Am Ende des Abends rief Moderator Kai Pflaume Pierres Losnummer auf. Pierre hatte einen Jaguar im Wert von 111 000 DM gewonnen.

Überlegen wir: 77 777 gewünscht, 111 000er Jaguar erhalten – Pierre, was ist da schief gelaufen? Hast du etwa unpräzise gewünscht, oder saß ein Vollidiot in der Auslieferungsabteilung des universalen Versandhauses? Wie auch immer, das Universum machte seinen Fehler gut, denn es geschah – sitzt du? – ein zweites Wunder!

Pierre gab den Wagen einem Autohaus zum Verkauf: »104 locker!«, meinte der Fachmann. Von wegen: kein Käufer. Auch nicht für 99 und nicht für 85. Erst als Pierre den Verkaufspreis auf (Achtung, festhalten!) 77 777 DM (selber!!!) festsetzte, kam ein Deal zustande. Man stelle sich vor: Ein 111 000 DM teurer Neuwagen für *nur* 33 223 DM weniger verkauft! Das stopft selbst hart gesottenen Wunder-Zweiflern das Maul!

»Ich würde gern wissen, ob er ihn auch für 77 778 Mark verkauft bekommen hätte.«

»Ich würde lieber wissen, wieso uns Pierre eine Geschichte als Wunder auftischt, in der er einen Luxuswagen für runde 30 Prozent Nachlass verkauft bekommt. Das schafft jeder. Auch ohne Hilfe des Universums.«

»Die Wege des Universums sind wunderbar!«

Aber die Geschichte ist nur eine Folge in einer Serie von Tombola-Wundern. Pierre:

»Das Erstaunlichste an dieser ganzen Geschichte ist aber nun Folgendes. Nicht einmal ein Jahr zuvor hatte meine wundervolle Michaela ebenfalls ein Auto gewonnen! Einen kleinen roten Toyota [...]. Aber über diesen wundervollen Gewinn erzähle ich Ihnen später ausführlicher.« (S. 53)

Später? Nöh! Denn wir sind da schon längst in der Kneipe.

Ein Letztes, Pierre: Bei dir fängt diese 10-seitige Geschichte an mit: »Vor ungefähr zehn Jahren, nach unserem Kinofilm [...] waren wir fast pleite.« (S. 44) Zehn Jahre? Pierre, das Buch hast du 2006 veröffentlicht, der Film kam im Juli 2000 in die Kinos ... Meinst du nicht, du solltest dir mal einen Taschenrechner vom Universum wünschen?

Willy Stöwer (1864 - 1931): Untergang der Titanic (1912)

Pierre und die Wunsch-Physik

Tief in Pierres Seele lauert womöglich ein Pädagoge auf sein Coming-out. Nach der Deutschstunde lernen wir nun auch noch den Physiklehrer in ihm kennen. Das darf man nicht gering achten, denn er ist der einzige der untersuchten Wünschelwichte, der sich überhaupt die Mühe macht, eine entscheidende Frage zu beantworten: Wie funktioniert Extrem-Wünsching überhaupt physikalisch?

Pierre handelt das Problem zwar auf dem Niveau der 9. Klasse ab, aber wir wollen nicht moppern: Erstens sind unsere Kenntnisse auch nicht besser; zweitens haben wir auf diese Weise eine faire Chance, Pierres Ausführungen zu folgen; und drittens werden wir im nächsten Kapitel sehen, dass Bärbel Mohrs Versuche auf diesem Gebiet dieses Niveau mühelos unterschreiten, weil sie Lernelemente aus der beschützenden Werkstatt für lernbehinderte Schamanen zu Hilfe nimmt.

> **WÜNSCHEN À LA MICROSOFT - WORD**
>
> 1. Neues leeres Wunschdokument
>
> 2. Wunsch im Universum ausschneiden
>
> 3. Wunsch kopieren
>
> 4. Speichern unter

Wenn wir den Wünschelwichten Glauben schenken, funktioniert die Materialisierung unserer Bestellung beim Universum nach der Microsoft-Word-Methode: »Neues leeres Wunschdokument« – »Ausschneiden« – »Kopieren« – »Speichern unter«.

Beginnen wir das diffizile Thema mit einer bereits zitierten These aus Pierres glanzvoll vorgetragener Universal-Grammatik:

»*Schreiben Sie den Wunsch auf. Auf diese Weise wird der Wunsch verstärkt. Er verlässt den Körper zum ersten Mal physich. Allein dadurch gewinnt er an Kraft. [...] Ab nun ist er Materie.*« (S. 40)

Wenn wir Pierre richtig verstehen, wird also die Wunschkraft stärker, wenn der Inhalt des Wunsches in Gestalt eines in Flüssigkeit gelösten Farbpigmentes (Tinte) auf Zellulosefasern (Papier) festgehalten wird oder als Gemisch von Grafikristallen und Ton (Bleistift). Wir gehen mal davon aus, dass das Universum nicht murrt, wenn der Wunsch durch die Ausrichtung winziger Magnetteilchen auf einer Festplatte aufgezeichnet wird, die der Computerprozessor zunächst als Nullen oder Einsen interpretiert und dann auf dem Bildschirm als gepixelte Buchstaben übersetzt. Wenn doch, müsste der so codierte Wunsch ausgedruckt werden, wodurch das Universum wieder in den Genuss von Farbpartikelchen auf Zellulosefasern käme.

Man hätte sich von Pierre noch einige Auskünfte gewünscht, ob das Universum Buchstabencodes bevorzugt. Und was ist mit Hieroglyphen oder chinesischen Schriftzeichen? Sind lange Wörter akzeptabel?

Wer bekommt seinen Wunsch schneller erfüllt? Der um eine *Donaudampfschifffahrtskapitänstochter* bittet oder in schlechtem Englisch schreibt: *I want a daughter of a captain of the Danube steamship company*? Und was ist, wenn ein Analphabet sich so ein Frauenzimmer erbittet? Akzeptiert das Universum dann auch drei Kreuze?

Genau genommen dürfte das keinen Unterschied machen, Pierre, denn auch ein gesprochener Wunsch verlässt den Körper physisch. Sprache besteht schließlich aus Longitudinal-Wellen – aus Verdünnungen und Verdichtungen der Atome oder Moleküle unserer Luft. (Das haben wir klammheimlich nachgelesen!)

Eine weitere Frage ist, ob auch eine bildliche Darstellung akzeptiert wird. Könnte es sein, dass Leonardo da Vinci durch Skizzen, wie die unten dargestellte, eine Wunschenergie ins Universum sandte, die ihm als Homosexualität zurückgesandt wurde? Und was ist mit den nackten Weibern von Peter Paul Rubens? Hier tun sich interessante kunsthistorische Spekulationsmöglichkeiten auf: Wir kennen van Goghs berühmtes Gemälde mit dem abben Ohr. Könnte es sein, dass er *zuerst* das Bild gemalt hat und dann … Nicht auszudenken! Schade, dass Pierre hier nicht konkreter wird.

Vincent van Gogh:
Selbstbildnis mit abbem Ohr

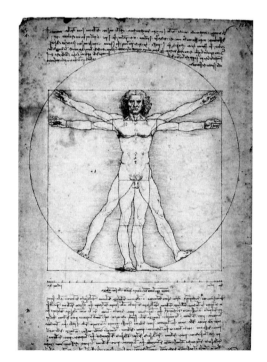

Leonardo da Vinci: Proportionen der menschlichen Gestalt nach dem römischen Architekten Vitruv (Skizze etwa um 1485/90). Leonardo lebte seit 20 Jahren mit dem hübschen Gian Giacomo de Capriotti zusammen. Alle dachten, Leonardo sei schwul. Aber er wünschte sich nichts mehr, als ein paar lose Weiber im Bett zu haben. »Ich muss endlich aufhören, diese nackten Kerle zu zeichnen«, murmelte er mit Blick auf das Gesetz der Anziehung, »sonst klappt das nie.«

Aber vielleicht kommen wir an einer anderen Stelle weiter. Dort erklärt Pierre uns die physikalische Welt. Hat er dazu das nötige Rüstzeug? Offensichtlich, denn …

»… schließlich bin ich auf ein naturwissenschaftliches Gymnasium gegangen. Dort bildet man bekanntermaßen hauptsächlich skeptische Realisten aus.« (S. 55)

Ah ja! Hören wir, was Pierres vortrefflich ausgebildeter skeptisch-realistischer Geist zum Aufbau unserer Welt zu sagen hat und vor allem, warum dieser Aufbau uns die Erfüllung sämtlicher Wünsche garantiert. Vergessen wir dabei nicht, dass die Wünschelwichte einen Wunschgedanken ja als ausgesandte Energie verstehen. Und vergessen wir vor allem nicht, dass die physikalische Form des Aussendens nirgendwo erklärt wird. Schauen wir zu, wie Pierre mit Näherungsschritten das Kunststück fertigbringt, uns physikalisch zu beweisen, warum Wünscheln funktionieren muss.

Schritt 1: Zunächst erklärt Pierre uns, dass die Welt aus Atomen aufgebaut ist, die wiederum aus den Protonen und Neutronen im Kern bestehen und aus Elektronen, die ihn in Kreisbahnen umlaufen. Diese Elementarteilchen bestehen wiederum aus schwingender Energie. (S. 79 ff.) Gebongt.

Schritt 2: Pierre erläutert nun präziser, warum wir Materie beeinflussen können:

Erst wenn wir verstehen, dass jeder Gegenstand dieser Erde, jeder Mensch und jede Situation nur Energien in verschiedenen Formen sind, können wir begreifen, auf welche Weise wir Materie beeinflussen können. (S. 81)

Okay, lieber Pierre, das haben wir jetzt begriffen und wollen nicht lange kleinlich herummäkeln, dass »Situationen« wie »schulmeisterhaftes Herumkritteln an wohlmeinenden Wünschelwichten« nur mit viel metaphysisch-physikalischer Jongliererei als »Energieansammlung« gedeutet werden können. Das Gleiche gilt für angenommene »Sachverhalte« wie »Pierres Buch enthält pseudowissenschaftlichen Mumpitz« oder mathematische Sätze wie »Aquadratplusbequadratgleichzehquadrat« usw.

Schritt 3: Gleich anschließend liefert Pierre ein seltsames Argument, das uns wohl gefühlsmäßig näher bringen soll, dass unsere Gedanken aus »Nichts« Geld, Autos, Liebesbeziehungen usw. materialisieren können:

»1933 beobachteten die Physiker Marie und Pierre Curie wie Materie aus dem ‚Nichts' entstehen kann. Sie entdeckten wissenschaftlich, dass sich Energie in Masse umwandeln lässt.« (S. 82)

Diese beiden kurzen Sätze erscheinen uns als ein Musterbeispiel für bullshitoide Argumentation. Sie haben möglicherweise nicht das Ziel, uns zu informieren; sie sollen lediglich rechtfertigen, warum beliebige Bestellungen beim Universum garantiert erfüllt werden.

Das beginnt (a) wieder mit der rhetorischen Figur eines Autoritätsargumentes durch das Wörtchen »wissenschaftlich«: Pierre, *wie sonst* als »wissenschaftlich«? Die Curies waren Physiker, und die entdecken solche Dinge normalerweise nicht durch »richtiges Wünschen« oder Schamanentänze.

Der Verweis auf die Autorität »Wissenschaft« hat hier die Aufgabe, Eindruck zu schinden, Argumente ohne Argumentation zu stützen und Zweifler mundtot zu machen.

Das geht weiter mit einer Mischung aus Wahrem und Falschem, aus schlecht Recherchiertem und ungeschickt Zurechtgebogenem. Wahr ist lediglich, dass man Energie aus Masse gewinnen kann, wie Einstein vorhersagte, auch wenn das auf Erden bis heute technisch unglaublich aufwendig ist.

Falsch ist aber (b) auf der vorliegenden Argumentationsebene erstens, dass Materie aus *Nichts* entstehen kann. Wenn, dann aus Energie, und das ist nicht *Nichts*.

Die Fakten sind (c) schlecht recherchiert: Der fragliche Versuch fand 1932 statt. 1933 wurde darüber in der Zeitschrift *Time* berichtet. Daraus hat Pierre möglicherweise abgeschrieben – aber wie üblich ohne Quellenangabe.[57]

Völlig falsch ist (d), dass Marie und Pierre Curie den Versuch durchgeführt haben. Es war ihre Tochter Irène und deren Mann Frédéric Joliot-Curie, beide ebenfalls Physiker.[58]

Am allerfalschesten – wenn das möglich wäre – ist (e), dass Marie Curies Mann, *Pierre Curie*, beim Versuch zugegen war. 1933 war der nämlich schon 27 Jahre lang mausetot.[59]

Es tut uns leid, Pierre, aber hier wird deutlich, dass du nicht das Recht hast, Physik-Idioten wie uns die Physik zu erklären. Du hast auf diesem Gebiet offensichtlich ebenso wenig Ahnung wie wir. Niemand, der sich halbwegs mit diesem Thema auskennt, macht solche Fehler.

Warum reiten wir auf diesen Dingen herum? Ein offenes Wort: Wenn du schon bei diesen »Winzigkeiten« hudelst – warum sollten wir dir die folgende ungeheuerliche und durch nichts belegte Behauptung glauben sollen …

Schritt 4: Durch die bisherige Argumentation gestärkt, kommt Pierre endlich zur Sache:

*»Hier kommt nun für unser erfolgreich wünschen ein ganz wichtiges Element ins Spiel: Energie lässt sich lenken, **und zwar durch Gedankenkraft.** Unsere Gedanken sind so etwas wie eine Laserpistole, die die Energie auf einen Punkt richten kann. […] Genauso lenkt unsere Gedankenkraft die immer und überall vorhandene Energie, so dass sie sich in einer bestimmten Form verdichtet.«* (S. 82, unsere Hervorhebung)

Hier wird deutlich, dass die ganze physikalische Argumentation uns nicht informieren, sondern weichklopfen sollte für den einen wichtigen Satz: Energie lässt sich durch Gedankenkraft lenken. Energie lässt sich lenken.

Das ist völlig korrekt. Wie jede andere elektromagnetische Welle kann auch ein Lichtstrahl »gelenkt« werden. Aber bisher hat niemand mit wissenschaftlichen Methoden bewiesen, dass dies mit *Gedankenkraft* geschehen kann. Das sind nur Behauptungen von Esoterikern, die gerne *wollen*, dass das so ist.

Schritt 5: Und nun holt Pierre zum entscheidenden Schlag aus:

»Jeder Gedanke ist reine Energie und wirkt seinerseits auf die Energie ein.« (S. 82)

Wilhelm Busch
Selbstbildnis (1894). Er sagte:

Ist das eine physikalische Tatsache im makroskopischen Bereich? Bitte erzähl uns jetzt nichts über den Fluss elektrischer und chemischer Energien in unseren Gehirnzellen. Die sind eine physikalisch-biologische Tatsache. Die Potenziale können gemessen und beeinflusst werden. Auch die Chemie der Neurotransmitter an den Synapsen unserer Gehirnzellen ist gut untersucht; und diese Botenstoffe können durch Medikamente oder Drogen chemisch beeinflusst werden. Aber das sind keine *Gedanken*, Pierre! Irgendwo entstehen sie, aber noch weiß keiner genau wie – du vielleicht?

»Zweimal zwei gleich vier ist Wahrheit. Schade, daß sie leicht und leer ist! Denn ich wollte lieber Klarheit über das, was voll und schwer ist.«

Pierre schließt seinen didaktisch wohlaufbereiteten Grundkurs der Elementarphysik mit einer brillant versteckten Tautologie (S. 83):

»*Wenn Energie Materie entstehen lässt und Gedanken pure Energie sind, entstehen um uns herum ständig Dinge, die wir materialisieren.*«

Pierre sagt im zweiten Halbsatz »Gedanken = Energie«. Das Verb »materialisieren« im letzten Halbsatz benutzen die Wünschelwichte im Sinne von »Materie durch Gedanken(kraft) erzeugen«. Setzen wir das in Pierres Formel ein, dann erhalten wir:

W ENN G EDANKEN M ATERIE ENTSTEHEN LASSEN, ENTSTEHEN UM UNS HERUM STÄNDIG D INGE, BEI DENEN G EDANKEN M ATERIE ENTSTEHEN LASSEN. K ÜRZER: **W ENN DURCH G EDANKEN M ATERIE ENTSTEHT, ENTSTEHT DURCH G EDANKEN M ATERIE.**

Ja, Pierre, so ist das! Eine wundervolle Leerformel nach dem Wilhelm-Busch-Muster 2 mal 2 = 4, kurz: 4 = 4. Zusammenfassung:

- Wahr: Alles besteht aus Atomen, die aus Elementarteilchen und die (vereinfacht gesagt) aus reiner Energie.

- Wahr: Energie kann in eine bestimmte Richtung gelenkt werden.

- Wahr: Aus Energie kann Materie entstehen.

- Falsch oder in dieser sprachlichen Form unprüfbar: Gedanken sind reine Energie (was genau ist ein Gedanke?).

- Falsch oder in dieser sprachlichen Form unprüfbar: Gedanken können Energie lenken. Wenn doch, dann mach uns das doch mal mit einem Taschenlampenstrahl vor, den du mit deiner Geisteskraft irgendwohin lenkst.

Das Problem ist, dass hier die Diskussion harter Fakten klammheimlich mit Metaphern, wissenschaftlich einherschreitenden Leerformeln und vage formulierten Begriffen vermischt wird.
Pierre, abschließend: Die Behauptung von wahren, falschen oder leeren Dingen ist nicht unbedingt Bullshit. Die Mischung mit dem Ziel, uns von Humbug zu überzeugen, schon.

Mr. Fire Joe Vitale zum Buschfeuer in Kalifornien:

1 MILLION FEUEROPFER SELBER SCHULD?

Sie haben Joe, der sich selbst »Mr. Fire« nennt, auf den Seiten 58 und 59 kennen gelernt. Er ist einer der 24 Zitatspender von Rhonda Byrne. Auch Frequenz-Experte John Assaraf kennen Sie (S. 54 und 55). Zu Rhondas Zitatlieferanten gehören auch Lisa Nichols und James Ray. Von ihnen handelt diese Geschichte. Oktober 2007: In Kalifornien wütet die schlimmste Feuersbrunst in der Geschichte des US-Staates: 17 Tote, 80 Verletzte, 1800 Gebäude wurden zerstört, 1 Million Menschen wurden evakuiert. Zwischen Los Angeles und Mexiko verkohlt ein Gebiet, halb so groß wie die Schweiz. Auf seiner Webseite schrieb Joe »Mr. Fire« Vitale dazu am 26. Oktober 2007:

»Ich finde es interessant, das 45 Häuser in der Nähe von John Assarafs Haus brannten, aber seins ist in Sicherheit. Dasselbe gilt für das Haus und das Büro von James Ray. Ebenso für Lisa Nichols' Manager. Anstatt sich zu fragen, warum sie ein Feuer angezogen haben, wäre es vielleicht schlauer zu fragen, wie sie das Feuer nicht angezogen haben […] Sie konzentrieren sich nicht auf Feuer. Sie konzentrieren sich auf das Feuer in ihrer Seele.« (Unsere Übersetzung)

Ist das obszön? Urteilen Sie selbst. Danke, Mr. Fire«, dass du noch mal klargestellt hast: Das Gesetz der Anziehung ist überhaupt nicht metaphorisch gemeint.

Check it out: http://blog.mrfire.com/secret/san-diego-fires. Die Zahlen sind aus dem Focus Nr. 44, 29. Oktober 2007, S. 201. Die Infos erreichten uns eine Stunde vor Redaktionsschluss, darum haben wir sie hier schnell auf der letzten freien Seite untergebracht.

PIERRE FRANCKH: Der Oberlehrer des Universums

Das Wunder von Amsterdam

Gnadenlos rieselt der Schnee auf den Amsterdamer Airport Shiphol. Er wird geschlossen. Wird Pierre Franckh der Schneehölle entrinnen?

Pierres umfangreichstes Wunder ist eine 7-seitige (!) Prunkstory des Extrem-Wünschings. Das märchenhafte Wunder beginnt mit heiteren Tönen:

»*Erfolgreich* wünschen *geht in allen Situationen.*« (S. 140, Pierres Hervorhebung)

Doch schon mischen sich drohende Bässe unter die Heile-Welt-Melodie. Und die Tuba-Töne verheißen nichts Gutes:

> »Die Lage war hoffnungslos.«

»*... natürlich besonders dann, wenn es gerade nicht so sonderlich gut im Leben läuft. Manchmal vergessen wir dann allerdings erst recht uns etwas zu wünschen und versuchen hektisch zu kämpfen. Aber ebenso schnell können wir uns auch aus dem sinnlosen Treiben wieder befreien.*« (S. 140)

Das sinnlose Treiben war in diesem Fall ein sinnloses Schneetreiben auf dem Amsterdamer Flughafen – er wurde dichtgemacht. Orchester: Ta-Daaah! Rumms! Wie Kinder im Kasperle-Theater fragen wir uns bang: Wird Pierre die bevorstehenden Prüfungen der Schicksalsmächte meistern? Egal, wir sind schließlich auf seiner Seite und warnen ihn, wenn das böse Krokodil die Zähne fletscht. Die Streicher legen einen dunkelschwarzen Moll-Teppich aus ...

»*Die Lage war hoffnungslos. Getränke wurden ausgegeben sowie Decken und Kissen für die Nacht.*« (S. 140)

Die Menschen standen »zu Tausenden« an den Ticketschaltern, waren verärgert und irrten hilflos umher. Auch Pierre ging es zunächst ähnlich. Er würde morgen wichtige Termine versäumen – ein Drama:

»*Ich begann in meiner dicken Jacke zu schwitzen und verlor mich in ziellosen Aktionen.*« (S. 141)

Wird Pierre bis zum trüben Morgen verzweifelt herumirren? Paukenschlag! Wird er zu sich finden? Paukenschlag! Und wird er die dicke Jacke endlich ausziehen, damit des Transpirierens ein Ende ist? Drei Paukenschläge!!! Da! ... schrille Hitchcock-Geigen: Das Krokodil naht! »Pierre, bitte lieber Pierre! Denk ans Wünschen!«

»Plötzlich jedoch erinnerte ich mich wieder an erfolgreich wünschen. […] Meine Bestellung war ganz einfach und lautete: ‚Ich habe für heute Nacht ein wunderschönes und ruhiges Hotelzimmer und erhalte die beste Möglichkeit, zurück nach München zu kommen. Ich bin jetzt offen und bereit für diese Informationen.« (S. 141, Pierres Hervorhebung)

Es wird sich darum gekümmert

Puh, das war knapp! Süßliche Flötenterzen lösen die Spannung. Danke, Universum!

»Ich wusste, ab jetzt wird sich darum gekümmert …« (S. 142)

Strahlender Trompeten-Tusch. – Das unterscheidet unseren Helden halt von den Tausenden Idioten an den Schaltern, die weiter wunschlos unglücklich durch den Airport irrten. Er weiß: Das Universum wird schon alles richten.

Das Universum versuchte es im Flughafenhotel, aber das wurde vor seiner Nase geschlossen – voll; das Universum hetzte zu den angrenzenden Hotels – auch zu. Neue Idee: Mietautos – dicht. Panisch jagte das All durch die Hallen: Nicht auszudenken, wenn es Pierres Wunsch nicht erfüllen könnte.

Das dünne Piepsstimmchen der kleinen Susi drang ans Ohr des Universums: »Bitte, ich will nicht frieren.« – »Maul halten! Erstens war da das unakzeptable Wort ‚nicht', und zweitens bin ich mit dem großen Schauspieler Pierre Franckh beschäftigt. Du musst warten wie die vielen Tausend anderen!«

Pierre hingegen war tiefenentspannt. Er wusste ja, »es wird sich gekümmert«. Es wird sich seitens Pierre auch in aller Ruhe ein Kaffee geholt und …

Es wird sich auch an einen Tresen gelehnt

Pierre schlürfte seinen Kaffee und lehnte sich an einen Tresen. Und da, möglicherweise auch für das Universum überraschend, da ereignete sich der erste. Teil eines vierteiligen Wunders. Sitzen Sie?

Plötzlich klappte ein Schild um, eine Glasscheibe wurde zur Seite gezogen und eine Frauenstimme fragte mich, wohin ich möchte? Ich hatte an einem Fahrkartenschalter gelehnt. ‚Nach München', antwortete ich verdutzt. ‚7.03, einmal umsteigen', sagte die Dame …« (S. 143)

Es wird sich zum Zug begeben

Mit dem Ticket streunte Pierre weiter umher, weil er nicht wusste, was er bis 7 Uhr machen sollte und geriet »ohne wirkliche Absicht« ins Untergeschoss, wie er berichtet. Es geht aus Pierres Geschichte nicht hervor, aber wir vermuten ganz stark, dass dort der Flughafenbahnhof untergebracht war. Wie wir darauf kommen? Nun, da stand - bitte Platz behalten für den zweiten Teil des Wunders - ein *Nahverkehrszug* nach Amsterdam Zentralbahnhof. Nur am Rande wollen wir anmerken, dass bei den Treppen nach unten auch riesige Schilder angebracht sind, die optisch herausbrüllen: »Ey, Leute! Hier geht's zum Bahnhof!«

Pierre stieg ein. Keine Sekunde zu früh, denn der Zug surrte schon davon. Der dritte Teil des Mirakels folgte auf dem Fuße:

»Der Schaffner fragte mich, wo ich denn übernachten würde und empfahl mir **ungefragt** *ein Hotel zehn Minuten vom Bahnhof entfernt ...«* (S. 144, unsere Hervorhebung)

Es wird sich ein Zimmer genommen

Ungefragt! Ein Wunder! – Im Hotel angekommen, bekam Pierre – bitte fest- und Platz behalten für den vierten Teil des Wunders – »das letzte Zimmer« und, weil er sich möglicherweise vor dem Schlafengehen noch eine Weckzeit beim Universum bestellt hatte, auch den Zug nach München. (S. 144)

Damit ist die Story eigentlich zu Ende erzählt, aber Pierre, ganz deutscher Verstandesmensch und skeptischer Realist, checkte sicherheitshalber noch einmal das Kleingedruckte im Lieferschein des Universums. Schließlich war ihm durch seinen präzisen Wunsch »die beste Möglichkeit zurück nach München« garantiert worden. Hätten wir auch gemacht. Immerhin war man im holländischen Teil des Universums, und man kennt ja die Holländer – Headshops, Haschisch, Hudelei!

Im Zug traf Pierre nicht nur Mitreisende, die die ganze Nacht in der überfüllten Bahnhofshalle übernachtet hatten, er erfuhr auch, dass alle, die einen Mietwagen ergattert hatten, wegen Sperrung der Autobahn umkehren mussten. Das konnte nun *wirklich* kein Zufall mehr sein, und damit war der Beweis erbracht: Der Zug war die beste und einzige Möglichkeit, nach München zu kommen.

> »Ich begann in meiner dicken Jacke zu schwitzen.«

Es wird sich kalt geduscht, Pierre

Soweit Pierres Bericht. Frage: Ist diese »Anhäufung von Zufällen« nur durch das segensreiche Eingreifen des Universums zu erklären? Jacky ist skeptisch.

»Da waren doch Tausende anderer Reisende. Und jeder hatte bestimmt nur *einen* Wunsch: Weg hier. Wieso hat das Universum nur Pierres Wunsch erfüllt?«

»Weil Pierre Profiwünscher ist. Er hat präziser und dringlicher gewünscht als die anderen panischen Idioten.«

»Vielleicht ist das Universum auch ein fauler Sack und hat sich gesagt: Es ist schon spät, ein Wunsch noch und dann ist Feierabend!«

Pierre, jetzt mal im Ernst: Du steckst fest. Keine Flüge, keine Mietwagen, keine Taxis, keine Hotels. Zu Fuß und mit dem Fahrrad wär's zu weit nach München, Schiffsverbindungen gibt's nicht? Was bleibt – na? Richtig: die Bahn. Du bist ein intelligenter Mann mit unendlich viel Reiseerfahrung – der Gedanke wird dir (hoffentlich) durch den Kopf gegangen sein.

»Durch Zufall« trinkst du deinen Kaffee an einer Stelle, die sich als Fahrkartenschalter entpuppt. Die sind in Flughäfen ja nicht unscheinbar im Putzraum untergebracht, sondern gut sichtbar und – vor allem – immer beschriftet dort, wo auch die Reisebüros, Last- Minute-Schalter usw. sind. Der Schalter geht plötzlich auf. Okay, das akzeptieren wir als Riesenwunder. Wir beide durften schon öfter das faszinierende Mirakel erleben, dass sich ein Schalter vor unserer Nase öffnet oder sogar schließt.

Mit dem Kauf des Tickets ist der weitere Verlauf wunderlos vorgezeichnet: Du wirst irgendwann in einen Nahverkehrszug nach Amsterdam steigen und von dort nach München fahren, denn dafür hast du bezahlt, und das steht auch auf deinem Ticket.

Mit dem Fahrschein in der Hand schlenderst du herum und gehst »ohne Absicht« ins Untergeschoss. Dort sind in vielen Flughäfen die Bahnhöfe untergebracht. Zufällig stand dort dein Zug. Aber, Pierre: Hättest du *den* Zug nicht gekriegt, dann eben den nächsten. (Und wie gesagt: Da sind riesige Schilder! Wenn du sie nicht wahrgenommen hast, dein Unterbewusstsein bestimmt.)

Und ein freundlicher Schaffner, der um das Chaos weiß und dir und deinem Gepäck ansieht, dass du ein Fremder bist, ist kein Wunder. Er nennt dir ein Hotel 10 Minuten vom Zentralbahnhof. Das ist mitten in Amsterdam. Im Umkreis von 10 Minuten (etwa 1 Kilometer zu Fuß) sind dort zig Hotels zu finden. Und wenn *er* dir keins genannt hätte, hättest du halt eins der anderen genommen.

EIN FAHRKARTENSCHALTER – HUCH!

»Ich bekam Hunger, streunte umher, lehnte mit einem Becher Kaffee an einem Tresen und beobachtete die ganzen hektischen Menschenmassen. Plötzlich klappte ein Schild um, eine Glasscheibe wurde zur Seite gezogen und eine Frauenstimme fragte mich, wohin ich möchte? *Ich hatte an einem Fahrkartenschalter gelehnt.* ‚Nach München', antwortete ich verdutzt« (S. 143, unsere Hervorhebung)

Nur durch ein Wunder findet Pierre Franckh auf dem Amsterdamer Flughafen einen Fahrkartenschalter …

Es wird sich um die Logik gekümmert

Pierre, wir glauben: Du bist hier zwei logischen Fehlschlüssen aufgesessen. Der eine heißt »post hoc, ergo propter hoc« – *nach* diesem, also *durch* dieses.[60] Mit anderen Worten, du hast alles, was *nach* deinem Wunsch kam, als *Wirkung* dieses Wunsches interpretiert und den Wunsch als *Ursache*. Das ist aber oft ein Fehler. Wir Menschen neigen halt dazu. Wenn ich meinen Partner anbrülle und Sekunden später schlägt der Blitz ins Haus, dann tendieren wir dazu, die Brüllerei als Ursache, den Blitzeinschlag als Wirkung anzunehmen.

Das zweite Problem ist wieder der Bestätigungsfehler (confirmation bias) (S.45), den wir schon behandelt haben.[61] Du bist ein Profiwünscher. Wenn du etwas wünschst, dann *willst* du, dass es wahr wird und interpretierst alles, was passiert, in Richtung »Erfüllung«.

Dein dritter Fehler trägt den schönen Namen »Fehlschluss des texanischen Scharfschützen«.[62] Der Bursche schießt auf eine Scheune, malt dann einen Kreidekreis um die Einschüsse und wertet sie als Treffer. Die daneben gegangen sind, werden nicht berücksichtigt.

Und zu guter Letzt sind die Ereignisse nicht unabhängig voneinander: Bestimmte Ereignisse (Ticket-Kauf) führen zwangsläufig zu weiteren Ereignissen (Nahverkehrszug, Schaffner treffen, Hotel suchen, Zug nach München).

Es wird sich gewundert

Ja, Pierre: gewundert über diese hanebüchene Story vom auserwählten Schauspieler, der selbstverliebt von »seinem« Blizzard-Drama redet und die »Tausenden an den Ticketschaltern« achtlos mit einem Halbsatz übergeht. In deinem neuen Buch *Wünsch es dir einfach – aber richtig* (2007) schreibst du mit dem üblichen Gestus des Allwissenden:

> **Wenn jeder an sich denkt, ist an jeden gedacht.**

»Einigen sich zwei Menschen auf ein Ziel und bauen sie dann gemeinsam an dessen Verwirklichung, wird dieser Wunsch von doppelter Energie gespeist und entwickelt wesentlich mehr Kraft. Gemeinsame Wünsche sind also wesentlich kräftiger in ihrer Durchsetzung und dadurch wesentlich schneller in ihrer Erfüllung.« (S. 148)

Wir wollen dich jetzt nicht fragen, wo du diese Erleuchtung her hast, ob »doppelt« metaphorisch oder mathematisch gemeint ist (haben drei Gleichwünscher die dreifache Wunschkraft usw.?) und ob die Technik überhaupt funktioniert.[63]

Aber: Hast du in Amsterdam auch nur *einen einzigen Moment* daran gedacht, dir aus den »Tausenden« ein paar Familien mit schreienden Kindern oder mit alten und kranken Menschen auszusuchen, um sie beim Massen-Powerwünsching in den Genuss deiner Wunderkräfte kommen zu lassen?

Als Entschuldigung für euren Wunsch-Egoismus habt ihr Wünschelwichte euch ein allerliebstes Theorielein zusammengebastelt. In deiner Formulierung sieht es so aus:

»Ebenso wichtig ... ist es zu wissen, dass uns alles immer zur Verfügung steht und dass, wenn wir etwas bekommen, es nicht jemand anderem fehlt.« (S. 15)

Wirklich, Pierre? Muss man da nicht differenzieren? Sicher: Alle Menschen auf der Welt können geliebt werden, schunkeln oder den Pips kriegen. Aber: Wenn *du* das »letzte Hotelzimmer« bekommst, muss dann nicht die Familie, die hinter dir an der Rezeption steht, das nächste Hotel aufsuchen? Kann jeder Olympiateilnehmer eine Goldmedaille erkämpfen? Kann jeder so reich sein wie Bill Gates? Und kann beim Münzwurf, Poker oder Schach *jeder* Mitspieler gewinnen?[64] Ihr solltet euch diese pseudo-rationalen Rechtfertigungen für Egoismus, dieses Valium fürs schlechte Gewissen in Schweinsleder binden lassen und dann irgendeiner Wanderschmiere zur Aufführung anbieten. Aber bitte nicht uns.

Jetzt wird sich noch ein Parkplatz gesucht

Vielleicht sollten wir abschließend Folgendes erwähnen: Laut Pierre Franckh dient das Gesetz der Anziehung auch bei der Parkplatz-Suche. Natürlich. Außer Esther Hicks sagen das ja alle Wünschelwichte.

Bei Pierre geht das so: Damit man sich beim Extrem-Wünsching nicht gleich an einer Luxusyacht verhebt, rät er, mit etwas Leichtem zu beginnen, halt mit dem Wunsch nach einem Parkplatz. Man beachte: Der Ton ist anfangs höflich, aber am Ende weht ein schneidiger Befehlston durch die Sätze:

»Beim Verlassen des Hauses sende ich eine kurze Bitte aus. Als Ansprechpartner nehme ich hier einfach die Parkplatzengel. Ich könnte natürlich auch sagen ‚lieber Kosmos' oder ‚liebes Universum' oder ‚liebe Wunschenergie'. [...] ‚Also, lieber Parkplatzengel. Ich habe in der ...-straße einen Parkplatz. Er ist jetzt bereits für mich bestimmt. Ich bekomme ihn, und zwar genau dann, wenn ich dort ankomme.'« (S. 25 f.)

»Zu Befehl, Pierre!« salutieren wahlweise die lieben Parkplatzengel, der liebe Kosmos, das liebe Universum oder die liebe Wunschenergie. Sollte es ein Parkplatz mit Parkuhr sein, findest du darunter auf dem Boden ein paar Euromünzen!

Dann wird sich ein Beweis gebastelt

Sie sind noch skeptisch, liebe Leser? Wozu? Pierre hat die Anweisung zur Parkplatz-Lieferung gegeben, und dann hat das gefälligst zu geschehen. Und hier kommt auch schon der gedruckte beinharte Beweis für Pierres Wunder. Bitte wieder festhalten. Da! – Aus der nächsten Buchzeile schallt sein Triumphgeheul?

»Und!! Es funktioniert!!« (S. 26)

Respekt! Wir würden an diesem Papierbeweis gern noch herumkritteln. Aber gegen vier Ausrufezeichen kann man nicht argumentieren ...

Zum Schluss wird sich eine windige Erklärung zusammengeschustert

»Was passiert, wenn sich alle gleichzeitig einen Parkplatz wünschen?«, fragst du in deinem neuen Buch *Wünsch es dir einfach – aber richtig* (2007) und zeigst vorübergehend einen Hauch von dem skeptischem Realismus, den du ja bekanntlich auf einem naturwissenschaftlichen Gymnasium gelernt hast:

»Wenn nämlich erst einmal alle diesen Trick herausgefunden haben, sagt der Verstand, dann ist Schluss mit lustig.« (S. 195)

Ja, Pierre, das würden Menschen mit gesundem Menschenverstand tatsächlich sagen. Aber du weißt es wieder besser:

»Mitnichten, lieber Verstand. Beim Wünschen sucht sich die Anziehungskraft der Gedanken nämlich aus der Fülle *aller Möglichkeiten die Lösung heraus und nicht aus der* Beschränkung *des Mangels. Es könnte zum Beispiel sein, dass neue Parkplätze geschaffen werden, ein neues Parkhaus entsteht oder die Autos nicht mehr längs, sondern quer geparkt werden dürfen oder Privatleute ihre Hinterhöfe für ein kleines Entgelt zum Parken nutzen lassen.« (S. 195, Pierres Hervorhebung)*

Ja, mitnichten! – Ups, Pierre, wir müssen das Gespräch abbrechen. Gerade kommen wir mit dem Wagen am Kölner Kaufhof an. Wir hatten uns einen Parkplatz gewünscht, aber das Parkhaus ist überfüllt, quer parken darf man nicht, überall ist Park- und Halteverbot und weit und breit kein Hinterhof. – Moment, wir tun dir schreckliches Unrecht an. Gerade sehen wir, dass tatsächlich neue Parkplätze geschaffen werden – wie du es vorhergesagt hast: Das Fundament für ein neues Parkhaus wird ausgehoben. Die Fertigstellung warten wir in unserem bequemen warmen Auto in aller Ruhe ab. Danke für den Tipp, Pierre.
    Und nun wird sich dem nächsten Kapitel zugewandt. Seitens Bärbel Mohr wird sich schon ungeduldig gewartet.

5. Bärbel Mohr

Das Wunschfänger-Engelchen

Herr, die Not ist groß!
Die ich rief, die Geister,
Werd ich nun nicht los.

Goethe, Faust I

> ### Bärbel Mohr: Bestellungen beim Universum
>
>
>
> Esoterik aller Art, alternative Heilweisen und Spiritualität – das sind Bärbels Themen. Sie wurde 1964 in Bonn geboren und war laut Website Fotoreporterin, Fotoredakteurin, Magazin-Designerin und Videoproduzentin. 1995 machte sie das Schreiben zu ihrem Hobby, gab Seminare, hielt Vorträge und produzierte bis zum Jahr 2000 ihre eigene Zeitschrift. Bestellungen beim Universum, ihr erstes Buch, kam zunächst in Form von kopierten Seiten in Umlauf. Es war erfolgreich, und so machte der Omega-Verlag 1998 ein richtiges Buch daraus. Es wurde in 14 Sprachen übersetzt und ist ständig in allen deutschen Bestsellerlisten vertreten. Seither hat sie 15 Bücher auf Deutsch veröffentlicht, darunter weitere Selbsthilfebücher, Kinderbücher und Romane. Bis zum Frühjahr 2005 wurden über 1,5 Millionen deutschsprachige Bücher von ihr verkauft. Ihre esoterische Initiation hat sie bei nord- und südamerikanischen Schamanen erhalten.
>
> Bärbel Mohr: Bestellungen beim Universum. Ein Handbuch zur Wunscherfüllung. Omega Verlag 2007. Alle allein stehenden Seitenangaben im folgenden Kapitel beziehen sich auf dieses Buch.

Bärbel Mohr – Löffelchen biegen

Bärbel Mohr hat ein sehr hübsches Kinderbuch geschrieben: *Der Wunschfänger- Engel. Eine himmlische Geschichte zu den ‚Bestellungen beim Universum'*. Darin erklärt sie Kindern, wie die Wunschtechnik funktioniert: Oben im Himmel schweben kleine Wunschfänger-Engelchen herum …

»*Immer, wenn jemand auf der Erde sich etwas wünscht, dann fliegt dieser Wunsch zu uns hinauf in den Himmel. Und hat er genug Kraft, bis zu unseren Wolken zu gelangen, fangen wir ihn mit unserem Wunschfangnetz ein. Ist er zu schwach, fällt er wieder auf die Erde zurück …*'« (S. 14 f.)

Und was machen die Engelchen, wenn sie unseren Wunsch eingefangen haben?

»*Dann laufen wir sofort damit ins Lager, holen das Gewünschte und lassen es von einem Verpackungsengel besonders schön verpacken. Danach bringt der Verpackungsengel das Wunschpaket zum Pförtner der Auslieferungsabteilung. Der misst die Energiepunkte des Wunschpakets.*« (S. 24)

Die Energiepunkte stehen für die Festigkeit deines Glaubens an die Erfüllung, für die Stärke des Gefühls beim Äußern des Wunsches, kurz: für die Energie, die man seinem Wunsch mitgibt.
    Bärbels Kinderbuch ist wirklich gut geschrieben, sie hat darin die Wunschtheorie systematisch und verständlich erklärt.

Es wäre schön, wenn wir das auch von ihrem Erstlingswerk aus dem Jahr 1998 sagen könnten – *Bestellungen beim Universum. Ein Handbuch zur Wunscherfüllung.*

Bärbels Buch ist so unreflektiert mystisch, dass jeder steinzeitliche Jungschamane dafür aus der Höhle geprügelt würde und so naiv, dass einem jedes kritische Zupacken wie eine Kindesmisshandlung vorkommt.

Soweit man das aus dem Kinderbuch und aus ihrem völlig unsystematischen Erstlingswerk zusammenpuzzeln kann, vertritt Bärbel die gleiche Theorie wie die anderen Wünschelwichte. Wir haben sie in unserem Frage- und Antwort-Schema *Das Gesetz der Anziehung* (S.32-35) dargestellt.

Wir wollen dennoch eine Kritik ihrer Werke wagen. Dabei stellt man immer wieder erstaunt fest, dass die Bücher eines gebildeten und intelligenten Menschen jede Menge pseudowissenschaftlichen Mumpitz enthalten können. Wie die anderen Wünschelwichte will auch Bärbel beweisen, warum wir vom Universum alles bekommen, was wir uns wünschen und präsentiert dazu eine Prunkargumentation, die wahllos Wahres und Falsches, Mystisches und Wissenschaftliches miteinander verquickt, nur um dieses Ziel zu erreichen. Wir stellen sie nun vor. Auf den Seiten 30 bis 32 ihres Buches *Bestellungen beim Universum* »erklärt« Bärbel …

Wieso funktioniert diese Technik?

… zunächst einmal: »Alles lebt und alles ist eins«. Alles lebt? Das ist feinster Animismus, der auch Steinen Lebenskraft oder einem Stück Holz Bewusstsein zuspricht. Diese Form des Denkens findet man hauptsächlich in einfachen Jäger- und Sammlerkulturen und bei kleinen Kindern. So wie er da steht, ist der Satz erstens unwiderlegbar[65] und widerspricht zweitens allen Theorien der etablierten Naturwissenschaft. Bärbel weiß aber, warum die Wissenschaften mit ihrem »herkömmlichen Denken« keine Lösungen für derart »Mysteriöses« findet:

> **MYSTISCH**
>
> **Bärbel Mohrs Buch ist so unreflektiert mystisch, dass jeder steinzeitliche Jungschamane dafür aus der Höhle geprügelt würde.**

»Das Problem ist, daß die Gesetze der Wissenschaftler immer nur innerhalb eines abgeschlossenen Raumes funktionieren und stimmen. Dieser abgeschlossene Raum existiert aber in Wahrheit nicht. Wir sind immer eingebunden in die Energien des Kosmos. Wenn die Wissenschaft anfängt das zu verstehen, wird sie viele der heutigen ‚Wunder' verstehen und erklären können.« (S. 30)

Das ist kein Bullshit, sondern einfach nur falsch. »Die Wissenschaft« bemüht sich, Gesetze zu finden, die mit sogenannten »Allsätzen« formuliert werden und die beanspruchen, immer und überall zu gelten. Und die Physiker betrachten nicht Köln-Sülz, die Erde oder unsere Galaxis als »abgeschlossenen Raum«, sondern den gesamten Kosmos.

Gerade noch hat Bärbel die Wissenschaft mit ihrem »herkömmlichen Denken« verprügelt, da beginnt sie ihre Argumentation für die Magie seltsamerweise mit *eben dieser Wissenschaft*. Das ist Bullshit pur: Wenn's ins Konzept passt, ist halt jedes Mittel recht:

»Nicht Materie ist die eigentliche Realität, sondern Schwingung. Das belegen die Forschungen der Physiker, insbesondere der Atomphysiker.« (S. 30)

Das lassen wir mal so stehen. Für das wissenschaftliche Prekariat schiebt Bärbel schnell noch ein Beispiel hinterher:

»Wäre nämlich der Kern eines Atoms erbsengroß, so wäre die Elektronenhülle circa 170 Meter weit weg vom Kern, und dazwischen gäbe es nur Nichts und Energie.« (S. 30)

Interessanterweise verwendet Pierre Franckh in seinem Buch *Erfolgreich wünschen* dasselbe Beispiel:

»Wäre der Kern eines Atoms so groß wie eine Erbse, wäre die Elektronenhülle 170 Meter entfernt. Das meiste, was wir also ‚sehen', ist nur Leere.« (Franckh: Erfolgreich wünschen, S. 80)

Woher die beiden dieses Beispiel haben, sagen sie natürlich nicht. Bärbels Buch war vor Pierres auf dem Markt. Aber das heißt nichts. Vielleicht haben auch beide von einer dritten Quelle abgeschrieben – oder das Universum hat ihre Gedanken das Gleiche anziehen lassen. Das »Nichts« und die Leere im Atom fasziniert die Wünschelwichte, weil sie mit dieser Idee ein glanzvolles Argument zu haben glauben: Es ist schwer, Materie zu bewegen. Aber »nichts« zu bewegen, erscheint leicht.

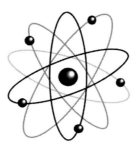

Nun kommt Löffelverbieger Uri Geller ins Spiel. Früher, so Bärbel, habe sie immer geglaubt, Geller schummle irgendwie. Man schaudert: Wie ist sie auf diese abwegige Idee gekommen? Uri schafft das doch nur mit dem Willen und reiner Gedankenpower! Mit einer eleganten Kehrtwende zum Steinzeit-Animismus lässt Bärbel uns wissen:

» Löffelbiegen? – kein Problem. Denn schließlich besteht so ein Löffel vorwiegend aus Nichts. Daß der Löffel die Form eines Löffels ‚normalerweise' beibehält, liegt an seinem Bewußtsein für diese Form.« (S. 31, unsere Hervorhebung)

Und da ist die Katze aus dem Sack. Man denke beim nächsten Suppelöffeln also daran: Dass wir die Brühe ins Maul bekommen, liegt nur daran, dass unser Freund der Löffel sich die ganze Zeit darauf konzentriert, die Form zu halten. Zum Glück schaffen das die meisten Löffel in unseren Besteckkästen durch reine Selbstdisziplin. Danke, liebe Löffel!

Angenommen, jemand haut Bärbel einen Löffel auf den hübschen Kopf (was wir weder anregen, noch hoffen). Da beide nach ihrer Theorie vorwiegend aus Nichts bestehen, trifft dann viel Nichts auf jede Menge Nichts. Kann Bärbel erklären, warum das eine Nichts dabei kalt wie Stahl bleibt, das andere Nichts aber laut aufschreit? Wir wissen es nicht und – offen gesagt – wir wollen es auch lieber nicht wissen.

Der Löffel besteht also aus einer Substanz, die »Bewusstsein« hat – wie wir Menschen (hat er auch ein Unterbewusstsein, Bärbel?). Der Löffel ist also ein denkendes Ding.

Der ganze Besteckkasten rätselte, wie die Kleine es immer wieder hinkriegte, in Form zu bleiben ...

Auf diese Weise hat Bärbel geschickt die esoterisch-animistisch-magisch-buddhistischhinduistische Pop-Theorie vom bewussten Universum in die physikalische Argumentation geschmuggelt und schwankt ab jetzt zwischen Esoterik und Physik hin und her. Taumeln wir mit Bärbel zunächst wieder zur Physik:

»Das eigentliche Wunder besteht nicht darin, den Löffel mit Gedankenkraft weich zu bekommen (bei 170 Meter Platz zwischen Atomkern und Elektron...) - das Wunder besteht darin, wie in aller Welt dieses ‚Nichts' es jemals schafft, eine stabile Form beizubehalten... Ein echtes Rätsel!« (S. 31)

Ein Mysterium, in der Tat! Halten wir beim Rätseln einen Moment inne – wo stehen wir? Wir haben dreierlei erreicht.

Erstens ahnen wir, welches menschliche Drama sich zwischen Uri und dem Besteck abspielt: Uris Wille kämpft heroisch gegen den Willen des widerspenstigen Löffels. Man hört sie förmlich: »Bieg dich, Bursche! Du bist ein Nichts gegen mich!« – »Nichts da! – Selber nichts!«

Zweitens wissen wir, warum Uri es zuweilen nicht schafft, gegen die Geistesmacht des Löffels anzukommen - der Löffel war ein besonders störrisches und willensstarkes Exemplar. Die treten seltsamerweise oft dann auf, wenn professionelle Zauberkünstler und Mumpitzentlarver wie James Randi Herrn Geller auf die Finger schauen.[66]

Drittens müssen wir bestürzt feststellen, dass alle uns fest erscheinenden Dinge vorwiegend aus Nichts bestehen – nicht nur Löffel, auch unsere Geschlechtspartner oder die Wünschelwichte, die wir aus diesem Grund vielleicht besser »Wünschel*nichte*« nennen sollten. Zurück zu unseren metallenen Freunden!

Löffel haben nicht nur einen festen Willen wie wir Menschen. Sie sind uns auch ansonsten sehr ähnlich: Sie sind eitel, schwach und – sexuell erregbar. Das beweist Bärbels nächste Stufe der Prunkargumentation, wo ihr Freund Reiner ins Spiel kommt. Auch er kann, wie Uri Geller, Chaos in Besteckkästen anrichten, tut dies allerdings mit psychologischem Einfühlungsvermögen:

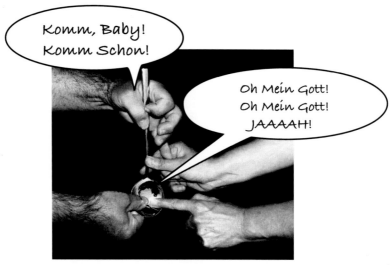

Neulich, spätnachts: Uri und Reiner mit einer billigen WMF-Schlampe …

»Reiner zum Beispiel spricht mit dem Löffel und nimmt ihn als Teil des Gesamtbewußtseins ernst. Er sagt dem Löffel, daß er sich als ganz besonderes Kunstwerk aus den Hunderttausenden von Löffeln herausheben kann, wenn er sich weich macht und verbiegen läßt. Er streichelt den Löffel und ‚schmust' mit ihm.« (S. 31)

»Wow!«, glänzen unsere Augen. Man sieht förmlich, wie der Löffel durch Reiners Schmuserei immer erregter wird. Er ziert und wehrt sich anfangs noch, aber dann wird er weich und feucht (je nach Geschlecht am Stiel oder in der Vertiefung). Selbst wir werden ganz erregt, wenn wir uns vorstellen, wie die geile Sau sich unter Reiners erfahrenen Händen vor Lust biegt und windet, bis die Widerstandskräfte nachlassen. Nach den sanften Liebkosungen treibt Reiner das Vorspiel in neue Dimensionen und wechselt abrupt ins sadistisch-brutale Fach. Bärbel:

»*Innerhalb einer Sekunde verdreht er ihn mehrmals spiralförmig, vielleicht noch mit einem Knick vorwärts, seitwärts oder rückwärts - wie's gerade kommt.*« (S. 31f.)

Wie's gerade kommt? »Jaaa, jaaa«, hören wir den Löffel seine Lust herausschreien: »Nimm mich, Reiner-Baby, schlag mich, gib mir Tiernamen, lass mich nicht unerledigt liegen!« Dann endlich der befreiende Orgasmus des metallenen Sexsklaven. Bärbel:

»*Der Löffel sieht danach aus wie angeschmolzen und dann völlig verdreht.*« (S. 32)

Doch bevor unsere metallfetischistischen Fantasien mit uns durchgehen, mahnt Bärbels sexual-pädagogisch einfühlsamer Kommentar an, dass dies (wie überall bei gutem Sadomaso-Sex) natürlich nur mit Zustimmung des Partners okay ist:

»*Das geht ohne ‚Rücksprache' mit dem Löffel nur mit Hochofenhitze und Zangen. Aber wenn man dem Löffel gut zuredet ...*« (S. 32)

Gibt es denn außer Löffelchen-Sex oder Hochofengewalt noch andere Mittel, den Partner Löffel weich zu kriegen? Mit feinem Gefühl für Timing hebt Bärbel die Argumentationsebene auf das astronomische und religiöse Niveau ...

»Ein Freund von mir schickt Energie aus der Sonne in den Löffel, und eine andere Bekannte bittet ihre Schutzengel um Hilfe. Die Technik scheint egal zu sein, man muss nur darauf vertrauen, daß es geht.« (S. 32)

Wir wollen jetzt nicht in die kleinliche Diskussion einsteigen, ob Löffelbiegen auch zu den Aufgaben von Schutzengeln gehört oder wie man Sonnenenergie in den Löffel schicken kann, ohne sich die Hand zu verbrennen und wieso denn eigentlich immer nur verdammtes Besteck verbogen wird: Warum helfen Uri und Reiner nicht den Eisenbiegern im Betonbau? Dort könnten sie mit ihren phänomenalen Fertigkeiten viel Arbeit sparen und mehr Geld verdienen als in Fernsehshows.

Leider bleibt keine Zeit, solchen Gedanken nachzuhängen, denn Bärbel spurtet weiter zum letzten Glied ihrer prachtvollen Argumentationskette:

»FAZIT: Wenn man superfeste Edelstahllöffel so mir nichts dir nichts spiralförmig am Stil aufdrehen kann, dann kann man ja wohl erst recht und viel leichter die richtige Wohnung, den richtigen Partner, den idealen Job etc. etc. etc. einfach bestellen!« (S. 32)

Begeisterung! »Brillant!« – »Formidable!« – »Chapeau!« Wir werfen imaginäre Hüte in die Luft und brechen in ein enthusiastisches »Hossa! Hossa! Hossa!« aus.

Jacky zerstört den Zauber des Augenblicks und wird logisch: »Sie hat recht. Wenn das Löffelbiegen funktioniert, kann man sich beim Universum bestellen, was man will.«

»Bestellen geht immer. Das Problem ist nur, ob man es auch *bekommt*!«

»Bärbels Argumentation läuft über zwei Stufen. Ich gebe dem Geschwurbel mal eine etwas klarere Form:

1. WENN Folgendes wahr ist:
   (a) Materie besteht aus Nichts und Energie
   (b) Materie hat ein Bewusstsein
   (c) Löffel reagieren auf Gedankenkraft
   DANN gilt: Gedankenkraft kann einen bewussten Löffel verbiegen.
2. WENN das alles stimmt,
   DANN kann man sich beim Universum einfach alles bestellen (und bekommen), was man will.«

Jacky weiter: »In der Logik nennt man das eine materiale Implikation und …«

»Hör mit dem logischen Gefasel auf.«

»… die ist immer wahr, egal, was im Wenn-Teil und im Dann-Teil behauptet wird. Sie ist nur falsch …«

»Jacky!«

»… wenn die vordere Behauptung wahr ist und die hintere falsch … Geschafft!«

»Moment, sie kann also den größten Mumpitz behaupten, sie hat immer recht, außer in dem einen Fall?«

»Logisch gesehen ja.«
»Besteht denn Materie aus Nichts und Energie?«
»Könnte man so sehen.«
»Und hat Materie ein Bewusstsein?«
»Tja … eine unprüfbare Behauptung.«
»Reagieren Löffel auf Gedanken?«
»Jooh, aber nur, wenn die Gedanken unsere Muskeln in Aktion setzen, die sie biegen.«
»Kannst du das beweisen?«
»Nöh, aber hast du schon mal einen Löffelverbieger gesehen, der den Löffel beim Biegen *nicht* mit den Händen berührt? Und: Nach Bärbels Theorie hat alles ein Bewusstsein und besteht aus Nichts und Energie. Wie wär's, wenn Reiner und Uri mal nicht immer den dünnsten Teil von Löffeln oder Gabeln anfassen? Wie wär's, wenn sich Reiner und Uri auch mal am Selbstbewusstsein von Messergriffen, Kuchenrollen oder Stahlpfannen versuchen.«
»Das ist mir alles zu kompliziert. Nehmen wir einmal an, Bärbel hat mit ihrer Besteckargumentation recht, würde daraus auch folgen, dass man sich ein ganzes Märchenschloss bestellen kann?«
»Märchenschlösser sind eine völlig andere Sache. Das müsste gehen. Da glaub ich fest dran. Ja, ganz fest. Du auch?«
»Ich auch.«

Sie auch, liebe Leser? Dann wird Ihnen folgendes echte Wunder von Bärbel gefallen. Wir berichten es in (uns und Bärbel) angemessener Form …

Das Märchen-Schloss: Als das Bärbelchen sah, dass es nur eine blöde alte Ritterburg ohne Park war, wurde es sehr-sehr traurig …

Wunsch-Bullshit im Universum

Wie das Bärbelchen sich einmal ein Schloss wünschte

Einmal, liebe Kinder, da wünschte sich die kleine Bärbel Mohr, in einem richtigen Schloss zu wohnen. Sie hatte auch schon ein feines kleines Bestsellerchen geschrieben. Das hieß *Bestellungen beim Universum. Ein Handbuch zur Wunscherfüllung.*

Darin stand: Das allmächtige Universum erfüllt all deine Wünsche. Sofort. Ganz-ganz bestimmt. Und so sandte sie wortwörtlich folgende Bestellung an das liebe Universum: »Bitte Schloß schicken«.

Schon ein Jahr später begab es sich, dass ein Freund vom Bärbelchen auf ein Schloss zog, um dort zu wohnen und zu arbeiten. Das Bärbelchen besuchte ihn und verliebte sich in das wunderschöne Märchenschloss. Und dann geschah das Wunder.

Das Bärbelchen notierte: »Ein paar Wochen später riefen dieser Freund von mir und der Schloßbesitzer an: Sie bräuchten Verstärkung im Team und vielleicht könnte ich ja bei ihnen mitarbeiten und natürlich auch im Schloß wohnen.« Das Bärbelchen klatschte in die Händchen und besuchte die beiden im Schloss. Aber dann klappte es doch nicht so doll, wohl, weil sie das allmächtige Universum nicht um die rechte Jobqualifikation gebeten hatte. Die kleine Bärbel schrieb später in ihrem Büchlein: *»Außerdem hätte ich dann auch etwas sehr weit weg von meinem Freund gewohnt, was mir auch nicht so recht gefiel. Und so schön dieses Schloß samt Kapelle und 63 Zimmern ja ist – es ist eigentlich mehr eine Burg, liegt am Berghang und hat keinen Park.«*

Ja, liebe Kinder, und das war die wundersame Geschichte vom kleinen Bärbelchen, die sich vom allmächtigen Universum ein Märchenschloss wünschte, es nicht bekam und es obendrein auch gar nicht wollte, weil es nur eine blöde Burg ohne Park war.

Zitate und Storyvorlage aus: Bärbel Mohr, Bestellungen beim Universum, S. 19f.

Sigmund Freud (1856 – 1939)

Wünschelwicht-Theorien auf der Couch

Wären die Bücher der Wünschelwichte Menschen und lägen die bei einem Psychotherapeuten auf der Couch, würde sich möglicherweise folgende Szene abspielen:

»Verehrte Frau Esoterik, Sie haben schwere Störungen, und die meisten betreffen Ihre Frau Tochter, die Naturwissenschaft.«

»Dieser kleine Bastard! Da bringt man ihn auf die Welt, hegt und pflegt ihn und dann hält er sich plötzlich für was Besseres! – Und wo soll mein Problem liegen?«

»Minderwertigkeitskomplexe, Hass-Liebe und Größenwahn.«

»Ach ja? Und woher sollen die kommen?«

»Ich vermute, dass Sie den Erfolg Ihrer Frau Tochter nicht verkraftet haben. Aber ich kann Ihnen helfen, in etwa 10 Sitzungen …«

»Das wird nicht nötig sein, da gehe ich lieber zu meinem aserbaidschanischen Heilschamanen am Titisee, der macht das in einer Sitzung durch mikrospirituelle Heilquanten-Transmission mit bioenergetisch aufgeladenen Edelsteinen und Handauflegen mit mongolischem Obertongesang. Dadurch wird nämlich der Energiefluss in meinem Ching über ein parakinetisch schwingendes Hintergrundfeld mit meinem Chang verbunden, das ist wissenschaftlich bewiesen, verstehen Sie? Sie faktensammelnder Vollidiot!«

»Bei der Argumentation fällt mir ein, dass ich noch etwas vergessen habe.«

»Und das wäre?«

»Selbsttäuschung und Leichtgläubigkeit.«

»Scharlatan!«

Total-Ausverkauf im Orient-Teppich-Laden? Nein: Sigmund Freuds berühmte Couch.

Minderwertigkeitskomplex?

Um 600 v. Chr. dichtete Äsop die Fabel *Der Fuchs und die Trauben*. Ein Fuchs schaute sehnsüchtig nach den dicken, überreifen Trauben, die hoch an einem Weinstock hingen. Mit gewaltigen Sätzen sprang er immer wieder danach – vergebens. Eine vorwitzige Maus piepste: »Gib dir keine Mühe, die kriegste eh nicht.« Da biss der Fuchs die Zähne zusammen, rümpfte die Nase und meinte hochmütig: »Sie sind mir noch nicht reif genug, die Trauben sind mir viel zu sauer.«

Der amerikanische Sozialpsychologe Leon Festinger (1919–1989) entwickelte 1957 eine Theorie mit dem schönen Namen *Theorie der kognitiven v.*[67] Sie erklärt die Reaktion des Fuchses sehr schön: In seinem Kopf sind innere Konflikte oder Missklänge (Dissonanzen) zwischen verschiedenen Gedanken, Wahrnehmungen, Wünschen oder Absichten, also Kognitionen. Die Folge sind Versuche, Wahrnehmung und Wirklichkeit wieder in Einklang zu bringen. Misslingt das, entstehen Gefühle der Ohnmacht und Minderwertigkeitskomplexe.

Bei Bärbel Mohr sehen wir exemplarisch, dass die Wünschelwicht-Texte möglicherweise auch dieses »psychologische« Problem aufweisen: Zwischen den Zeilen könnte man einen ausgeprägten Minderwertigkeitskomplex erkennen. Die Symptome zeigen sich in kleinen, aber verräterischen Äußerungen. Wir zitieren hier nur ein Beispiel aus Bärbels Werk *Übungsbuch zu den Bestellungen beim Universum. Den direkten Draht nach oben aktivieren*, in dem die Entdeckung der Spiegelneuronen[68] enthusiastisch gefeiert wird:

Dissonanz: Die Trauben sind mir viel zu sauer!

»*Wobei - Hallelujah und hurra - zumindest die Erkenntnis, daß andere Menschen ein Spiegel für uns sind, ihr esoterisches Schattendasein aufgeben konnte. Sie wird nämlich inzwischen von zeitgenössischen Wissenschaftlern gestützt...*« (S. 10)

Dass andere Menschen ein »Spiegel« für uns sind, ist eine banale und alltägliche »Erkenntnis«. Wie kommt Bärbel nur auf die Idee, dass dies ein Forschungsverdienst der Esoterik ist.

Ihre Jubelschreie enthüllen das Minderwertigkeitsgefühl sehr deutlich: Die geliebte Esoterik – so sieht sie es – musste jahrelang ein minderwertiges »Schattendasein« führen. Aber jetzt – »Halleluja und hurra«, welche Genugtuung! – jetzt endlich sind wir wer! Seltsamerweise wieder durch die Entdeckung eines Wissenschaftlers. Die Schattenmetapher macht zudem ziemlich klar: Bärbel weiß, wo Licht und Dunkel liegen.

Hassliebe?

Heute lieben sie sich, morgen hassen sie sich. Wir alle kennen solche Paare. Die Beziehung zwischen der Esoterik und der Wissenschaft ist auch eine einseitige Hass-Liebe. Das zeigt sich bei allen Wünschelwichten, am deutlichsten aber bei Bärbel Mohr.

Der Hass ...

Wo immer sich eine Chance bietet, gibt Bärbel genüssliche Breitseiten gegen die etablierten Wissenschaften ab und hamletet klagend, warum die Wissenschaftler einfach nicht begreifen, dass es mehr Dinge zwischen Himmel und Erde gibt, als die Schulweisheit der verkopften Wissenschaft sich träumen lässt. Bärbel ist eine mutige Vorkämpferin fürs Okkulte, quasi eine esoterische Petra Pan im Fight gegen den bösen Wissenschaftskapitän Hook, dem sie mit einem »Sprichwort«-Zitat üble Faktensammelei vorwirft:

»‚Eine Wissenschaft ist ein Gebäude aus Fakten, so wie ein Haus ein Gebäude aus Ziegeln ist. Aber so wenig wie ein Haufen Ziegel ein Haus ist, ist ein Haufen Fakten eine Wissenschaft.'« (S. 131)

Auf den Popanz kann man gut eindreschen. Nur, diese Vorstellung von Wissenschaft haben vielleicht Kids in den unteren Klassen des Gymnasiums, aber nicht ein einziger Wissenschaftler sieht das so. Das Elend der Esoterik zeigt sich, wenn Bärbel kampflustig blankzieht und nicht merkt, dass sie nur mit einem Gummischwert herumfuchtelt. In ihrem Buch *Nutze die täglichen Wunder* wagt sie einen Ausfall:

»Mir kommt es so vor, als wüssten wir im Grunde schon, dass der Geist über der Materie steht. [...] Warum also warten, bis wir das wissenschaftliche Okay bekommen, wenn wir heute schon die Erfahrung machen [...]? Wollen wir warten, bis wieder in der Zeitung steht: ‚Okay, ihr hattet doch recht.'« (S. 18)

Hier zeigt sich das ganze Elend: Persönliche Erfahrungen und Überzeugungen werden ungeprüft zum Dogma erhoben und gegen jede Kritik verschanzt. Mag ja sein, dass der Geist über der Materie steht und aus dem Universum durch reine Wünschelei konkrete Dinge saugen kann. Aber persönliche Überzeugungen haben einen Nachteil: Mal stimmen sie, mal nicht, und meist können wir nicht sagen, wann sie stimmen und wann nicht. Und hier dringt Bärbels Klinge tief ins Fleisch der Wissenschaft:

»Die Alchemie geht [...] seit Jahrtausenden von der Existenz der Antimaterie aus [...]. Die konventionelle und moderne Wissenschaft dagegen verifizierte ab 1950 erstmals die Existenz von Antinukleonen.« (S. 14)

Erst 1950? Warum, so fragt man sich, nutzen diese Vollidioten in den schweineteuren Kernforschungszentren wie CERN (und nur dort kann Antimaterie mit viel Mühe in winzigen Mengen hergestellt werden) nicht das Jahrtausende alte Wissen der Alchemisten? Und wieso haben die Jungs von der alchemistischen Front Jahrtausende gewartet, bis Ernest Rutherford und andere ab Anfang des letzten Jahrhunderts zum ersten Mal Nukleonen (= Protonen und Neutronen) nachgewiesen haben? Egal, genüsslich dreht Bärbel nun das Schwert esoterischer Logik im wunden Fleisch der Wissenschaft:

»*Auch hier zeigt sich, dass viele Dinge durchaus möglich und richtig sein können, auch wenn die konventionelle Wissenschaft sie noch nicht bestätigen kann, denn alternative Wissenschaften, die mehr mit geistigen und intuitiven Kräften arbeiten, sind mitunter schneller als die rein verstandesmäßig orientierten Forschungen.*« (S. 14)

1959 schrieb Bertrand Russell: »*Die Wissenschaft ist zu keinem Zeitpunkt ganz richtig, aber sie ist selten ganz falsch. Und in der Regel hat sie eine bessere Chance, richtig zu sein, als unwissenschaftliche Theorien.*«[69]

... und die Liebe

Seltsam paradox ist, dass alle Wünschelwichte (und viele andere Esoteriker, und Okkultisten) ihre Munition im Kampf gegen die Naturwissenschaften immer wieder *genau bei den* renommierten Naturwissenschaften suchen, die sie zugleich bekämpfen – Hassliebe halt. Maxwells Elektromagnetismus und Einsteins Relativitätstheorie, die Neurophysiologie und vor allem die der Quantentheorie sind die bevorzugten Objekte der Rechtfertigungsbegierde. So paradiert Bärbel Mohr in ihrem *Übungsbuch zu den Bestellungen beim Universum* eine der Hauptthesen der Wunschtechnologie (aus der DVD *What the Bleep Do We Know*):

»,*Wir leben in einem Universum, das wir selbst sind.*' *(moderne Quantenphysik ...)*«. (Mohr, Übungsbuch, S. 115)

»*Auf subatomarer Ebene ist nichts und niemand getrennt von allem anderen. Wir sind alle eins. (moderne Quantenphysik)*«. (Mohr, Übungsbuch, S. 115)

Und Rhonda Byrne sagt in *The Secret – Das Geheimnis*:

»*Quantenphysiker sagen uns, dass sogar das ganze Universum aus einem Gedanken entstanden ist!*« (Rhonda Byrne, The Secret S. 30)

»*Quantenphysiker und Einstein sagen uns jedoch, dass alles gleichzeitig geschieht.*« (Rhonda Byrne, The Secret S. 81)

Werden all diese esoterischen Thesen wirklich durch die »moderne« Quantenphysik gestützt? Oder ist das nur ein bisschen Bullshit? Uns fehlen die Kenntnisse, um das zu beurteilen. Aber man könnte ja wenigstens mal versuchen, uns die Zusammenhänge zwischen Powerwichtelei und Quantenphysik zu erläutern.

Mehr als diese hingeknallten Sätze bekommen wir nämlich nicht. Die Wünschelwichte werfen uns immer nur diese Fiffi-such-Stöckchen ins kosmische Hintergrundfeld, verzichten grundsätzlich auf die Diskussion ihrer außergewöhnlichen Behauptungen und verlassen sich auf das raunende Stille-Post-Prinzip (»Quantenphysiker sagen uns …«) oder auf den simplifizierten Haufenverweis (»wie Picasso, Karl Lagerfeld und die Quantenphysik bewiesen haben …«), oder aber auf den eingeklammerten Kurzbeweis - »Der Ball ist rund« (moderne Quantenphysik!) – immer auf die Blödheit der Leser vertrauend, deren Hirn ja bekanntlich aus resonanzresistenten Higgs-Bosonen-Konflationen antimateriell kontramazerierter Antipiucken-Oszillatoren besteht (übrigens: moderne Quantenphysik! Bärbel-Fiffi, Rhonda- Fiffi – jetzt sucht ihr mal das Stöckchen!)

Könnte es sein, dass ihr Wünschelwichte uns die Zusammenhänge gar nicht erklären *könnt*, weil ihr keine Ahnung davon habt und uns nur mit arroganten Protz-Zitaten beeindrucken wollt, weil ihr wisst: Auch die Dummheit verbreitet sich mit Lichtgeschwindigkeit?

Größenwahn

Ein weiteres Problem der Wünschel-Theorien scheint Größenwahn zu sein. Beim Versuch, ihr extremes Wunder-Voodoo mit Elektromagnetismus und Quantenphysik zu begründen, gewinnt man den Eindruck, die Wünschelwichte seien mehrfach promovierte Physikexperten.

Sie schmücken ihren esoterischen Kriechkeller gern mit quantentheoretischen Wortgirlanden und präsentieren den aufgeputzten Palazzo Prozzo dann mit der Grandezza eines erfolgsverwöhnten Nobelpreisträgers.

Bevor wir uns wieder den Werken Bärbels widmen, machen wir eine kleine Rückschau zu Rhonda Byrne. Sie schreibt in The

Napoléon Bonaparte (1769 – 1821) im Arbeitszimmer (Gemälde von Jacques-Louis David, 1812)

Secret – Das Geheimnis:

»*Als ich das Geheimnis entdeckte, wollte ich wissen, was Wissenschaft und Physik zu diesem Wissen zu sagen haben [...] als ich nun komplexe Bücher über Quantenphysik las, verstand ich sie perfekt ...*« (S. 186)

Perfekt? Wow! Chapeau! Das mag ja alles sein, Rhonda. Aber wie kannst du dann zugleich physikalischen Unsinn schreiben wie:

»*Indem Sie sich auf das konzentrieren, was Sie wollen, verändern Sie die Schwingung seiner Atome, und Sie bewirken, dass es* zu Ihnen *schwingt.*« (S. 187, Rhondas Hervorhebung)

Was um alles in der Welt schwingt da zu uns – Atome? Bei Dingen, die wie Geld oder Autos aus Molekülen und Atomen bestehen, können wir uns das mit viel Anstrengung noch vorstellen. Aber was ist, wenn ich Liebe, Gerechtigkeit oder Freiheit will? Bringen unsere Gedanken dann Liebes-, Gerechtigkeits- oder Freiheitsatome zum Schwingen?

Habt ihr Wünschelwichte jetzt etwa heimlich herausgefunden, dass auch Abstrakta, Verhältnisse oder Ereignisse aus Atomen bestehen? Oder ist das alles nur ein bisschen Bullshit-Geschwurbel, um uns den phantasmagorischen Mumpitz für eure Missionsarbeit ein wenig schmackhafter zu machen?

Vielleicht sollten Rhonda und die anderen Wünschelwichte, die ähnlich profunde Kenntnisse durchblicken lassen, einem gewissen Professor Murray Gell-Man mal ein bisschen Nachhilfe geben. Der hat zwar einen Nobelpreis für seine Leistungen im Bereich der Quantenchromodynamik bekommen, hat die Quarks als bisher elementarste Elementarteilchen entdeckt und benamst, aber offensichtlich hat die Pfeife immer noch nicht »perfekt« begriffen, was es mit seiner Quantentheorie auf sich hat:

»*... ungeachtet ihres gleichbleibenden Erfolgs verstehen wir immer noch nicht genau, was sie wirklich – vor allem für das Universum als Ganzes – bedeutet.*«[70]

Der brillante amerikanische Physiker Richard Feynman bekam für seine Beiträge zur Entwicklung der Quantenelektrodynamik ebenfalls den Nobelpreis. Schade, dass er schon 1988 gestorben ist. Ihm entging dadurch die Chance zu erleben, wie Rhonda (und die anderen Extrem-Wünscher) ihn widerlegen. Er sagte:

---

* Carl Sagan (1934–1996) war Professor für Astronomie und Weltraumwissenschaften an der Cornell University und hat viele populärwissenschaftliche Bücher geschrieben. Er sagt zu dem Thema: »Stellen Sie sich vor, Sie möchten ernsthaft verstehen, worum es in der Quantenphysik geht. Zunächst einmal müssen Sie sich gewisse mathematische Grundlagen aneignen und jede mathematische Subdisziplin beherrschen, die Sie an die Schwelle der nächsten bringt. Nacheinander müssen sie das Einmaleins, euklidische Geometrie, Oberschulalgebra, Differential- und Integralrechnung, gewöhnliche und partielle Differentialgleichungen, Vektorrechnung, gewisse spezielle Funktionen der mathematischen Physik, Matrixalgebra und Gruppentheorie lernen. Die meisten Physikstudenten befassen sich damit etwa von der dritten Grundschulklasse bis in die letzten Semester – rund fünfzehn Jahre. Ein derartiges Studium hat mit der Quantenmechanik noch überhaupt nichts zu tun, sondern liefert nichts weiter als die unerlässlichen mathematischen Voraussetzungen, um sich darauf überhaupt erst einzulassen.« (Carl Sagan, Der Drache in meiner Garage oder die Kunst der Wissenschaft, Unsinn zu entlarven, S. 305)

»[...] Andererseits kann ich mit Sicherheit behaupten, dass niemand die Quantenmechanik versteht.«[71]

Und der alte Volltrottel Einstein musste kurz vor seinem Tod bekennen:

»50 Jahre angestrengten Nachdenkens haben mich der Frage ‚Was sind Lichtquanten?' nicht nähergebracht.« [Leider haben wir die Quelle dieses oft zitierten Satzes nicht ausfindig machen können. Für Hinweise sind wir dankbar, H&J.]

Alles Hirnis! Denn: Rhonda Byrne und die Wünschelwichte wissen »perfekt«, wie man Quanten oder Quarks im Universum so ans Vögeln kriegt, dass sie kurz darauf Kaffee und Kuchen (Pierre Franckh), freie Büros und Wäschetrockner (Bärbel Mohr) und Gratis-DVDs (Rhonda Byrne) gebären und uns mit dem Quantenstorch überbringen ...

Praktische Beispiele für »Größenwahn« liefert uns Bärbel Mohr. In *Bestellungen beim Universum* (29. Auflage 2007!) gibt sie uns mit großer Voilà-ich-bin-Physikexpertin-und-beweis-euch-jetzt-mal-was-Geste die Gebrüder-Grimm-Version der Computertechnik:

»Es lassen sich sogar **völlig drahtlos** *Daten von einem PC auf den anderen übertragen. Die Computer können offenbar direkt über ein kosmisches Hintergrundfeld online gehen, und möglicherweise ist dies* **ein Erklärungsansatz für das, was Universumsbesteller tun***: nämlich sich über kosmische Hintergrundfelder Informationen aus der Ganzheit holen.«* (S. 29, unsere Hervorhebungen)

Ja, Bärbelchen, drahtlos online gehen, das können Computer tatsächlich, das hast du fein gesagt. Aber dazu brauchen sie weder irgendwelche nebulösen Ganzheiten, noch kosmische Hintergund-Halbheiten. Selbst absolute Computerlaien wie wir wissen, dass drahtloses Onlinegehen möglich ist: Machen unsere Kinder und wir jeden Tag. Stundenlang. Eine der vielen Möglichkeiten nennt man W-Lan, das ist ein Akronym für Wireless (englisch für »drahtlos«!) Local Area Network.

Wir wissen nicht, wo du wohnst, Bärbel, aber bei uns in Deutschland arbeiten W-Lans nicht über »kosmische Hintergrundfelder«, sondern über ganz »normale« elektromagnetische Wellen in freigegebenen Frequenz-Bereichen um 2,4 und 5,7 Gigahertz.

Im elektromagnetischen Spektrum findest du sie übrigens ganz-ganz leicht, Bärbel. Sie liegen im Frequenzbereich der Strahlen, mit denen du dir in der Mikrowelle magische Zaubersüppchen heiß machst oder im Fernsehen Hellsehershows anschaust.

In einer früheren Ausgabe deines Buches stand statt des Computerbeispiels ein völlig anderes Exempel, das in der uns vorliegenden 29. Ausgabe von 2007 (zu Recht) verschwunden ist. Wir kramen es wieder hervor, um zu zeigen, auf welch seltsame Weise du die Wissenschaft als Peitsche der Magie einsetzt (und umgekehrt):

»Joseppe Zamboni baute 1835 in Verona eine mysteriöse Uhr, die, ohne jemals aufgezogen zu werden, seit 1835 auch heute noch läuft. Die Wissenschaft macht um diese Uhr kein großes Aufhe-

bens. Man kann es nämlich nicht erklären, solange man nur an die Welt der Mechanik und Materie glaubt. Die Uhr steht heute im Clairington Laboratory an der Oxford University in England und läuft und läuft und läuft... ‚Mysteriöses' wie diese Uhr gibt es auch in der Wissenschaft immer wieder, aber bislang findet man die Lösung nicht. Das Problem ist, daß die Gesetze der Wissenschaftler immer nur innerhalb eines abgeschlossenen Raumes funktionieren und stimmen. Dieser abgeschlossene Raum existiert aber in Wahrheit nicht. Wir sind immer eingebunden in die Energien des Kosmos. Wenn die Wissenschaft anfängt das zu verstehen, wird sie viele der heutigen ‚Wunder' verstehen und erklären können.« (S. 29)

Man kann es nicht erklären, dass diese Uhr läuft und läuft? Man findet die Lösung nicht? Auch hier pustest du den Ballon deines Beweises für das Versagen der Wissenschaft ziemlich dick auf. Leider müssen wir da wieder das Nädelchen rausholen.[72] Duck dich, Bärbel, gleich macht es wieder Pffff...

Aber zunächst einmal ein dickes Lob: Der Name Zamboni ist absolut korrekt geschrieben! Der Rest ist leider schlecht recherchiert, falsch oder halbrichtig dargestellt und gehört in die Kategorie First-Class-Bullshit.

Ziel des obigen Textes ist es nämlich nicht, Fakten zu berichten, sondern zu beweisen, wie blöd die Wissenschaft ist und wie großartig die Magie. Hier die wirklichen Fakten, sortiert vom Unwichtigen zum Wichtigen:

- Der Mann hieß nicht *Joseppe*, sondern Giuseppe Zamboni.

- Das Gerät steht nicht im *Clairington*, sondern im Foyer des *Clarendon* Laboratory der Oxford University, England.

- Das Gerät ist nur deshalb noch nie aufgezogen worden, *weil es gar nicht aufgezogen werden kann*. Es funktioniert nämlich per Batterieantrieb.

- Das Gerät ist auch gar keine Uhr – es **ist** eine Batterie! Es besteht aus zwei voltaischen Trockenbatterien mit einem Pendel, das abwechselnd von zwei Glocken angezogen wird, und zwar mit einer Frequenz von etwa 2 Hz (= 2 Schwingungen pro Sekunde). Es ist bekannt unter dem Namen »Clarendon Dry Pile« und »Dry Pile« heißt auf Deutsch schlicht – »Trockenbatterie«.

- Das Gerät hat absolut nichts Mysteriöses an sich. Man weiß nicht genau, wie *dieses* Gerät konstruiert ist, weil man es nicht zerstören möchte, aber es funktioniert wahrscheinlich so wie die vielen anderen Trockenbatterien der damaligen Zeit auch: zahlreiche Papierscheiben, die auf der einen Seite mit Zinkfolie, auf der anderen Seite mit Mangandioxid beschichtet wurden. Solche Batterien - mit und ohne Pendel - stehen in vielen Museen der Welt. Unten das aus Oxford und eins im Besitz der Uni Innsbruck. Im Net findest du sogar eine Video-Bastelanleitung für einen Zamboni-Pile auf YouTube: *www.youtube.com/watch?v=icxHnB4sCQI*

- Dass wissenschaftliche Gesetze immer nur innerhalb eines abgeschlossenen Raumes funktionieren und stimmen, ist falsch – wir sagten es schon. Die von Newton, Einstein oder der Quantenphysik aufgestellten Gesetze sind sogenannte Allsätze und beanspruchen immer und überall zu gelten.

Hier noch ein interessanter Wikipedia-Zamboni-Artikel für dich.:

»*Giuseppe Zamboni erfand unter anderem im Jahre 1812 die Zambonisäule, eine Hochspannungs-Trockenbatterie mit bis zu 4000 galvanischen Zellen und im Jahre 1820 das Zamboni-Pendel, ein elektrostatisches Pendel, das von dieser Batterie angetrieben wurde. Da dieses Pendel viele Jahrzehnte lang ohne deutlich sichtbaren Antrieb lief, wurde es von **einfacheren Gemütern** als Perpetuum Mobile gedeutet.*« (www.wikipedia.de, Stichwort »Giuseppe Zamboni«, unsere Hervorhebung)

Solltest du mit diesen rätselhaften Dingen aus der kalten »Welt der Mechanik und Materie« nichts anfangen können, betrachte eine Batterie doch einfach als mystisches Phänomen, an dem sich die Wissenschaft bisher die mechanischen Zähne ausgebissen hat. Führende Geistheiler vermuten, dass Batterien mit feinstofflichem babylonischen Drusenplasma arbeiten, welches die Antimaterie-Nomen von geistigem Mittelstrahldünnschiss über unerklärbar verschwippschwurgelte kosmische Hintergrundfelder in Superstring-Gedankenbrei umwandelt (moderne Quantenphysik!).

Es gibt übrigens eine mysteriöse Metallkugel, die durch eine finstere Verschwörung aller Physiker totgeschwiegen wird. Wenn man die Kugel auf eine schiefe Ebene setzt und loslässt, rollt sie auf unerklärliche Weise nach unten. Das esoterische Gesetz der Anziehung? Antimaterie? Kosmische Hintergrundfelder?

Clarendon Dry Pile in Oxford

Angesichts dieser profunden Einblicke in die Wunderwelt der Elektromechanik sind wir ab jetzt etwas vorsichtiger, wenn wir in deinem *Übungsbuch zu den Bestellungen im Universum* lesen:

»*Wir sind eine Art Radiostation. Wir senden ständig irgendwelche Gedanken aus [...].*« (Übungsbuch, S. 74)

Bärbel, weißt du wirklich, wie eine Radiostation funktioniert? Was »irgendwelche Gedanken« sind? Und wie Gehirne funktionieren, die richtig ticken?

Fazit: Das Computerbeispiel ist Bullshit, weil du mit den Fakten beliebig umgehst, nur um deine Absicht »rüberzubringen«: die Wissenschaft runter- und die Magie aufputzen.

Zwei Wunder zum Abschied

Bärbel, außer deinen acht selbst erlebten Wundern, berichtest du in *Bestellungen beim Universum* drei Mirakel von anderen Menschen.

Hier unser Lieblingsfremdwunder. Der Bericht stammt von der Teilnehmerin eines 4-Tage-Seminars für autogenes Training, Autosuggestion usw. Fünfzig Teilnehmer wurden dort von der erfahrenen Leiterin Gudrun geschult. Der 7-Seiten-Bericht (sieben!) kulminiert in folgendem Mirakel:

Eines Abends sollten sich alle in der Mitte des Raumes so dicht gedrängt hinstellen wie möglich und einen gemeinsamen Summton finden, *was tatsächlich auch gelang* (nachträglich: Glückwunsch!). Schließlich sollten sich alle dort, wo sie standen, hinsetzen. Auch diese Extrem-Übung wurde gemeistert. *Aber*: Es entstand – so die berichtende Teilnehmerin – ein verknoteter Menschenhaufen.

Und dann (wegen der großen Verletzungsgefahr bitten wir Sie, vorsichtshalber wieder Platz zu nehmen, liebe Leser) …

»Und dann spielte Gudrun zum Abschluß des Abends das Lied ‚Guten Abend, gute Nacht', von einem Tenor gesungen. Und **so unglaublich es klingen mag**, in dieser entspannten Stimmung nach einem vollen und erlebnisreichen Tag sang die ganze Mannschaft mit.« (S. 73, unsere Hervorhebung)

> **SCHLUSS-WORT**
>
> **»Wovon man nicht sprechen kann, darüber muß man schweigen.«**
>
> Ludwig Wittgenstein, 1921.
> Tractatus logico-philosophicus

Unfassbar: So unglaublich es klingen mag, sie sangen alle mit! Aus Höflichkeit unterdrücken wir ein verblüfftes Winnetou-Uff.

Wir könnten noch viel dazu sagen, wenn uns etwas einfiele.[73] Statt dessen verabschieden wir uns von Bärbel mit einer ihrer schönsten selbst gewirkten Bestellwunder – natürlich wieder in einer storyadäquaten literarischen Form …

Wie das Bärbelchen sich einmal Wäschetrockner Nr. 9 wünschte

Einmal liebe Kinder, da wusch die kleine Bärbel Mohr ihre Wäsche wie üblich im Waschsalon. Sie war ein sehr-sehr kluges Mädchen und fand schnell heraus, dass Trockner Nr. 11 ein ganz-ganz lahmer Geselle ist. Aber der Trockner Nummer 9 war supischnupischnuckelschnell.

Das Bärbelchen aber wusste von der Macht des Wünschens, und darum schickte sie wortwörtlich folgende Bestellung ins Universum: »Ok - also nächstes Mal will ich gleich Trockner Nummer 9 haben, bitteschön.« Sie bedankte sich schon mal und glaubte fest an die Erfüllung ihres Wunsches.

Irgendwann verspürte Bärbels Wäsche wieder den Drang, mal wieder so richtig durchgewaschen zu werden. Das Bärbelchen begleitete sie in den Waschsalon. Aber oh Schreck: Trockner Nr. 9 war besetzt. Da wartete eine doofe Frau auf ihre Wäsche. Und nun, liebe Kinder, setzt euch lieber, damit ihr nicht vor lauter Wundern umfallt. Das Bärbelchen beschrieb das folgende Mirakel in ihrem Büchlein später nämlich so:

»‚Humdidumdidum', summte ich vor mich hin. Meine Schleuder stoppte und drehte sich aus. In der Sekunde, in der der Deckel aufsprang, blieb der Trockner Nummer 9 stehen, uuuuund - die Dame war fertig und räumte ihn aus. Somit hatte ich meine bestellte Nummer 9 auf die Sekunde genau erhalten.«

Ja, liebe Kinder, und das war das Wunder vom sekundengenau frei gewünschten Wäschetrockner. Und da das Bärbelchen nicht gestorben ist, bestellt sie beim lieben Universum vielleicht gerade eine Waschmaschine, die mit etwas Glück auch einen Schonwaschgang für arg strapazierte Gehirne hat.

Zitate und Storyvorlage aus: Bärbel Mohr: Bestellungen beim Universum, S. 17f.

6. Kurt Tepperwein

Der falsche Professor

Heiße Magister, heiße Doktor gar,
Und ziehe schon an die zehen Jahr
Herauf, herab und quer und krumm
Meine Schüler an der Nase herum

Goethe, Faust I

Kurt Tepperwein: Spiel dir das Lied vom Leben

Laut seiner Webseite wurde Kurt Tepperwein 1932 geboren, war erfolgreicher Unternehmer und langjähriger Unternehmensberater. 1973 habe er sich vom Wirtschaftsleben zurückgezogen und sei Heilpraktiker und Forscher auf dem Gebiet der wahren Ursachen von Krankheit und Leid geworden. Er habe sein umfassendes Wissen in mehr als 50 Büchern und Hunderten von Videos, Audiotapes und CDs veröffentlicht und er sei seit 1997 Dozent an der Internationalen Akademie der Wissenschaften, von der er im Jahr 2000 auch mit dem »Millenniumspreis« für besondere Leistung auf dem Gebiet der Intuitionsforschung zur Lösung der Zukunftsaufgaben ausgezeichnet worden seit. Seit einigen Jahren lebe er auf Teneriffa. Am 11. 8.2005 freute sich der spirit Rainbow Verlag, man habe mit »Prof. Dr. phil Kurt Tepperwein einen Generalvertrag abschließen können.« Zehn (!!) weitere Bücher seien für dieses Jahr mit ihm in Planung.

Kurt Tepperwein: Spiel dir das Lied vom Leben … und erfüll dir jeden Wunsch. Silberschnur Verlag 2007. Alle allein stehenden Seitenangaben im folgenden Kapitel beziehen sich auf dieses Buch.

Kurt Tepperwein
Titel, Thesen, Medikamente

Unser letzter Wünschelwicht ist Prof. Dr. Kurt Tepperwein. Im nächsten Zitat wird deutlich: Auch er verheißt uns die Erfüllung aller Wünsche.

Der Mann ist ein Phänomen. In vielerlei Hinsicht. Da ist zunächst ein seltsames Missverhältnis: Wenn man ihn bei Google als »Prof. Dr. Kurt Tepperwein« sucht, erhält man am 17. Oktober 2007 genau 414 Einträge. Auf seiner Webseite kann man wie in Wünschelkreisen üblich zwar viele Bücher, DVDs, CDs, esoterische Apparate und Nahrungsergänzungsmittel kaufen, findet jedoch keinen einzigen Hinweis auf seine eindrucksvollen akademischen Titel. Soviel Bescheidenheit ist in akademischen Kreisen höchst selten. Verständlich: Wer mindestens acht Semester studiert, ein, zwei oder mehr Jahre lang eine Doktorarbeit schreibt und dann – meist viele Jahre lang – eine Habilitationsschrift, wer all das hinter sich hat, stellt sein Licht gewöhnlich nicht unter den Scheffel. Soviel Bescheidenheit passt auch nicht zu einem Mann, der in seinem Buch *Spiel dir das Lied vom Leben. … und erfüll dir jeden Wunsch* höchst selbstbewusst schreibt:

»Dieses Buch, entstanden aus einem Erfolgsseminar des wohl **bekanntesten und erfolgreichsten noch lebenden geistigen Lehrers** *im deutschsprachigen Raum, will Ihnen dazu verhelfen, dass Sie bekommen, was immer Sie wollen: Gesundheit, ein langes Leben, Reichtum, Wohlstand, einen erfüllenden Beruf, eine harmonische Partnerschaft, eine glückliche Familie … Was immer es*

ist, Sie werden es erhalten, wenn Sie das tun, was der Autor Ihnen rät.« (S. 8 f., unsere Hervorhebung)

In der Biografie auf seiner Webseite finden wir einen winzigen Hinweis auf seine akademischen Weihen:

»Er absolvierte vielfältige Ausbildungen und erfuhr unzählige Ehrungen. Seit 1997 ist Kurt Tepperwein Dozent an der Internationalen Akademie der Wissenschaften. […] 2000 erhielt er den ‚Milleniumspreis' [sic] für besondere Leistung auf dem Gebiet der Intuitionsforschung zur Lösung der Zukunftsaufgaben von der Internationalen Akademie der Wissenschaften.« (http://tepperwein.at/www/presse/index.html)

Na also! Schauen wir dort doch einmal nach, was der »wohl bekannteste und erfolgreichste noch lebende geistige Lehrer« so doziert. Gehen wir gemeinsam auf die unten gezeigte Homepage der Akademie: *www. iadw. com*.

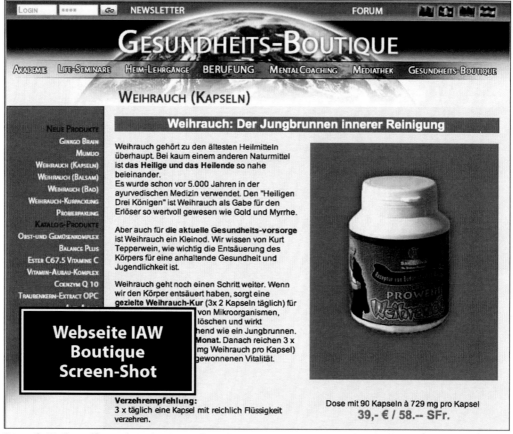

Proweih-Weihrauchkapseln in der Gesundheitsboutique der *Internationalen Akademie der Wissenschaften*. (www.iadw.com/Boutique/weihrauch_kaps.php) Screen-Shot 20.10.2007 – Ausschnitt

Die »Akademie« ist eine Liechtensteiner Firma in Vaduz, in der man zum Diplom-Mentaltrainer, Diplom-Erfolgscoach, Diplom-Gesundheitsberater oder Diplom-Partnerschaftsmentor usw. ausgebildet werden kann. Im Heimstudium. Und meist mit Lehrmaterial von – natürlich Prof. Dr. Tepperwein.

Außerdem kann man Bücher, Videos, Kassetten, CDs usw. kaufen oder Musik. Oder Kartensets zum Thema *Die Heil-Kraft des Segnens*. Und fast alles von Prof. Dr. Kurt Tepperwein. Und eh wir's vergessen: Diese *Akademie der Wissenschaften* nennt – praktisch, wenn auch ungewöhnlich – eine »Gesundheits-Boutique« ihr eigen (Klick-Button oben rechts) und verkauft dort Vitamin-C-Pulver oder Aloe Vera oder Weihrauchkapseln und Ähnliches. Alles wissenschaftlich-natürlich und natürlich wissenschaftlich.

Aber: auch hier keine akademischen Titel. Wir grasen das Internet weiter ab. Überall Verlage, Menschen, Institutionen, die hochachtungsvoll von Prof. Dr. Tepperwein reden, was uns Vertrauen einflößt.

Zum Beispiel der *Spirit Rainbow Verlag*. In seiner Pressemitteilung zum 125. Buch freut man sich dort am 11.8.2005:

»*Zusätzlich haben wir mit Europas bekanntestem Lebenslehrer* **Prof. Dr. phil Kurt Tepperwein** *einen Generalvertrag abschließen können.*«[74] *(unsere Hervorhebung)*

Und auf der Webseite www.inneres-licht.de/html/diplomarbeit.html wirbt am 20.10.2007 ein Absolvent der Akademie mit einer »Diplomarbeit im Rahmen der Ausbildung zum Diplom-Lebensberater (IAW). Internationale Akademie der Wissenschaften (IAW). **Prof. Dr. Kurt Tepperwein**.« (unsere Hervorhebung)

Aber schließlich landen wir bei unserem geliebten Web-Lexikon *Wikipedia*. Dort spricht man beim Stichwort »Kurt Tepperwein« weniger hochachtungsvoll von ihm. Unter der Überschrift »Dubiose akademische Grade und Titel« heißt es:

»*Tepperwein wird als Professor der Clayton Universität, St. Louis, USA und als Dozent der Berliner Friedensuniversität, Berlin, Deutschland ausgewiesen. Die Clayton Universität ist jedoch als ‚Titelmühle' bekannt, die akademisch klingende Titel zum käuflichen Erwerb anbietet. Bei der Berliner Friedensuniversität handelte es sich um einen sporadisch veranstalteten Workshop der spirituellen und esoterischen Szene. Die Bezeichnung ‚Universität' wurde dabei missbräuchlich verwandt.*

Und dann steht da noch:

*Wegen Missbrauch von Titeln, Berufsbezeichnungen und Abzeichen, strafbar nach § 132a StGB, wurde Tepperwein am 16. August 2005 vom Amtsgericht Memmingen per Strafbefehl zu einer Geldstrafe von 6000 Euro verurteilt (Az: 2 Cs 23 Js 17488/04), weil er für ein Seminar als ‚***Prof. Dr. phil.***' geworben hatte. Das Urteil ist seit dem 6. September 2005 rechtskräftig.*« *(unsere Hervorhebung)*

Aha. Wieder ein bisschen schlauer. Wir recherchieren beim Amtsgericht Memmingen, ob diese Information korrekt ist – sie ist es, lässt man uns in einem Schreiben vom 24. Oktober 2007 wissen.

Tja. Dann wenden wir uns doch einfach dem Nicht-Doktor-Professor Kurt Tepperwein zu.

Wie gesagt: Kurt Tepperwein ist ein Phänomen. Nicht so sehr auf dem Gebiet der Wünschelei. Da geht er im Wesentlichen von der gleichen Basistheorie aus wie die vier anderen Wünschelwichte, die wir untersucht haben. Nur, dass sich bei ihm noch einige christliche Töne in die Melodie vom allmächtigen Universum mischen, das uns alle Wünsche gewährt und dass er die Intuition besonders hervorhebt. Auch er scheint seine Theorie ausschließlich aus eigener Intuition geschöpft zu haben, denn in guter Wünschelwicht-Tradition gibt es bei ihm keinerlei Verweise oder Belege zu seinen zahlreichen höchst ungewöhnlichen Behauptungen und Beispielen – nicht den kleinsten Hinweis. Aber immerhin: Der Mann hat über 50 Bücher geschrieben. Hier unsere Lieblingstitel:

Ein Mensch - unendliches Wissen: Diplom-Ausbildung in der Internationalen Akademie der Wissenschaften. (www.iadw.com/Heimlehrgang/ausbildung.php) Screen-Shot 20.10.2007

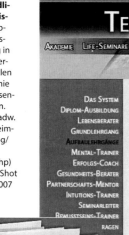

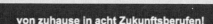

Webseite *IAW-*Diplome Screen-Shot

- Den Geldfluss aktivieren
- Jungbrunnen Entsäuerung
- Konzentriert Lernen
- Die Kunst der Partnerschaft. Das Geheimnis von Liebe, Sexualität und Harmonie
- Das Buch der Erfolgsgesetze
- Die hohe Schule der Hypnose

Kurt versteht nicht nur was vom Extrem-Wünschig, vom Lernen und von wer weiß wie vielen anderen Gebieten. Er hat zudem als Heiler und vor allem als Lehrer weltweite Erfahrungen gemacht. Seine Website-Bio sagt:

»Diese weltweite Lehrtätigkeit führte ihn nach Indien, Bali, Ägypten, Sri-Lanka, Aspen/Colorado, Kyoto und Tokio, Dohar/Katar und viele andere interessante Orte, wo er nicht nur unterrichtete, sondern auch Land und Leute und die verschiedenen Kulturen und Philosophien studierte.«

Auf einer dieser Bildungsreisen muss Kurt zu seinen profunden Forschungsergebnissen im Grenzbereich zwischen »Englisch« und »Kohle ohne Arbeit« gekommen sein. Tepperwein theoretisiert, es wäre nicht so, dass man für sein Geld hart arbeiten müsse und belegt das mit selbst gebastelten semantischen und etymologischen Argumenten …

»Wir sollten uns einmal bewusst machen, wie andere Völker zu Geld kommen. Für mich war das eine **Offenbarung**, weil man sich ja in der deutschen Sprache sein Geld ‚verdienen' muss, man muss also für sein Geld dienen. Die Amerikaner machen das viel praktischer, die ‚machen' **sich** ihr Geld: ‚to make money'. Die Engländer ‚ernten' es, ‚to earn money' […]. Der Glaubenssatz, dass man für sein Geld arbeiten muss, ist […] nur eine Vorstellung, die auf unserer deutschen Sprache basiert. Deshalb müssen wir diese Vorstellung streichen.« (S. 56 f., unsere Hervorhebungen)

> **TEPPERWEIN WARNT**
>
> »Es ist auch gefährlich, wenn Sie meinen, Geld könne einem nicht einfach in den Schoß fallen, sondern man müsse hart dafür arbeiten …«

Jacky schimpft los: »Streichen? Das einzige, was man streichen sollte, ist dieser Mumpitz! Aus solchen Redewendungen kann man erstens fast nichts schließen. Redewendungen lassen sich für jeden beliebigen Sachverhalt finden. Und sie belegen schon *gar* nicht seine These, dass man für Geld nicht arbeiten muss, sondern es sich einfach herbeidenken kann. Auch Engländer und Amerikaner arbeiten für ihr Geld.

Und zweitens liegt seine Einschätzung auf dem Niveau eines Menschen, der gerade die ersten Brocken Englisch gelernt hat.

Punkt 1: *to make money* wird in allen Lexika[75] mit ‚Geld verdienen' übersetzt. Kein Englischsprechender hat bei der Redewendung das Gefühl, er könne Geld *herstellen*, selbst wenn das Idiom auf diese Weise entstanden ist.

Punkt 2: Außerdem hat Tepperwein sich diese Übersetzung als ‚Produktion' von Geld zusätzlich *erschlichen*, weil er noch schnell ein ‚sich' in den Text geschmuggelt hat – sie machen ‚sich' ihr Geld.

Punkt 3: Alle Englischsprechenden verwenden beide Formulierungen – *to make money* und *to earn money*. Das Wort ‚earn' geht tatsächlich zwar auf das altenglische Wort ‚ernd' zurück und bedeutete damals ‚Kornernte'. Aber heute hat keiner mehr das Gefühl, dass ‚to earn' irgendwas mit ‚ernten' zu tun hat. ‚Ernte' heißt im modernen Englisch nämlich ‚harvest'. In allen Lexika ist ‚earn' ein Synonym für ‚verdienen'. Und von Deutsch hat der Mann auch wenig Ahnung. Wenn man sagt, ‚ich verdiene wenig Geld' denkt bei uns niemand daran, dass er oder sie ‚dienen' muss, obwohl das Wort tatsächlich von ‚dienen' kommt.«

Hugo hat inzwischen weitergeblättert.

»Hier führt er den Beweis für sein umfassendes Wissen und seine Kenntnisse als internationaler Heiler:

‚Am wichtigsten ist, dass Sie sich als Bewusstsein erkennen, als ungeteilten Teil der einen Kraft, und dass Sie die Fähigkeit haben, jederzeit Ihren Körper zu heilen. Das ist das Heilungsgeheimnis der

Die Hunzukuc, oft fälschlich als »Hunza« bezeichnet, sind die Bewohner des Hunza-Tales im Karakorum-Gebiet (Pakistan).

Hunzas, einem Bergvolk in einem Hochtal des Karakorum.[…] die Hunzas wissen, dass die eine Kraft nicht krank werden kann. Und da sie als diese eine Kraft leben, […] wissen sie, dass sie auch nicht krank werden können. – Das Ergebnis ist, dass ein ganzes Volk keine Krankheit kennt. Ein Volk, das in der heutigen Zeit lebt, hat keinen Arzt, kein Krankenhaus, kennt keine Pflegeversicherung, geht nicht in Rente, und wenn ein Hunza irgendwann stirbt […], dann verlässt er einen gesunden Körper.' (S. 32 f.)«

»Warum stirbt der Hunza dann *überhaupt*?«, will Hugo wissen.
»Wahrscheinlich macht ihn das viele Gesundsein krank.«
Hugo ist schon wieder im Internet unterwegs und zeigt auf seinen Laptop.
»Die legendäre Gesundheit dieses Gebirgsvolkes in Pakistan ist offenbar ein Mythos. Ebenso, dass sie bis zu 140 Jahre alt werden. Diese Legenden stammen unter anderem von dem Amerikaner Jerome Irving Cohen, der 1947 ein Buch mit dem Titel *The Healthy Hunza* veröffentlichte (Die gesunden Hunza). Der hat sich allerdings nur auf die Quellen britischer Militärangehöriger gestützt. Genaue Zahlen gibt es nicht, aber man vermutet, dass die Hunza im Schnitt etwa 50 bis 60 Jahre alt werden. Da das ganze Gebiet ein Jodmangelgebiet ist, haben viele Hunza einen Kropf. Durch die harte UV-Strahlung in der großen Höhe kommen vermehrt Hautkrebs und grauer Star vor. Japanische Ärzte haben bei Untersuchungen viele Fälle von Krebs, Herzkrankheiten und Tuberkulose festgestellt, und die Kindersterblichkeit ist extrem hoch – 30 Prozent der Kinder unter zehn sterben. Und außerdem heißen die Hunza offensichtlich nicht Hunza, sondern Hunzukuc.«[76]

Vital-Aktivator mit Drusenwasser. Screen-Shot 12.9. 2007 – Ausschnitt

»Tepperwein sagt aber noch mehr Seltsames«, ergänzt Jacky, »hier auf Seite 93 behauptet er, das Universum wäre 20 Milliarden Jahre alt. Aber die Astronomen gehen momentan nur von 13,7 Milliarden Jahren aus. Vielleicht hat er ja recht. Aber: Wo nimmt er so was her? Eigene Forschung?«

Die erschöpften Autoren energetisieren ein Fläschchen Château Schlaberadeur mit den positiven Schwingungen speziell dafür komponierter Musik und durch dauerhaftes Besprechen mit bejahenden Worten und Segnungen ...

Natürlich besitzt auch Kurt Tepperwein die Schöpferkraft, die alle Wünschelwichte ihr eigen nennen, und er nutzt sie dankenswerterweise häufig im Heilwesen – schließlich ist der Mann laut Webseite auch Heilpraktiker und Forscher. Besonders eindrucksvoll ist der dort beworbene »Vital-Activator«. Das Gerät sieht aus wie eine Kreuzung zwischen Mikrophon und Vibrator. Werbetext:

»In unserem VITAL-ACTIVATOR haben wir auch die Kristall-Energie-Methode [...] eingebaut. Die Energetisierung erfolgt durch Amethysten mit dem sehr energiereichen Drusenwasser, welches sich im Energiestab befindet. Der Energiestab überträgt die darin enthaltenen feinstofflichen Informationen, unabhängig von Durchflussmenge und Wasserdruck auf das durch den VITAL-ACTIVATOR durchfließende Wasser.« (www.tepperwein-collection.eu/product_info.php/products_id/375)

Jacky schaut skeptisch drein. Hugo ist begeistert: »Sollte dir das Drusenwasser[77] jetzt nicht spontan im Munde zusammenlaufen, Jacky – vielleicht überzeugt dich die verschwenderische Zusatzausstattung ...«

KURT TEPPERWEIN: Der falsche Professor

»[...] mit den positiven Schwingungen von speziell dafür komponierter Musik, und durch dauerhaftes besprechen bejahender Worte und Segnungen durch Kurt Tepperwein.«

»Diese zusätzliche Energetisierung bringt's! Da kann man doch nicht murren!«
»Ist das alles, Hugo? Pfff…«
»Nein, du Skeptiker! Halt dich fest …«

»Um diese Energetisierung noch zu verstärken, wird der VITAL-ACTIVATOR mit dem chinesischen Schriftzeichen ‚CHI' beschriftet …« (www.tepperwein.at, Mai 2007)

»Echt? Donnerknispel! Das überzeugt!«
»Und kostet nur 890 Euro! Schnäppchen!«

Kurt, du bist ein Genie! Wir lieben dich. Lass uns heiraten.
Hugo blättert weiter in Tepperweins Buch:
»Hier sagt er etwas ganz Komisches …«

»Ganz unbemerkt von der Wissenschaft […] entwickelt sich bei einer großen Anzahl von Menschen ein dritter DNA-Strang mit der Folge eines veränderten Bewusstseins.« (S. 44 f.)

Jacky meckert: »Wie bei Bärbel: Die Wissenschaft ist blöd und merkt mal wieder nix. Ach, Kurt, waren das Zeiten als ein ‚Hunza'-Schamane und ein Spiritist 1953 die Struktur der DNS (engl. DNA), der Desoxyribonucleinsäure, mit ihren Wünschelruten entdeckten! Wie können die Wissenschafts-Idioten nur so dumm sein zu glauben, der Mensch habe nur zwei DNA-Stränge. Zum Glück ist Kurt da mit seinen (drei?) Gehirnhälften weit voraus. Eine scheint bioenergetisch negativ, die andere positiv gepolt zu sein. Das würde zumindest elektrisch erklären, warum sich beide irgendwann offensichtlich gegenseitig aufgehoben haben. (Tepperweins dritte Gehirnhälfte ist möglicherweise schon mit der Komposition weiterer Bücher beschäftigt.)«
»Schön gesagt, Jacky! Du hast recht. Aber Tepperwein hat auch recht.«
»Aber bei gegensätzlichen Aussagen können wir doch nicht beide recht haben.«
»Da hast *du* nun wieder recht. Das Phänomen des dritten DNA-Stranges gibt es tatsächlich. Ich habe hier im Internet zahlreiche hochwissenschaftliche Artikel über – Moment, ganz kompliziertes Wort – Oligonukleotide gefunden, die sich bei der … ähm … Genreplikation … ich versteh das nicht.«
»Hugo, diesmal bist *du* der üblichen Fiffi-such-Methode der Wünschelwichte aufgesessen. Sie sagen einen Satz, und wir suchen und rätseln zwei Stunden in wissenschaftlichen Fachartikeln herum, bei denen wir nur die Satzzeichen verstehen.«
»Stimmt. Hat dieser dritte DNA-Strang irgendwas mit einem veränderten Bewusstsein zu tun?«
»Soweit ich das biochemische Fachchinesisch verstehe … nein.«
»Ist das mit dem dritten DNA-Strang ein neuer Vorgang?«
»Nöh, den gibt's, seit Urzeiten …«

»Und wer untersucht diese Dinge?«
»Hochspezialisierte Biochemiker, Genetiker und …«
»Wissenschaftler also! Von wegen ‚unbemerkt von der Wissenschaft'! – Tepperwein hat nur ein bisschen Bullshit geschrieben, um die Wissenschaft wie ein Idiot da stehen zu lassen.«

Parkplatzwunder

Vielleicht sollten wir abschließend Folgendes erwähnen: Wie bei allen Wünschelwichten – außer Esther – dient das Extrem-Wünsching unserem Kurt auch bei der Parkplatz-Suche:

»Ich erinnere mich noch, als ich zu [sic] ersten Mal von dieser Schöpferkraft erfuhr und bewusst davon Gebrauch gemacht habe. Das war, als ich mir einen Parkplatz geschaffen habe. Ich wollte ins Theater, und es regnete, ich war entsprechend festlich gekleidet …« (S. 25f.)

TEPPERWEIN BLICKT DURCH

»Die ‚Parkplatz-Verursachung' ist als Beginn deswegen besonders geeignet, weil wir ja immer wieder Parkplätze bekommen.«

Wir wollen jetzt nicht kleinlich überlegen, wieso Kurt sich anlässlich des Regens festlich gekleidet hat und die Sache abkürzen. Bitte nicht sauer sein, dass wir Ihnen die nächsten vier (!) spannenden Seiten vorenthalten: wie Kurt schon sechs Stunden zuvor den Befehl ans Universum geschickt hat, wie er sich gewundert hat, dass das klappt, denn …

»Das Leben musste … ungeheuer viel aufeinander abstimmen, auch das Verkehrsaufkommen während meiner Fahrt …« (S. 27)

Ja, das Leben! Und das macht es alles nur für Kurt! Großartig. Übrigens: Hier schließt sich der Kreis zu Bärbels brillanter Löffelargumentation (S.126): Wenn man schon Löffel durch Gedankenkraft verbiegen kann, dann muss man sich ja wohl auch alles andere durch Gedankenkraft schaffen können. Kurt sieht das ähnlich:

»… wenn ich in der Lage bin, die komplizierten Abläufe im Verkehr zu beeinflussen, dann kann ich auch alles andere.« (S. 29)

Eine abenteuerliche Logik! Kurt, daraus folgt übrigens auch, dass Du und Dein Parkplatzwunsch schuld sind an diversen tödlichen Verkehrsunfällen im Großraum Köln, die nicht passiert wären, wenn die Fahrer nicht wegen dir vom Universum umdirigiert worden wären! – Schade, Kurt, dass du deine phänomenalen Fähigkeit nicht eingesetzt hast, ein Buch zu verfassen, in dem weniger Bullshit und Mumpitz steht.

Beenden wir das Kapitel auf einer versöhnlichen Note – mit einem Lob. Kurt ist der Einzige, der uns – wenn auch mit einem niedlichen logischen Purzelbaum – erklärt, warum alle Wünschelwichte empfehlen, das Wünscheln mit Parkplätzen zu üben. Dabei nennt er das Aussenden des Wunsches »Verursachung«. Hört sich so schön wissenschaftlich an – *Ursache* (Wunsch) und *Wirkung* (Parkplatz)!

Liebe Leser, falls noch welche da sind, nun bitten wir sie zum letzten Mal in unserem Buch: Setzen Sie sich lieber hin, damit sie die Wucht des folgenden Argumentes unbeschadet überstehen. Steht der Notfallkoffer bereit? Egal, da kommt schon Schwester Hilde mit dem Sauerstoffzelt. Dann los. Also, warum ist die Parkplatzsuche für Wünschel-Anfänger so geeignet? Uuuund bidde, Herr Professor!

»*Die ‚Parkplatz-Verursachung' ist als Beginn deswegen besonders geeignet, weil wir ja immer wieder Parkplätze bekommen.*« (S. 29)

Ja, Kurt, so ist das tatsächlich: *Wir bekommen immer wieder Parkplätze.* Ja, das Universum hält immer wieder für uns bereit. Und ja, es schickt uns immer wieder Durchblicker wie dich.

Danke für all den amüsanten Bullshit. Das Universum sei mit dir! Speziell für den Parkplatz-Satz sprechen wir zum letzten Mal in diesem Buch unser Prunklob aus:

Lieber Kurt, das hast du schön gesagt, und schöner als schön kann man es nicht sagen.

7. Nachgespräch

Hic Rhodos, hic salta

Verachte nur Vernunft und Wissenschaft,
Des Menschen allerhöchste Kraft,
Lass nur in Blend- und Zauberwerken
Dich von dem Lügengeist bestärken

Goethe, Faust I

Zauberer Randi zahlt 1 Mio für ein Wunder

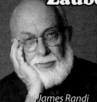
James Randi

Der Bühnen-Magier James Randi ist berühmt für die Entlarvung von Scharlatanen, die behaupten, paranormale Fähigkeiten zu haben. Die Million hat noch keiner geholt. Auch unsere Wünschelwichtel nicht. Dabei wäre es so einfach: Sie müssen nur selber tun, was sie empfehlen.

1 Millionen Dollar zahlt Randi dem ersten, der unter wissenschaftlich kontrollierten Bedingungen beweist, dass er paranormale Fähigkeiten hat. Bisher hat es noch keiner geschafft. James Randi (*1928) »The Amazing Randi« ist bekannt für seine erfolgreichen Zaubershows. 1975 befreite er sich aus einer Zwangsjacke über den Niagarafällen. Weltberühmt wurde Randi als »wissenschaftlicher Skeptiker« im Jahr 1972. Er warf dem Besteckdemolierer Uri Geller öffentlich vor, ein Betrüger und Scharlatan zu sein, seine paranormalen Erfolge durch ganz normale Zaubertricks zu erschleichen – und führte das genüsslich vor. Geller verklagte ihn auf 15 Millionen Dollar, verlor den Prozess aber. Seither hat Randi zahlreiche Hellseher, Geistheiler, Löffelverbieger usw. öffentlich entlarvt. Auf Randis Website und auf www.YouTube.com gibt es dazu zahlreiche wundervolle und entlarvende Videos – trotz neuer Geller-Klage. Check it out: www.randi.org.

Am Ende des Tages ...

Im Radarschatten der Öffentlichkeit hat sich eine neue Sparte der *Bewusstseinsindustrie* etabliert, die Hans Magnus Enzensbergers brillanten Terminus für verantwortungslose Kulturkacke in seinen *Einzelheiten I* ex post zum harmlosen Furz sublimiert.

Leicht verdaulich scheinen sie zu sein, die neuen Pralinen der Bewusstseins-Erleuchtung, gefüllt mit einer klebrigen Masse aus Versprechen gegen die Wirklichkeit: *All deine Träume werden wahr! Garantiert!* Millionen Deutsche schlucken im Glyxrausch der süßen Wünsche gierig die zuckrigen Zusicherungen mitsamt Goldfolie: Zu hell der Glanz der Verheißung einer sorgenfreien Zukunft; zu verführerisch der aufgedruckte Werbeclaim *du bist Schöpfer deiner Wirklichkeit*; zu schmeichelnd die Banderole *du bist Gott*.

Wer will da hören, dass die Zuckerbomben kontaminiert sind, vergiftet mit Ideenviren, die sich nach dem Konsum explosiv vermehren und zu Dauerdünnschiss im Hirn führen.

Die modernen Wünschelwichte verbinden Erleuchtung und Raffgier zu einem Suchtcocktail bewusstseinsverengender Ideen-Drogen und verdealen ihren Wünsch-dir-was-Crack an ein Millionenpublikum. Zauberern und Zweiflern verkleben sie Augen und Ohren mit einer zähen Masse aus Christkindglaube, Geldgier und Gebrüder-Grimm-Physik ...

»Jacky, hör mit dem pseudo-intellektuellen Gefasel auf.«

»Halt die Klappe,« erläutert Jacky seinem Freund, »ich enzensbergere gerade so schön vor mich hin! – Mundus vult decipi, ergo decipiatur ...«

»Was heißt das?«

»Die Welt will betrogen sein, darum sei sie betrogen. Ein guter Spruch für den Schluss.«
»Ich hab dafür einen besseren lateinischen Spruch.«

Hic Rhodos, hic salta!

»Hugo! Grundgütiger! Es spricht Latein! Noch ein Wunder. Und was heißt das?«
»Stammt von dem griechischen Dichter Äsop. Um 600 vor Christus hat er eine Fabel gefabelt, die fabelhaft auf das Gefabel unserer Fabelwichtel passt – das Einzige, was ich aus dem Lateinunterricht behalten habe …«

Äsop – Der Prahlhans: Ein Fünfkämpfer wurde dauernd wegen seiner Untüchtigkeit kritisiert. Er ging ins Ausland und prahlte nach seiner Rückkehr: »Auf Rhodos habe ich einen Weltrekordsprung hingelegt. Die dabei waren, sind bald hier und können das bezeugen«. Ein Mitbürger: »Wenn das wahr ist, brauchst du keine Zeugen, denn: Hic Rhodos, hic salta! – Hier ist Rhodos, spring hier! – Zeig uns hier und jetzt, was du kannst.«

»Klasse, Hugo! Das wird die Leser beeindrucken. Der Herr ‚Staatsschauspieler' zitiert alte Griechen auf Latein. Kommen wir lieber zu einer zusammenfassenden Würdigung der dargestellten Theorien und …«
»Scheiß auf deine Theorien, Alter! Der Zauberer James Randi hat mit seinem Millionen-Dollar-Angebot genau das Richtige gemacht: Hic Rhodos, hic salta – hier ist Rhodos! Springt hier und beweist eure großen Sprüche!«
»Absolut korrekt. Wenn man den Hintergrund ihrer Weltanschauung analysiert …«
»Nein! Ich hab genug von feinsinnigen Analysen, von Logik und Wissenschaft. Ich habe genug von diesen selbst ernannten spiritistisch-spirituellen Gurus und Guruinnen, die durch die Bank irgendwo im Showbusiness tätig waren. Showbiz bedeutet, die Welt so darzustellen, wie die Menschen sie wollen, nicht so, wie sie ist. Das haben die gelernt und das führen sie uns mit allwissender Geste als neuestes Geheimnis und als letzte Weisheit vor: Fernsehproduzenten wie Rhonda Byrne, Schauspieler wie Pierre Franckh, Ex-Fotoreporter wie Bärbel Mohr und Ex-Zirkusartisten wie Jerry Hicks, dessen Gattin mithilfe eines Gruppengeistes plötzlich das gleiche Zaubersüppchen aufwärmt wie alle anderen.

Ich habe genug von Heilern, die sich mit falschen Titeln schmücken und mir auf vier verdammten Seiten erzählen, wie sie Parkplätze herbeiwünschen! Und ich habe es satt, mir Webseiten anzuschauen, die nichts weiter sind, als esoterische Tante-Emma-Läden cleverer Business-Leute, die mir aufschwätzen wollen, dass ich reich und erfolgreich werde, wenn ich ihre schweineteuren Seminare, Vorträge oder Erleuchtungs-Kreuzfahrten mitmache; wenn ich ihre Bücher, DVDs und CDs kaufe, wenn ich T-Shirts, Kaffeetassen oder Postkarten mit aufmunternden Sprüchen erstehe; oder wenn ich für Hunderte von Euros einen Apparat bestelle, der aus Leitungswasser Leitungswasser macht.

Und ich habe auch genug von dieser egozentrischen, selbstverliebten und arroganten After-Philosophie, die leichtgläubigen Idioten einredet: Du bist der König des Kosmos.

Für dich, Kurt, arrangiert das Universum den gesamten Verkehr im Großraum Köln um, nur damit du nicht nass wirst und einen Parkplatz genau vor der Oper kriegst. Für dich, Bärbel, koordiniert das Universum Menschen, Maschinen und Wäschestücke, nur damit du deine Höschen in den Lieblingstrockner Nr. 9 stecken kannst. Und allein für dich, Pierre, lässt das Universum Tausende im Amsterdamer Schneechaos verzweifeln, nur damit du nach einem erfrischenden Schlaf den Zug nach München erwischst.«

»Ist ja gut, Hugo! Wir sollten trotzdem …«

»Jacky! Wir haben die Forbes-Listen der reichsten Leute der Welt durchgesehen (www.forbes.com/lists/) – hast du **einen** dieser machtvollen Show-Wünscher darauf gesehen?«

»Nein.«

»Erinnerst du dich an unsere Arbeitsliste mit den 45 Wundern aus den fünf Büchern?«

»Zeig noch mal.«

Wir schauen uns die Liste an und prusten lachend los. Dann Stille. Und in dieselbe brüllt Hugo mit Schiller-Theater-geschulter Stimme:

»So, nun haben wir alle herzlich gelacht! **Haben diese Wünschelwichte eigentlich noch alle Tassen im Schrank?** Fünf Bestseller-Autoren plus Rhondas 24 ‚Meister' und ‚Lehrer' sind im Besitz von was? – Jacky!«

»Ähm … Gesetz der Anziehung.«

»Und das ist was?«

»Mächtigstes Gesetz im Universum.«

»Und damit kann man was?«

»Alles haben oder sein, was man will.«

»Und was noch?«

»Jeder Wunsch wird erfüllt.«

»Und wann?«

»Sofort.«

»Und wie?«

»Garantiert.«

Hugo hält inne, um den ausgedörrten Mund leicht einzuspeicheln. Dann senkt er die Stimme für ein effektvolles Crescendo …

»Und diese Wünschelwichtchen haben die Unverfrorenheit, uns in Millionen von Büchern, DVDs oder Websites diesen uralten Wunsch-Ramsch als goldenes ‚Geheimnis des Lebens' zu verhökern? Freie Wäschetrockner und Jobs für nächste Verwandte? Büros und Schlösser, die man dann doch nicht nimmt? Getränke im Zug und große Zimmerpflanzen? Vogelfedern und Parkplätze? Man müsste ihnen eins mit der Wünschelrute überziehen. Gäbe es eine Ausbildung für Scharlatane, würde man diese Wichte dort noch nicht mal im Sonderschulbereich dulden.«

Jacky übernimmt für den erschöpften Freund. Das Alter fordert halt seinen Tribut.

»Du hast recht! Ist denen eigentlich bewusst, wie hoch der Standard für Wunder seit über 2000 Jahren ist?

- Josua ließ die Sonne stillstehen und die Mauern von Jericho einstürzen
- Moses teilte das Rote Meer und ließ Wasser aus Felsen sprudeln
- Jesus ging übers Wasser, heilte 10 Leprakranke und fütterte mit 2 Broten und 2 Fischen 5000 Menschen

NACHGESPRÄCH: Hic Rhodos, hic salta

So sehen Wunder aus, Leute! – Hugo, meinst du, dass unser Buch irgendwas bewirkt?«

»Nee. Der Mensch ist bekanntlich das einzige Lebewesen, dem man das Fell mehrfach über die Ohren ziehen kann.«

Und dann formulieren wir die Schlussworte dieses Buches: Höret, ihr Wünschelwichte: Hic Rhodos, hic salta! Langweilt uns nicht mit Tante-Emma-Wundern! Wenn ihr heilen könnt, heilt die Millionen Krebs-, Herz- und Aidskranken. Wenn ihr zaubern könnt, zaubert Essen für die 2 Milliarden, die niemals satt werden. Und wenn ihr etwas mit Garantie wünschen könnt, wünscht Frieden auf der Welt.

Wir wünschen euch dabei alles Liebe und Gute. Möge die Macht des Universums hinter euch sein, möge das Gesetz der Anziehung vor euch sein, und möge der Wind in eurem Rücken nie euer eigener sein.

Heilt, zaubert und wünscht. Aber hört endlich auf, uns zu verarschen.

NACHGESPRÄCH: Hic Rhodos, hic salta

45 Wünschelwicht-Wunder zum Wundern

Alle (Tante-Emma-)Wunder aus den fünf besprochenen Werken der Extrem-Wünscher im höchst wünschenswerten Schnelldurchlauf. Uuund bidde …

Gebäudewunder
Bärbel wünscht sich ein neues Büro, bekommt es, nimmt es aber dann doch nicht • Pierre will eine schöne Mietvilla, schleicht neugierig um's Haus, trifft die Vermieterin, bekommt einen Besichtigungstermin vor den anderen Interessenten (er ist Promi!) und schafft's • Rhondas »Co-Autor« Assaraf wünscht sich ein Haus und erkennt plötzlich: Er lebt schon seit Langem darin • Assarafs Mutter findet ein Haus, weil sie sich vorstellt, wie sie drin wohnt • Bärbel will in einem Schloss wohnen, bekommt ein Leb-und-arbeite-hier-Angebot in einem solchen, nimmt es aber doch nicht.

Partnerwunder
Bärbel bekommt ihren Wunschmann mit einer 9-Punkte-Wunschliste, den nächsten mit einer 15-Punkt-Liste, den nächsten mit einer 25-Punkt-Liste • Pierre kriegt schon nach einem Jahr Wünschen seine Freundin zurück • Pierre findet eine Gattin, weil er sich vorstellt, wie sie sein sollte • ein Art Director findet Freundinnen, indem er Bilder von sich und den Traummiezen malt.

Geldwunder
Pierre gewinnt auf einer Tombola einen Jaguar im Wert von 111 000 DM und »schafft es«, ihn für nur 32 000 unter Neupreis zu versilbern • Bestsellerautor Canfield verkauft ein Buch, das er (huch!) vor längerem geschrieben hat • Pierres Frau gewinnt auf einer Tombola einen kleinen roten Toyota • Ein Besucher der »Secret«-Homepage gewinnt eine Gratis-DVD von The Secret.

Jobwunder
Bärbel wünscht sich einen Job bei einer Presseagentur, aber ihre Kollegin bekommt ihn, die ruft später an und braucht Bärbel als Verstärkung • Ein Verleger (!) prognostiziert, Pierre werde Autor und behielt seltsamerweise recht (!) • Pierre schreibt ein Buch • Pierre spielt in einem Film mit (der Mann ist Schauspieler!) • Pierre bekommt eine gewünschte Theaterrolle • Der schwule Robert wendet »Das Geheimnis« an und wird plötzlich von all seinen Kollegen anerkannt • Eine australische Mitarbeiterin von Rhonda Byrne will und bekommt einen Job in den USA - bei Rhonda Byrne – ihrer Schwester!

Alltagswunder
Bärbel bekommt im Waschsalon ihren Lieblingstrockner Nummer 9 • Bärbels Bekannte fängt einen UPS-Fahrer mit einem Päckchen für sie vor der Haustür ab, weil sie die Treppe statt des Aufzugs genommen hat • Pierres Tochter schafft es, von einer internationalen Schule in Bonn zu einer anderen zu wechseln • Pierre bekommt große Zimmerpflanzen für wenig Geld • Pierre kauft in einer zufällig gefundenen esoterischen Buchhandlung ein esoterisches Buch • Pierre soll ein Tatort-Drehbuch lesen und findet in einer normalen Buchhandlung zufällig ein esoterisches Buch mit dem Titel »Drehbuch«, das sein Leben ändert • Pierre bekommt auf einer Zugreise unerwartet einen Kaffee angeboten und findet noch unerwarteter eine Steckdose für seinen Computer • Pierre muss nicht auf einem wetterbedingt geschlossenen Flughafen übernachten und findet ein Hotel und einen Zug nach München • Ein Junge muss im Vergnügungspark nicht in Schlangen anstehen • Ein Mann visualisiert eine bestimmte Vogelfeder und findet sie zufällig in Manhattan • Ein Penner wirft eine leere Schachtel in die Mülltonne, statt auf den Boden, weil Bärbel »Friede-sei-mit-dir« denkt • Eine Seminargruppe singt im Chor »Guten Abend, gute Nacht« • Eine Frau wünscht sich, den berühmten Bob Proctor kennenlernen und stellt fest, dass er doch tatsächlich um die Ecke wohnt • Dr. Quinn hilft einer Ölfirma Öl zu finden.

Gesundheitswunder
Cathy heilt ihren Brustkrebs durch Anschauen lustiger Filme • Morris gesundet von schwersten Verletzungen nach einem Flugzeugabsturz • Jemand heilt einen Jungen im fernen Südafrika durch Verschicken von Dankbarkeitssteinen • Reverend Michael Beckwith braucht seine Lesebrille plötzlich nicht mehr, als er »Das Geheimnis« anwendet.

Parkplatzwunder
Rhonda Byrnes »Co-Autor« David Schirmer wünscht und bekommt einen Parkplatz • Pierre wünscht und bekommt einen Parkplatz • Bärbel wünscht und bekommt einen Parkplatz • Kurt Tepperwein wünscht und bekommt einen Parkplatz.

Bei diesen »Wundern« bleibt viel zu wünschen übrig.

8. Anhang

Anmerkungen

Literatur

Webseiten

Personen- und Sachregister

Bildnachweis

Ich bin von je der Ordnung Freund gewesen.

Goethe, Faust I

Anmerkungen

1. Vgl. http://news.bbc.co.uk/1/hi/world/africa/4347194.stm

2. Vgl. http://www.un.org/events/water/brochure.htm

3. Vgl. http://www.stern.de/politik/panorama/:Hetzjagd-Sachsen-B%FCrgermeister-Parolen/595887.html. Artikel vom 22. August 2007

4. Vgl. http://de.wikipedia.org/wiki/Andauernde_Kriege_und_Konflikte

5. Vgl. http://www.spiegel.de/politik/deutschland/0,1518,495839,00.html

6. Vgl. http://www.welt-aids-tag.de/hintergruende/fakten/verbreitung.php

7. Vgl. http://www.spiegel.de/panorama/0,1518,454139,00.html

8. Bild vom 5. Oktober 2007, S. 1

9. Vgl. http://www.spiegel.de/politikdeutschland/0,1518,482639,00.html

10. Eine Idee von Bertrand Russell.

11. Eines der besten allgemein verständlichen Bücher zu diesem Thema: Christoph Bördlein, Das sockenfressende Monster in der Waschmaschine. Eine Einführung ins skeptische Denken. Insbesondere S. 44–48.

12. Vgl. dazu das ausgezeichnete Buch von Martin Lambeck: Irrt die Physik? Über alternative Medizin und Esoterik, vor allem S. 33f.

13. Christoph Bördlein, Das sockenfressende Monster in der Waschmaschine, S. 18.

14. Wir vermuten, dass der letzte Teil dieses Satzes von James Randi ist, können die Stelle aber leider nicht mehr finden.

15. Vgl. Steven Mithen: The Prehistory of the Mind. The cognitive origins of art, relgion and science, S. 20 und 103.

16. Vgl. etwa die Einführung von Joe Milutis: Ether. The Nothing That Connects Everything

17. Vgl. Christoph Bördlein: Das sockenfressende Monster in der Waschmaschine, S. 105

18. Vgl. den Lourdes-Artikel von Michael Bönte unter der Überschrift »Die Wunder« (ganz unten) in: http://kirchensite.de/index.php?myELEMENT=120534

19. Information aus: The Human Footprint. BBC Statistik-Documentary, Channel 4, 26.4.2007. Siehe auch die Zahlensammlung daraus in: http://pilotgcseradicalgeography.co.uk/2007/04/28/thehuman-footprint

20. Kreativ adaptiert von einem alten jüdischen Witz in: Salcia Landmann: Der jüdische Witz, S. 113

21. Den Gag haben wir von dem hidden track »Prince Charles Told Me Never To Namedrop« in dem Album: Frankie Miller, Long Way Home

22. Vgl. Artikel von Greg Ip: Income Equality Gap Widens, The Wall Street Journal, 12.10.2007, S. A2, http://online.wsj.com/public/article/SB119215822413557069.html

23. Vgl. die Forbes-List Webseite http://www.forbes.com/lists/

24. Vgl. etwa die umfassende wissenschaftsgeschichtliche Behandlung dieser Themen in: Sir Edmund Whittaker, A History of the Theories of Aether and Electricity. Vol. 1, The Classical Theories. Vol. 2, The Modern Theories.

25. Vgl. etwa: http://de.wikipedia.org/wiki/Gehirnwellen Wir haben Belege aus dem Internet angegeben, wo immer das möglich war und sinnvoll erschien. So können Sie unsere Quellen schnell und bequem überprüfen. Webseiten ändern sich zuweilen schnell. Wenn nicht anders vermerkt, gilt für sie das Datum vom 29. Oktober 2007. Rechtschreibfehler in den Zitaten haben wir immer übernommen und nur hier und da mit »sic« darauf hingewiesen (wären sonst zu viele sics geworden.)

26. Vgl. Folie 21 der Powerpoint-Präsentation in: http://www.phys.ntu.edu.tw/asc/FunPhysExp/ 2006lecture/Mfluid.ppt

27. Vgl. den ausgezeichneten und Secret-kritischen Internet-Artikel von Connie L. Schmidt: The Wrath of the Secretons, http://www.csicop.org/ specialarticles/secretrons.html

28. Auf seiner Webseite weist Dr. Gray darauf hin, er habe seinen Titel 1982 erworben, als die Universität noch respektabel war (www.marsvenus. com/john-gray-degree-info.php). Vgl. aber auch den Webartikel von Susan Hamson: »Ph.D.«? Where Did John Gray Get His Ph.D? in: http:// ourworld.compuserve.com/homepages/women_ rebuttal_from_uranus/welcome.htm

29. Vgl. http://en.wikipedia.org/wiki/W._Clement_ Stones

30. Vgl. Christoph Bördlein, Das sockenfressende Monster, S. 87ff. und 110. Siehe auch: David F. Barone et al.: Social Cognitive Psychology.

31. Vgl. http://www.newworldview.com/library/ Wolf_F_A_Mind_into_Matter_Intro.html#111

32. Vgl. www.youtube.com/watch?v=CFp-iPSPplE

33. Vgl. »About Jerry and Esther« www.abrahamhicks. com/about_hicks.php

34. Vgl. etwa Wikipedia-Artikel »Hermes Trismegistos« http://de.wikipedia.org/wiki/Hermes_Trismegistos

35. Vgl. etwa Wikipedia-Artikel »Tabula Smaragdina« http://de.wikipedia.org/wiki/Tabula_Smaragdina

36. Vgl. Karl R. Popper: Die Logik der Forschung, S. 14ff.

37. Vgl. Franz Anton Mesmer: Abhandlung über die Entdeckung des thierischen Magnetismus. Unveränderter Nachdruck im Internet in: http://lebendige-ethik.net/de/3-Mesmer_Abhandlund_ 1781.de.html. Mesmer schreibt 1781: »Meine Gedanken, über diesen Gegenstand, gab ich 1766 in Wien in einer Abhandlung: Vom Einfluß der Planeten in den menschlichen Körper heraus [Mesmers Dissertation, H&J]. Nach vorausgeschickten, bekannten, durch Erfahrungen bestättigten Grundsätzen, der allgemeinen Attrackion, die uns überführen, daß ein Planet auf den andern in seiner Laufbahn wirkt, und daß Mond und Sonne, auf unserer Erde, Ebbe und Fluth so wohl im Meer, als im Dunstkreis verursachen und lenken; behauptete ich: Diese Weltkörper wirken auch gerade zu auf alle wesentliche Bestandtheile lebendiger Körper, vorzüglich aber auf das Nerven = System, vermittelst einer alles durchdringenden Flüssigkeit. […] Ich behauptete ferner: Daß diese, in Absicht auf die Schwere entgegen gesetzte Wirkungen, welche auf der See, die merkliche Veränderung der Ebbe und Fluth verursachen, daß Verstärkung und Schwächung der oben bemerkten Eigenschafften, da sie einerley Wirkungs = Quelle haben, auch in lebendigen Körpern, entgegen gesetzte, der Ebbe und Fluth ähnliche Wirkungen verursachen; daß auch im thierischen Körper, weil er den nemlichen wirkenden Kräfften ausgesetzt ist, eine Art von Ebbe und Fluth statt finde. Diese Eigenschafft thierischer Körper, welche sie des Einflusses der Himmels und unseres Erdkörpers fähig macht, nannt' ich thierischen Magnetismus.«

38. Vgl. Wikipedia-Artikel »Phineas Quimby« auf : en.wikipedia.org

39. Vgl. Wikipedia-Artikel »Mary Baker Eddy« in en.wikipedia.org

40. Vgl. Wikipedia-Artikel »Emma Curtis Hopkins« in : en.wikipedia.org

41. Vgl. Wikipedia-Artikel »Madame Blavatsky« in: en.wikipedia.org. Dort findet man auch Verweise auf ihre frei downloadbaren Werke.

42. Vgl. die Wikipedia-Artikel »James Clerk Maxwell« und »Heinrich Rudolf Hertz« auf: de.wikipedia. org; Vgl. auch Sir Edmund Whittaker, A History of the Theories of Aether and Electricity, Vol.1, The Classical Theories, S. 240-276 (Maxwell) und S. 319-327 (Hertz). Brillante Artikel zu diesem Thema findet man auf der Webseite von Dr. Wolfgang Hagen, Hauptabteilungsleiter Kultur und Musik im Deutschlandradio Kultur: www.whagen.de

43. Vgl. Wikipedia-Artikel »Charles Fillmore« in : en.wikipedia.org

44. Vgl. Biographisch-Bibliographisches Kirchenlexikon, Stichwort »Prentice Mulford« in: www. bautz.de/bbkl/m/mulford_p.shtml sowie »Prentice Mulford« in en.wikipedia.org.

45. Vgl. die Artikel »New Thought« und »New Age« in: en.wikipedia.org

46. Vgl. den Artikel »William Walker Atkinson« in: en.wikipedia.org

47. William Walker Atkinson, Thought Vibration or the Law of Attraction in the Thought World, S. 5

48. ebenda, S. 5

49. ebenda, S. 9

50. ebenda, S. 12f

51. Wallace D. Wattles, The Science of Getting Rich, S.14

52. ebenda, S. 17 und 23

53. ebenda, S. 92

54. Vgl. die Wiederholungsfragen für die 7. Woche Nr. 67 und 68. In: Charles F. Haanel, »The Electronic Master Key System« (E-Book Version von The Master Key System), S. 59 von: Kallisti Publishing www.kallistipublishing.com

55. Vgl. Hill, Napoleon: Think and Grow Rich! (The Original Version, Restored and Revised by Ross Cornwell). 2. Auflage, Aventine, Anderson SC 2007

56. Hier ergibt sich eine interessante Parallele zu den Ausführungen über »Analogiekommunikation« bei Watzlawick, Beavin und Jackson, S. 66. Die Autoren betonen, dass es auch in der menschlichen analogen Kommunikation keinen Ausdruck für »nicht« gibt (ebenso fehlen andere logische Beziehungen wie Wenn–Dann, Entweder– Oder usw.).

57. Vgl. »Energy into Mass«, historischer Artikel im Time Magazine vom 10.4.1933, www.time.com/ time/magazine/article/0,929551,00.html

58. Vgl. den Artikel »Irène Joliot-Curie« in: de.wikipedia. org und en.wikipedia.org

59. Pierre Curie starb am 19.4.1906 in Paris bei einem Verkehrsunfall. Vgl. den Artikel »Pierre« in: de.wikipedia.org

60. Eine gute Sammlung solcher logischer Fehlschlüsse findet man in: www.logicalfallacies.info. Kommentar zu »post hoc«: »One example of the post hoc flaw is the evidence often given for the efficacy of prayer. When someone reasons that as they prayed for something and it then happened, it therefore must have happened because they prayed for it, they commit the post hoc fallacy. The correlation between the prayer and the event could result from coincidence, rather than cause, so does not prove that prayer works.«

61. Vgl. Christoph Bördlein, Das sockenfressende Monster in der Waschmaschine, S. 105–112.

62. Vgl. den Artikel »Texas sharpshooter fallacy« in: en.wikipedia.org

63. Wir haben das Thema »Gruppenwünschen« schon bei Joe Vitale (S. 59) und bei John Hagelin (S. 69) behandelt. Die Idee ist ja hübsch: Je mehr Wünsche der gleichen Art das Universum empfängt, desto stärker setzt es sich für die Verwirklichung ein. Aber erstens widerspricht sie logisch der Wünschelwicht-Basistheorie, dass jeder Wunsch sofort erfüllt wird (soforter als sofort geht nicht) und zweitens passiert Gruppenwünschen die ganze Zeit: Sieben Milliarden Menschen leben auf der Welt. Wenn nur ein Bruchteil gleichzeitig das Gleiche wünscht ... (rechnen Sie es sich selbst aus! Da ergeben sich witzige Folgerungen). Denken Sie nur an die bereits besprochenen 0,7 Prozent der Erdbewohner, die in diesem (und jedem anderen) Moment blau sind – das sind schon 49 Millionen! Dagegen sind die paar Tausend Wünscher von Vitale und Hagelin ein Dreck.

64. Vgl. Artikel »Nullsummenspiel« in: de.wikipedia. org

65. »Unwiderlegbar« hört sich gut an. Aber jeder von uns kann täglich Tausende von unwiderlegbaren Theorien aufstellen, Theorien, die immer wahr sind. Das Muster ist der berühmte Satz »Wenn der Hahn kräht auf dem Mist, dann ändert sich das Wetter oder es bleibt wie es ist« (= es ändert sich nicht). Also allgemein: Wenn A, dann B oder nicht-B). Solche Sätze, sogenannte »Tautologien«, nützen uns (außer in formalen Systemen, bei Aphorismen

oder Gags usw.) wenig, weil sie uns keine Informationen über die Wirklichkeit geben. Das Gegenteil sind Sätze, die immer falsch sind, sogenannte »Kontradiktionen«

66. Wer anders denkt und in seinen Vorurteilen gegen Uri Geller bestätigt werden möchte, hat viel Spaß auf folgenden Webseiten und ihren Links: www.randi.org, de.wikipedia.org/wiki/James_Randi, http://www.stern.de/computertechnik/ internet/:Copyrightstreit-Uri-Geller,-Skeptiker-Youtube/588918.html, ww.youtube. com/watch?v=M9w7jHYriFo

67. Vgl. Stichwort »Kognitive Dissonanz« in: de.wikipedia. org

68. Spiegelneuronen sind Gehirnzellen, in denen unsere Fähigkeit zur Einfühlung in andere geregelt wird, aber auch die Nachahmung anderer. Mitte der Neunziger pflanzten Forscher um Giacomo Rizolatti Makakenäffchen Elektroden ins Hirn. Sie wollten wissen, welche Zellen aktiv werden, wenn die Affen nach Obst oder Erdnüssen greifen. Zufällig griff einer der Forscher nach einem Apfel: Siehe da, bei den Affen wurden die gleichen Zellen aktiv, die auch gefeuert haben, als sich die Viecher selbst das Futter krallten. Das heißt, im Gehirn der Affen bildete sich eine Art Spiegelbild der beobachteten Handlung. Die Tiere verstehen somit auch die Absicht, etwas zu tun. Vgl. auch das Stichwort »Spiegelneuron« in de.wikipedia.org

69. Zitiert nach: Francis Wheen, How Mumbo-Jumbo Conquered The World, S. 101

70. Murray Gell-Man, Das Quark und der Jaguar, S. 39

71. Zitiert nach: (Brian Greene, Das elegante Universum, Seite 109.

72. Eine ähnliche Kritik fanden wir kurz vor Redaktionsschluss noch im Internet: www.erfolg-iminternet. com/redaktion/giuseppe-zamboni.html. Wir haben unsere Analyse mit diesen Angaben ergänzt. Vielen Dank.

73. Ein schöner Satz, mindestens 30–40 Jahre alt. Wir vermuten, wir haben ihn irgendwann in der Zeitschrift Pardon gelesen. Ist möglicherweise von dem unvergleichlichen Robert Gernhardt. Für Hinweise sind wir dankbar.

74. Vgl. www.spirit-rainbow-verlag.net/index.php? seite=main/artikel.php&id=135#135

75. Wer schnell vergleichen will: dict.leo.org.Auf Papier: Collins Cobuild English Dictionary definiert: »If you make money, you obtain money by earning it or by makin a profit.«. – Langenscheidts Großwörterbuch Englisch schreibt: to make money – Geld machen, gut verdienen (»Geld machen« aber nicht im Sinne von »herstellen« sondern als Eindeutschung).

76. Vgl. dazu das Stichwort »Hunzukuc« in: de.wikipedia. org. Weitere Infos: www.articleworld. org/index.php/Hunza_diet, http://www.arts.adelaide. edu.au/centrefooddrink/

publications/reports/ martinlevenstein0evsreps.html

77. Was um alles in der Welt ist »Drusenwasser«? Eine Druse ist ein Hohlraum im Gestein, in dem sich Kristalle angesammelt haben. (Vgl. Artikel »Druse« in: de.wikipedia.org). Die esoterische Website Gesundheits-Oase schreibt unter der Überschrift »Wasser-Aktivator nach Prof. Kurt Tepperwein« [auch hier: Professor!]: »Der Wasseraktivator beinhaltet Energiewasser aus den Amethyst - Drusen, das in der ursprünglichen Form über 100 Millionen Jahre alt ist, und durch keinerlei negative Schwingungsmuster oder disharmonische Resonanzfelder verunreinigt wurde. In diesem Wasser ist die absolut reine Form und vollkommene Harmonisierung der Natur vorhanden. Da nur in jeder ca. hundertsten Kristall- Druse Wasser gefunden wird, und die Menge sehr gering ist, wird das vorhandene Drusenwasser mit Bergquellwasser (entnommen in einer Höhe von 1800m Höhe), durch homöopathische Mischung angereichert. Dabei wird das Drusenwasser mit Bergquellwasser einundzwanzigfach vermengt und beim blauen Vollmond für 21 Tage unter eine Energiepyramide gestellt. Während dieser Zeit können sich die Wasserkristalle, die beim Drusenwasser absolut geradlinig sind, mit dem Bergquellwasser vereinen und die Harmonisierung entsteht.!« (Vgl. www.gsundheits-oase.ch/wasser_aktiv_ tepp.php. Multi-sic – alle Fehler im Original.)

Literatur

Albert, Hans: Traktat über kritische Vernunft. 2. Auflage. J.C.B. Mohr, Tübingen 1969

Atkinson, William Walker: Thought Vibration or the Law of Attraction in the Thought World. Filiquarian Publishing, 2006 Biographisch-Bibliographisches Kirchenlexikon: www.bautz.de

Bierce, Ambrose: Des Teufels Wörterbuch. Area Verlag, Erftstadt 2006

Bodanis, David: Bis Einstein kam. Die abenteuerliche Suche nach dem Geheimnis der Welt. Deutsche Verlags-Anstalt, Stuttgart/München 2001

Bördlein, Christoph: Das sockenfressende Monster in der Waschmaschine. Eine Einführung ins skeptische Denken. 1. Auflage. Alibri Verlag, Aschaffenburg 2002

Bryson, Bill: A Short History of Nearly Everything. Doubleday, London et. al 2003

Byrne, Rhonda: The Secret – Das Geheimnis. 1. Auflage. Wilhelm Goldmann Verlag, München 2007

Byrne, Rhonda: The Secret. DVD. Prime Time Productions 2006

Canfield, Jack und Mark Victor Hansen: Hühnersuppe für die Seele.. Gute Besserung! Wahre Geschichten von Genesung und Heilung. Goldmann Arkana, München 2006

Collins Cobuild English Dictionary, Harper Collins, London 1995

Enzensberger, Hans Magnus: Einzelheiten I. Bewußtseins-Industrie. 1. Auflage. Suhrkamp Verlag, Frankfurt am Main 1964

Franckh, Pierre: Erfolgreich wünschen. 7 Regeln wie Träume wahr werden. 6. Auflage. Koha-Verlag, Burgrain 2006

Franckh, Pierre: Wünsch es dir einfach – aber richtig. 1. Auflage. Koha-Verlag, Burgrain 2007 Frankfurt, Harry G. Über die Wahrheit. Karl Hanser Verlag, München 2007

Frankfurt, Harry G.: Bullshit. 1.Auflage. Suhrkamp Verlag, Frankfurt am Main 2006

Gell-Mann, Murray: Das Quark und der Jaguar. Vom Einfachen zum Komplexen – die Suche nach einer neuen Erklärung der Welt. 2. Auflage. Piper, München 1994

Goldner, Colin: Psycho. Therapien zwischen Seriosität und Scharlatanerie. Pattloch Verlag, Augsburg 1997

Gomes, Alan W. Truth and Error. Comparative Charts of Cults and Christianity. Zondervan Publishing House, Grand Rapids, Michigan 1998

Gomes, Alan W. Unmasking the Cults. Zondervan Publishing House, Grand Rapids, Michigan 1995

Greene, Brian: Das elegante Universum. Goldmann Verlag 2006

Haanel, Charles F.: »The Electronic Master Key System« (E-Book Version von *The Master Key System*), S. 59 von: Kallisti Publishing www.kallistipublishing.com Hardcastle, Gary L. und George A. Reisch (Hrsg.): Bullshit and Philosophy. Guaranteed to Get Perfect Results Every Time. 1. Auflage. Open Court, Chicago und La Salle, Ill. 2006

Hauser, Marc D.: Moral Minds. How Nature Designed Our Universal Sense of Right and Wrong. HarperCollins, New York 2006

Henry, John: The Scientific Revolution and the Origins of Modern Science. 2. Auflage. Palgrave, New York 2002

Hicks, Esther & Jerry: Introducing Abraham. The Secret Behind »The Secret«. DVD. Hay House 2007

Hicks, Esther & Jerry: The Law of Attraction. The Basics of the Teachings of Abraham. Hay House, Carlsbad CA 2006

Hicks, Esther & Jerry: Wünschen und bekommen. Wie Sie Ihre Sehnsüchte erfüllen. 2. Auflage. Allegria Verlag, Ullstein Buchverlage, Berlin 2005

Hicks, Esther & Jerry: Wunscherfüllung. Die 22 Methoden. Allegria Verlag, Ullstein Buchverlage, Berlin 2006

Hill, Napoleon: Think and Grow Rich! (The Original Version, Restored and Revised by Ross Cornwell). 2. Auflage, Aventine, Anderson SC 2007

Kant, Immanuel: Kritik der reinen Vernunft. In: Immanuel Kant, Werke in sechs Bänden, Bd. 2. Könemann Verlagsgesellschft 1995

Kelly, Karen: The Secret of »The Secret«. Unlocking the Mysteries of the Runaway Bestseller. St. Martin's Press, New York 2007

Lambeck, Martin: Irrt die Physik? Über alternative Medizin und Esoterik. 2. Auflage C.H. Beck, München 2005

Landmann, Salcia: Der jüdische Witz. Soziologie und Sammlung.. 4. Auflage, Patmos Paperback, Düsseldorf 2003

Langenscheidts Großwörterbuch Englisch »Der Kleine Muret-Sanders«, Teil 1, Englisch- Deutsch. 7. Auflage. Langenscheidt Berlin und München 1996.

Milutis, Joe: Ether. The Nothing That Connects Everything. University of Minnesota Press, Minneapolis/London 2006

Mithen, Steven: The Prehistory of the Mind. The Cognitive Origins of Art, Religion and Science. Thames and Hudson, London 1996

Mohr, Bärbel und Dieter M. Hörner: Der Wunschfänger-Engel. Eine himmlische Geschichte zu den »Bestellungen beim Universum«. Hans-Nietsch-Verlag, Freiburg 2004

Mohr, Bärbel: Bestellungen beim Universum. Ein Handbuch zur Wunscherfüllung. 29. Auflage. Omega-Verlag, Aachen 2007

Mohr, Bärbel: Nutze die täglichen Wunder. Was das Unbewusste alles mehr weiß und kann als der Verstand. 2. Auflage. Omega-Verlag, Aachen 2001

Mohr, Bärbel: Übungsbuch zu den Bestellungen beim Universum. Den direkten Draht nach oben aktivieren. 3. Auflage. Omega-Verlag, Aachen 2007

Mosley, Glenn R.: New Thought, Ancient Wisdom. The History and Future of the New Thought Movement. Templeton Foundation Press, Philadelphia 2006

Park, Robert: Voodoo Science. The Road From Foolishness to Fraud. 2. Auflage. Oxford University Press, Oxford, England, 2001

Popper, Karl R.: Logik der Forschung. 10. Auflage. J.C.B. Mohr, Tübingen 1994

Rhodes, Ron: New Age Movement. Zondervan Publishing House, Grand Rapids, Michigan 1995

Sagan, Carl: Der Drache in meiner Garage oder die Kunst der Wissenschaft, Unsinn zu entlarven. Droemer Knaur, München 1997

Tepperwein, Kurt: Spiel dir das Lied vom Leben … und erfüll dir jeden Wunsch. 1. Auflage. Verlag »Die Silberschnur«, Güllesheim 2007

Topitsch, Ernst: Vom Ursprung und Ende der Metaphysik. Eine Studie zur Weltanschauungskritik. Deutscher Taschenbuch Verlag, München 1972

Vitale, Joe: The Attractor Factor. 5 Easy Steps for Creating Wealth (or Anything Else) from the Inside Out. John Wiley & Sons, Hoboken NJ 2005

Wattles, Wallace D.: The Science of Getting Rich. Arc Manor, Rockville, MD 2007

Watzlawick, Paul, Janet H. Beavin und Don D. Jackson: Menschliche Kommunikation. Formen, Störungen, Paradoxien. 8. Unveränderte Auflage von 1990, Verlag Hans Huber, Bern 1993

Wheen, Francis: How Mumbo-Jumbo Conquered The World. A Short History of Modern Delusions. Harper Perennial 2004

Whittaker, Sir Edmund: A History of the Theories of Aether and Electricity. Vol. 1, The Classical Theories. Harper & Brothers, New York 1960

Whittaker, Sir Edmund: A History of the Theories of Aether and Electricity. Vol. 2, The Modern Theories. Harper & Brothers, New York 1960

Williams, Gertrude Marvin: Madame Blavatsky Priestes of the Occult. Lancer Books,

New York 1946

Wittgenstein, Ludwig: Tractatus logico-philosophicus. Logisch-philosophische Abhandlung. 1. Aufl.age. Suhrkamp Verlag, Frankfurt am Main 1963.

Yamamoto, J. Isamu: Hinduism, TM & Hare Krishna, Zondervan Publishing House, Grand Rapids, Michigan 1998

Webseiten

Die fünf Wünschelwichte:

Byrne, Rhonda: www.thesecret.tv
Franckh, Pierre: www.pierre-franckh.de
Hicks, Esther & Jerry: www.abrahamhicks.com
Mohr, Bärbel: www.baerbelmohr.de
Tepperwein, Kurt: www.tepperwein.at

Rhonda Byrnes »Secret Society« – die Webseiten der 24 »Co-Autoren« von »The Secret – Das Geheimnis«:

Assaraf, John: www.onecoach.com
Beckwith, Michael: www.agapelive.com
Brower, Lee: www.empoweredwealth.com und www.quadrantliving.com
Canfield, Jack: www.jackcanfield.com
Demartini, Dr. John: www.drdemartini.com
Diamond, Marie: www.mariediamond.com
Dooley, Mike: www.tut.com
Dwoskin, Hale: www.sedona.com
Goodman, Morris: www.themiracleman.org
Gray, Dr. John: www.marsvenus.com
Hagelin, Dr. John: www.hagelin.org
Harris, Bill: www.centerpointe.com
Johnson, Dr. Ben: www.healingcodes.com
Langemeier, Loral: www.liveoutloud.com
Nichols, Lisa: www.lisa-nichols.com
Proctor, Bob: www.bobproctor.com
Ray, James Arthur: www.jamesray.com
Schirmer, David: www.tradingedge.com.au
Shimoff, Marci: www.marcishimoff.com
Vitale, Dr. Joe: www.mrfire.com
Waitley, Dr. Denis: www.waitley.com
Walsch, Neale Donald: www.nealedonaldwalsch.com
Wolf. Dr. Fred Alan: www.fredalanwolf.com

Webseiten, die sich der Entlarvung von Parawissenschaften, Quacksalbern und Scharlatanen widmen:

Cosmic Connie (Connie Schmidt): http:// cosmicconnie. blogspot. com
Quackwatch: www. quackwatch. com
Randi, James: www. randi. org
Skeptics: www. skeptic. com
Skeptiker: www. skeptiker. de

ANHANG

Personen- und Sachverzeichnis

Symbols

5. Symphonie (Tatata-Tah, Beethoven) 57

A

Aasfresser 32
ABC News 50
Abendmahl, letztes 57, 58
Abraham 40, 59, 83, 84, 85, 86, 94, 178
Ägypter 57
Aktien 19
Aladins Wunderlampe 48
Albert, Hans 177
Alchemie 23, 57, 87, 88, 137
All-Eine, das 24, 72, 87, 101
Allmachts-Träume 25
Allsätze 127
American-Dream 91
Amtsgericht Memmingen 151
anekdotische Evidenz 73
Animismus 127, 128
Antimaterie 137, 143
Antinukleonen 137
Arbeit 14, 20, 31, 59, 76, 153
Arbeitslose 7, 31
Armut 21, 60, 104
Arzt 65, 88, 155
Äsop 136, 163
Assaraf, John 62, 167, 181
Astrologie 23, 57, 67, 87, 88
Atkinson, William Walker 92, 93, 173, 177
Atomkern 129
Aufklärung 32
Außersinnlicher Wahrnehmung 67
Autosuggestion 144

B

Babylonier 57

Bacon, Francis 57
Beckwith, Michael Bernard 55, 167, 181
Beethoven, Ludwig van 48, 57
Behauptung, außergewöhnliche 27, 32, 61, 139, 151
Belege 27, 47, 57, 58, 99, 151, 171
Benedikt XVI. (Papst) 32
Bestellungen beim Universum (Buch) 126, 127, 134, 138, 144, 145, 179
Beten 28, 52
Betrunkene 53
Beweise 19, 24, 27, 32, 41, 58
Bierce, Ambrose 52, 177
Bitte 48, 52, 114, 118, 122, 134, 158
Blavatsky, Helena 90, 92, 173, 179
Bodanis, David 177
Bonaparte, Napoléon 139
Boning, Wigald 6, 12
Bördlein, Christoph 170, 172, 174, 177
Brower, Lee 181
Bryson, Bill 32, 177
Buddhismus 24, 57
Bullshit 6, 7, 11, 12, 14, 17, 18, 25, 26, 27, 29, 30, 31, 32, 41, 43, 51, 57, 59, 61, 63, 77, 78, 89, 105, 106, 115, 127, 138, 140, 142, 144, 158, 159, 177, 178
Busch 115
Byrne, Glenda 16
Byrne, Rhonda 3, 12, 16, 22, 28, 29, 31, 39, 40, 41, 42, 43, 44, 45, 46, 47, 48, 49, 50, 51, 52, 53, 54, 55, 56, 57, 58, 59, 61, 62, 63, 65, 66, 68, 69, 70, 71, 73, 76, 77, 78, 79, 83, 84, 85, 86, 93, 99, 104, 105, 138, 139, 140, 141, 163, 167, 177, 181

C

Canfield, Jack 46, 70, 71, 73, 76, 167, 177, 181
CERN 138
Château Schlaberadeur 12, 18
Christen 32, 57
Christentum 57
Christian Science 89
Clarendon Dry Pile 142, 143
Clayton Universität 151
Cohen, Jerome Irving 155
Columbia Pacific University 69
confirmation bias (Bestätigungsfehler) 47
Cosmic Connie 182
Country-Western-Tänzer 70

Curie, Marie oder Pierre 112, 113, 174

D

da Vinci, Leonardo 57, 58, 111
Dawkins, Richard 53, 54
de Capriotti, Gian Giacomo 111
Demartini, John 181
Diamond, Marie 181
Doktortitel 66, 69, 70
Dooley, Mike 181
Dwoskin, Hale 181

E

Eddy, Marie Baker 89, 172
Einkommen (1%) 60
Einladung d. Übels 22
einseitiges Ereignis 73, 74
Einstein, Albert 27, 28, 29, 45, 48, 57, 113, 138, 141, 143, 177
Elektrizität 90, 92
Elektromagnetismus 32, 61, 90, 138, 139
Elementarteilchen 87, 88, 112, 115, 140
Emerson, Ralph Waldo 57
Empfangen (Bitte, Glaube) 24
Energie 14, 24, 29, 76, 87, 88, 112, 113, 114, 115, 121, 126, 128, 132, 133, 156
Enzensberger, Hans Magnus 177
enzensbergern 162
Ereignis, einseitiges 73, 74
Erfolgreich wünschen (Buch) 14, 16, 17, 99, 102, 117, 128, 177
Esoterik - Esoteriker 7, 23, 24, 30, 84, 90, 129, 135, 136, 137, 170, 178
Eulenspiegel, Till 42, 51
Extrem-Wünsching 4, 11, 12, 16, 23, 24, 32, 70, 110, 122, 153, 158

F

Faust (Goethe) 11, 25, 39, 57, 81, 97, 125, 147, 161, 169, 200
Fehlschluss 88, 121
Feldstärke 63
Fernseher 62
Festinger, Leon 136
Feynman, Richard 140
Fiffi-such 56, 57, 58, 139, 157
Fillmore, Charles 91, 93, 173
Flammarion, Camille 27

Focus (Nachrichtenmagazin) 12, 72
Forbes-Liste 61, 164, 171
Franckh, Pierre 3, 14, 17, 31, 40, 97, 98, 99, 117, 118, 120, 122, 128, 141, 163, 167, 177, 181
Frankfurt, Harry G. 26, 27, 51
Freiheit 56, 140
Frequenz 24, 31, 61, 62, 63, 141, 142
Freud, Sigmund 88, 135

G

Ganzheit 24, 141
Garantie 24, 43, 165
Gary L. 178
Gates, Bill 62, 93, 121
Gebet 29
Gedanken 22, 23, 24, 32, 47, 63, 66, 77, 87, 90, 114, 136, 140, 172
Gedanken formen Materie 61, 77, 91, 112, 115, 138
Gedankenfrequenz 31, 61, 62
Gedankenkraft 5, 20, 24, 47, 59, 61, 77, 87, 89, 92, 114, 123, 128, 129, 132, 158
Gedanken lenken Energie 88, 112, 114
Gedankenschwingungen 77, 92, 143
Gedanken sind Dinge 24, 91
Gedankenstrahlen 24, 27, 41, 92
Gedankenwelle 62, 90, 92
Gedanken-Welle 62
Gedankenwelt 92
Gefühle 31, 48, 136
Geheimnis 16, 21, 25, 28, 29, 31, 39, 42, 43, 44, 46, 47, 48, 49, 50, 51, 55, 57, 59, 61, 68, 71, 72, 73, 83, 84, 86, 94, 138, 140, 153, 163, 164, 167, 177, 181
Geheimnis des Lebens 25, 43, 44, 48, 84, 164
Gehirnströme 63
Gehirnzellen 63, 114, 175
Geist 23, 29, 40, 45, 48, 56, 57, 65, 77, 82, 83, 86, 89, 90, 94, 105, 112, 115, 125, 130, 137, 143, 148, 161, 163
Geld 7, 14, 19, 23, 24, 27, 30, 31, 32, 41, 44, 46, 53, 54, 59, 60, 65, 66, 68, 70, 71, 93, 99, 101, 102, 104, 108, 132, 140, 151, 153, 154, 162, 167, 175
Geld ohne Arbeit 20, 59, 153
Geller, Uri 128, 130, 162, 175
Gell-Man, Murray 140, 175
Genug von allem für alle 7, 29, 55, 93
Gerechtigkeit 56, 140
Gernhardt, Robert 175
Gesellschaft zur wissenschaftlichen Untersuchung von Parawissenschaften e.V. 32

Gesetz der Anziehung 7, 23, 24, 27, 28, 31, 33, 41, 45, 47, 48, 49, 50, 51, 52, 54, 56, 57, 58, 59, 61, 65, 73, 78, 84, 85, 86, 92, 93, 111, 122, 143, 164, 165, 196
Gesundheit 7, 30, 43, 44, 52, 83, 104, 148, 155
Glas-Sammeln 70
Glaube 5, 14, 16, 23, 24, 25, 28, 41, 50, 52, 72, 73, 75, 110, 126, 153, 162
Gleiche Formulierungen 33
Gleiches zieht Gleiches an 24, 33, 48, 61
Glück 7, 14, 32, 43, 52, 56, 58, 68, 101, 102, 103, 105, 129, 145, 157, 200
Glühbirne 98
Goethe, Johann Wolfgang von 11, 25, 39, 57, 81, 97, 125, 147, 161, 169, 200
Gogh, Vincent van 111
Goldner, Colin 177
Golgatha 59
Gomes, Alan W. 177
Goodman, Morris 181
Gorillatheorie 23
Gott (Schöpfer) 7, 20, 23, 26, 30, 32, 45, 52, 54, 87, 89, 130, 162
Grammatik 14, 100, 103, 108, 110
Gravitationsgesetz 24, 86, 92
Gray, John 69, 70, 171, 181
Größenwahn 135, 141
Grünewald, Mathias 60
Gruppenmediation 66
Guru 7, 31, 46, 66, 69, 90, 93, 163
Gurus 79
Gut, aber nicht neu 29
GWUP 32
Gymnasium 122, 137
Gymnasium, naturwissenschaftliches 112

H

Haanel, Charles F. 93, 94, 173, 178
Hagelin, John 77, 79, 174, 181
Hagen, Wolfgang 173
Handy 62
Hansen, Mark Victor 76, 177
Hardcastle, Gary L. 178
Harris, Bill 56, 181
Hartz IV 22
Hass 21, 135, 137
Hassliebe 135, 137, 138
Hauser, Marc D. 178

Hauser, Mark D. 31
Hegel, Georg Wilhelm Friedrich 90
Heiler 65, 66, 89, 90, 153, 154, 163
Heisenberg, Werner 32
Henry, John 178
Hermes Trismegistos 49, 87, 90, 92, 172
Herr des Universums 26, 30
Hertz, Heinrich Rudolf 32, 61, 62, 90, 173
Hicks, Esther & Jerry 3, 19, 31, 40, 81, 82, 83, 84, 85, 86, 94, 105, 122, 163, 178, 181
Hic Rhodos, hic salta 161, 163, 165
Higgs-Boson 139
Hill, Napoleon 94, 173, 178
Hinduismus 24, 57, 87, 90
Hintergrundfeld, kosmisches 135, 139, 141, 143
Hofschneider, René 108
Honthorst, Gerard van 60
Hopkins, Emma Curtis 89, 90, 172
Hörner, Dieter M. 179
Houston 66
Huch-Phänomen 71
Hugo, Victor 57
Hühnersuppe für die Seele 46, 70, 73, 177
Hunderttausend-Dollar-Schein 71
Hungernde 30, 60, 102
Hunza 154, 155, 175
Hunzukuc 154, 155, 175
Hurrikan 66
Hypnose 66, 89, 153

I

Ig-Nobelpreis 79
Illusion 24, 25, 31
Internal RevenueService, IRS 60
Internationale Akademie der Wissenschaften (IAW 151
IRS (Internal RevenueService) 60
Isaak 59
Islam 57

J

Jaguar 108, 167, 175, 177
Jakob 59
Jesus 53, 59, 60, 164

Job 14, 16, 31, 56, 132, 167
Johnson, Ben 181
Joliot-Curie, Irene & Frédéric 113, 174
Josua 164
Juden 32, 57
Jugend 44
Jürgens, Stefan 12

K

Kabbala 23, 30, 77, 87, 91
Kant, Immanuel 4, 178
Katholische Kirche 49, 52
Kelly, Karen 28, 78, 178
Klopfgeist 82
Kognitive Dissonanz 136, 175
Krankheit 23, 24, 27, 88, 89, 91, 155
Krebs 22, 31, 155, 165
Kreuzfahrt-Seminare 68, 69, 85
Kuchen 16, 17, 90, 133, 141

L

Lagerfeld, Karl 58, 139
Lambeck, Martin 170, 178
Landmann, Salcia 171, 178
Langemeier, Loral 181
Law of Attraction 50, 86, 92, 173, 177, 178
Leerformel 115
Lehrer 46, 55, 59, 66, 68, 84, 89, 97, 105, 110, 148, 149, 151, 153, 164
Lehrer der Lehrer 89
Leid 21, 31
Lichtquanten 141
Liebe 14, 24, 30, 44, 87, 98, 99, 103, 135, 137, 138, 140, 153
Lincoln, Abraham 57
Löffelbiegen 128, 132
Löffelchen-Sex 131
Lourdes 52, 171

M

Magie 23, 24, 25, 26, 29, 33, 39, 57, 58, 77, 87, 88, 127, 141, 142, 144
Magier 31, 87, 162
Magnetismus 24, 32, 61, 88, 90, 92, 138, 139, 172
Makrokosmos 87

Marconi, Guglielmo 92
Marketing 50, 51, 66, 76, 77
Massenanziehungsgesetz 24
Materie 24, 40, 89, 105, 110, 112, 113, 115, 128, 132, 133, 137, 142, 143
Mathematik für Quantenphysik 140
Medici, Cosimo di 87
Meditation 66, 69, 79, 90
Meisner, Joachim 53
Merten, Michaela 99
Mesmer 61, 88, 90, 172
Metaphysik 24, 66, 67, 179
Metaphysiker 65
Mikrokosmos 87, 90
Mikrowellenherd 62
Miller, Frankie 171
Millionär 59, 60, 68
Milutis, Joe 170, 178
Mithen, Steven 170, 178
Mittwochswunder (Witz) 54
Mogadischu 102
Mohr, Bärbel 3, 17, 18, 31, 32, 40, 110, 123, 125, 126, 134, 136, 137, 138, 141, 145, 163, 179, 181
Money, to earn 153
Money, to make 153
Moses 59, 164
Moslems 32
Mosley, Glenn R. 179
Motivationstrainer 41, 65
Mr. Fire (Joe Vitale) 66, 67
Mulford, Prentice 91, 93, 173
Mumpitz 24, 27, 33, 46, 88, 90, 112, 127, 132, 140, 153, 158
Mundus vult decipi 162
Mystizismus 67

N

Nachrichten 7, 19, 20, 21, 100
Nachttischlampe 101
Nahrung 102
Name-Dropping 57, 58
National Inquirer, The 72
Naturgesetz 24, 52
Naturwissenschaft 23, 28, 41, 42, 54, 61, 79, 88, 90, 91, 92, 127, 135, 138
Neu, aber nicht gut 29

New Age 173, 179
New Thought 89, 94, 173, 179
Newton, Isaac 24, 27, 32, 45, 57, 61, 88, 92, 143
New York Times 86
Nichols, Lisa 181
Nobelpreis 27, 28, 62, 79, 139, 140
Not 21, 31, 44, 125

O

Ockhams Rasiermesser 75
Ockham, William von 75
Okkultismus 23, 90

P

Parapsychologie 23, 67
Parawissenschaft 32, 33, 182
Parkplatz 122, 123, 158, 167
Parkplatzengel 122
Parkplatz-Lieferung 122
Park, Robert 79, 179
Pflaume, Kai 108
Philosoph 55, 59, 68, 87, 88
Physik 24, 27, 28, 29, 62, 78, 87, 90, 110, 114, 129, 140, 162, 170, 178
Physiker 27, 28, 61, 65, 77, 79, 90, 92, 112, 113, 127, 128, 138, 140
Picasso 58, 139
Platon 45, 57, 94
Platonismus 87
Popper, Karl Raimund 88, 172, 179
Positives Denken 24, 29, 67, 90
Post hoc, ergo propter hoc 120
Prinz Charles 58
Proctor, Bob 43, 55, 59, 60, 68, 167, 181
PR-Sprüche 30
Prüfung 42, 73, 117
Pseudowissenschaft 24, 29
Pythagoras 57

Q

Quackwatch 182
Quantenphysik 24, 30, 65, 77, 79, 87, 138, 139, 140, 143
Quantenphysik perfekt verstanden 140
Quimby 89, 172

R

Radiostation 24, 143, 144
Radiowellen 24, 32, 90, 91
Randi, James 130, 162, 163, 170, 175, 182
Ranseier, Karl 5, 47, 72, 74, 85, 196
Ranseier, Olga & Olga 74
Ratgeberliteratur 6, 12, 14, 29, 31, 41, 51, 65, 94
Ray, James Arthur 181
Reichtum 7, 43, 52, 66, 83, 84, 102, 104, 148
Reiner 130, 131, 132, 133
Reinkarnation 67
Reisch, George A. 26, 178
Relativitätstheorie 32, 138
Rhodes, Ron 179
Richter, Gerhard 53
Richter, Julia 108
Rita (Hurrikan) 66
Rizolatti, Giacomo 175
Röntgenstrahlen 62
RTL Samstag Nacht 6, 12
Rubens, Peter Paul 111
Russell, Bertrand 138, 170
Rutherford, Ernest 138

S

Sagan, Carl 53, 140, 179
Salkin, Allen 86
Schamane 24, 31, 46, 110, 113, 157
Scharlatan 52, 61, 87, 88, 162, 177, 182
Schauspieler 14, 98, 118, 163, 167
Schirmer, David 68, 167, 181
Schloss 133, 134, 167
Schmidt, Connie L. 66, 69, 171, 182
Schmuckzitat 58
Schöpfer (Gott) 130
Schöpfer (Gott) s. auch Gott 7, 20, 24, 26
Schöpfungsprozess 24, 87
Schrödinger, Erwin 32
Schutzengel 132
Schweins, Esther 12
Schweinsleder 122
Schwerkraft 28, 86, 88, 92

Schwindel 69
Schwingung 24, 62, 76, 83, 92, 128, 140, 142, 157, 176
schwurbeln 31, 46, 48, 50, 92, 132, 140
Secret Society 65, 181
Sendeturm 61, 77
Shakespeare, William 45, 57
Shimoff, Marci 181
Showbusiness 20, 31, 163
Skeptics 182
Skeptiker 27, 32, 162, 175, 182
Sokrates 57
Spiegel (Magazin) 72, 170
Spiel dir das Lied vom Leben (Buch) 148, 179
Spirit Rainbow Verlag 151
Stern (Magazin) 170, 175
Stone, W. Clement 71, 171
Suggestion 48

T

Taschenrechner 73, 109
Tautologie 41, 115, 174
Telegrafie 92
Tepperwein, Kurt 3, 40, 147, 148, 149, 150, 151, 153, 154, 156, 157, 158, 167, 176, 179, 181
Testimonial 41, 58
Texas 66, 174
Theillier, Patrick 52
The Master Key System 93, 94, 173, 178
Theosophische Gesellschaft 90
The Science of Getting Rich (Buch) 44, 93, 173, 179
The Secret 16, 28, 40, 41, 43, 47, 48, 50, 55, 66, 68, 76, 78, 84, 85, 86, 138, 139, 167, 177, 178, 181
The Secret-Das Geheimnis (Buch) 16
The Wall Street Journal 171
Think and Grow Rich 94, 173, 178
Time 113, 174
Titelmissbrauch 151
Titelmühle 69, 151
Topitsch, Ernst 179
Trailer 48, 50, 57, 87
Transzendentale Mediation(TM) 69
Transzendentalen Meditation (TM) 79

U

Ungerechtigkeit 21, 60
Unity School of Christianity 91
Universität 5, 47, 67, 79, 151, 171, 196
University of Metaphysics 67
Universum
  als Bestell-Service 17
  als Christkind 14
Unwiderleg 174
Unwiderlegbarkeit 24, 32, 41, 127, 174

V

Verheißung 14, 162
Versandhaus, Universum als 66, 100
Video 55, 68, 84, 142, 150
visualisieren 47, 70, 71, 74
Vital-Activator (Tepperwein) 155, 156, 157
Vitale, Joe 50, 51, 66, 174, 179, 181
Vitruv 111
Vogelfeder 46, 48, 164, 167
Voß, Johann Heinrich 29

W

Wahlverwandtschaften (Goethe) 57
Wahrheit 11, 25, 30, 31, 43, 53, 61, 114, 127, 142, 177
Wahrsager 31
Waitley, Denis 181
Waldzwerg 100, 101
Wall Street Journal 60, 171
Walsch, Neale Donald 181
Walzwerk 101
Wäschetrockner 141, 145, 164
Washington Post 79
Wattles Wallace D. 44, 45, 49, 51, 84, 93, 173, 179
Watzlawick, Paul 174, 179
Weihrauchkapseln 150
Weltanschauung 23, 24, 163
Weltweites Event 50
Wenn-Dann-Aussage 132
Wenn der Hahn kräht ... 41, 174
What The Bleep Do We Know 84

Wheen, Francis 175, 179
Whittaker, Edmund 171, 173, 179
Wie unten so oben 87
Williams, Gertude Marvin 179
Winnetou 144
Wirklichkeit 12, 23, 25, 30, 31, 79, 87, 106, 136, 162, 175
Wissenschaftstheorie 88, 89
Wittgenstein, Ludwig 180
W-Lan 141
Wolf, Fred Alan 77, 172, 181
Wunder
  45 Wünschelwicht-Wunder 167
  Bärbels Bürowunder 17
  Bärbels Schloss-Wunder 134
  Bärbels Wäschetrockner-Wunder 145
  Bibel-Wunder 164
  Canfields Huch-Wunder 70
  Glendas Job-Wunder (Schwester von Rhonda) 16
  Guten-Abend-Wunder 144, 167
  Hagelins Meditationswunder 79
  Parkplatzwunder (Pierre) 122
  Pierres Steckdosenwunder 16
  Pierres Zimmerpflanzenwunder 99
  Rhondas Job-Wunder 16
  Schnurbart-Wunder 72
  Schwulenwunder 56
  Wunder der Vogelfeder 46
  Wunder des Postboten 55
  Wunder von Amsterdam 117
  Wunder von Epcot 55
  Wunder von Melbourne 46
Wunderheiler 89
Wunderheilung 52
Wunsch
  Gegenwart und Zukunft 102
  Gemeinsame Wünsche 121
  in Schriftform 105
  Verneinungen 104, 105
  Verordnung 101
  Wortwahl 101
  Wunsch als Materie 105
  Wünschen geht immer 108

Wunsch-Physik 110
Wunschdenken 24, 26, 29, 30, 90, 91, 93
Wünschelwichte 4, 7, 12, 18, 20, 22, 23, 24, 25, 27, 28, 29, 30, 32, 33, 40, 41, 43, 53, 57, 59, 61, 62, 63, 65, 66, 69, 70, 73, 82, 87, 90, 92, 94, 105, 110, 112, 115, 127, 128, 130, 135, 136, 138, 139, 140, 148, 151, 156, 159, 162, 164, 165, 167, 174, 181
Wunschenergie 104, 111, 122
Wünschen und bekommen 19, 40, 82, 84, 178
Wunscherfüllung 17, 24, 82, 85, 127, 134, 178, 179
Wünsch es dir einfach (Buch) 121, 122, 177
Wunschfänger-Engel 125, 179
Wunsch formulieren 16, 101, 102, 103, 105
Wunschgedanke 24, 112
Wunschgrammatik 100
Wunsch, Wünschen 12, 19, 23, 25, 31, 40, 52, 66, 82, 84, 99, 100, 101, 102, 103, 104, 108, 113, 117, 123, 136, 178, 200
Wurstwasser 74

Y

Yamamoto, J. Isamu 180
Yoga 67, 76
Yogi Ramacharaka 92
YouTube 84, 142, 162

Z

Zamboni, Giuseppe 141, 142, 143, 175
Zauberkünstler 31, 43, 130
Zierkaninchen 12, 91
Zug 16
Zusatz-Hypothese 33
Zweifel 24
zweiseitiges Ereignis 74

Unter der Leitung von Prof. Dr. Karl Ranseier wundern sich Germanistik-Studenten der Universität Köln, warum das Personen- und Sachregister mitten auf der Seite endet. Hat das Gesetz der Anziehung hier versagt? Die Antwort weiß allein der untere Rand des Satzspiegels.

Bildnachweis

Ärzteteam im Operationssaal - Swiss Federal Archives [Public domain]
Alchemist - William Fettes Douglas [Public domain]
Atommodell - Jacky Dreksler
Baum des Lebens - Kabbala - PD-US Public Domain
Beethoven, Ludwig van - Public Domain
Betende Hände - Albrecht Dürer [Public domain]
Bierce, Ambrose - F. Soulé Campbell [Public domain]
Blavatsky, Helena - Public Domain
(https://creativecommons.org/licenses/by/3.0)]
Bonaparte, Napoleon - Jacques-Louis David [Public domain]
Boning, Wigald - selbst
Burj al Arab - Yacine Hary [CC BY 2.0 (https://creativecommons.org/licenses/by/2.0)]
Burj al Arab Indoor - Atila rs at English Wikipedia [Public domain]
Busch, Wilhelm - Public Domain
Capitol in der Abenddämmerung - Martin Falbisoner [CC BY-SA 3.0 (https://creativecommons.org/licenses/by-sa/3.0)]
Cartoon, weinender Mann - Vectortoons [CC BY-SA 4.0 (https://creativecommons.org/licenses/by-sa/4.0)]
Clarendon Dry Pile - DavidCWG [CC BY-SA 3.0 (https://creativecommons.org/licenses/by-sa/3.0)]
Curtis Hopkins, Emma - en.wikipedia.org [Public domain]
Cyclon Cathrina - Astronaut photograph ISS008-E-19646 was taken March 7; 2004; with a Kodak DCS760 digital camera equipped with an 50-mm lens; and is provided by the Earth Observations Laboratory; Johnson Space Center. [Public domain]
Die Gartenlaube - Public Domain
Dudenschublade - Noemi Dreksler
Eddy, Marie Baker - Public Domain
Einstein, Albert - Photograph by Orren Jack Turner; Princeton; N.J. [Public domain]
Emerson, Ralph Waldo - Samuel W. Rowse [Public domain]
Erde vom Weltall aus - NASA/Apollo 17 crew; taken by either Harrison Schmitt or Ron Evans [Public domain]
Eulenspiegel, Till - Bibliothek des allgemeinen und praktischen Wissens. Bd. 5; (1905); Deutsche Literaturgeschichte; Seite 60
Euro-Banknoten - Andrew Netzler [ECB decisions ECB/2003/4 and ECB/2003/5]
Faust und Mephisto - Tony Johannot (died 1852) [Public domain]
Fillmore, Charles - Public Domain
Fischer, Lilli - Noemi Dreksler
Flugzeuge mit Bomben - National Archives at College Park [Public domain]
Franckh, Pierre - Pilounek [CC BY-SA 4.0 (https://creativecommons.org/licenses/by-sa/4.0)]
Frankfurt, Harry G. - American Council of Learned Societies (ACLS) [CC BY 3.0 (https://creativecommons.

org/licenses/by/3.0)]
Freud, Sigmund - Max Halberstadt [Public domain]
Freuds Couch - ROBERT HUFFSTUTTER [CC BY 2.0 (https://creativecommons.org/licenses/by/2.0)]
Fuchs mit Trauben - Louis Legrand [Public domain]
Goethe, Johann Wolfgang von - Johann Heinrich Felsing nach Stieler [Public domain]
Gogh, Vincent van - Public Domain
Goldbarren - Agnico-Eagle [CC0]
Gorilla - By Raul654 CC BY-SA 3.0; https://commons.wikimedia.org/w/index.php?curid=47821
Haanel, Charles F. - Public Domain
Hände mit Löffeln - alle - Noemi Dreksler
Hände mit Rasiermesser - aus: Mayer; P.: Einführung in die Mikroskopie. Verlag v. J. Springer; Berlin 1914
Heilige Kuh - Ravi Varma - [CC BY 4.0 (https://creativecommons.org/licenses/by/4.0)]
Hermes Trismegistos - Public Domain US
Hertz, Heinrich Rudolf - Robert Krewaldt [Public domain]
Hill, Napoleon - www.yourprosperityfoundation.org [Public domain]
Höhlenzeichnung - David Stanley from Nanaimo; Canada [CC BY 2.0 (https://creativecommons.org/licenses/by/2.0)]
Hugo und Jacky - alle - Noemi Dreksler
Hunza Rajah und Kollegen - en.wikipedia.org [Public domain]
Jesus - Byzantinischer Mosaizist des 12. Jahrhunderts [Public domain]
Jesus - Gemälde von Gerard van Honthorst - Matthias Stom [Public domain]
Jesus - Gemälde von Mathias Grünewald - Unterlinden Museum [Public domain]
Kant, Immanuel - Unidentified painter - Public Domain - ca 1790
Kreuzfahrtschiff Europa - Stadtarchiv Kiel [CC BY-SA 3.0 de (https://creativecommons.org/licenses/by-sa/3.0/de/deed.en)]
Maxwell, James Clark - [CC BY 4.0 (https://creativecommons.org/licenses/by/4.0)]
Mesmer, Franz Anton - Public Domain
Mesmerismus - Engraving by Dodd [Public domain]
Mulford, Prentice - Needham portraits [Public domain]
Newton, Isaac Sir - Godfrey Kneller [Public domain]
Pflaume, Kai - Gunnar Richter Namenlos.net [CC BY-SA 3.0 (https://creativecommons.org/licenses/by-sa/3.0)]
Popper, Karl Raimund Sir - Flor4U [CC BY-SA 3.0 (https://creativecommons.org/licenses/by-sa/3.0)]
Quimby, Phineas Parkhurst - http://phineasquimby.wwwhubs.com/ [Public domain]
Randi, James - James Randi Educational Foundation [CC BY-SA 3.0 (http://creativecommons.org/licenses/by-sa/3.0/)]
Ranseier, Karl - alle auch die Olgas - Jacky Dreksler
Reisegruppe Michler - Jacky Dreksler
Ritterburg - Public Domain
Sagan, Carl - NASA/JPL [Public domain]
Tatatataaah - Jacky Dreksler
Ticketschalter - Schiphol Airport - Jacky Dreksler

ANHANG

Titanic - Untergang - Willy Stöwer [Public domain]
Toilette - Noemi Dreksler
Universum - Camille Flamarion - Public Domain
US-Dollar, 100 000 - Public Domain
Vajrasattva - Robert Aichinger [CC BY-SA 3.0 (http://creativecommons.org/licenses/by-sa/3.0/)]
Vitruv - Leonardo da Vinci [Public domain]
Voss, Johann Heinrich - J.N.Peroux [Public domain]
Waldbrand - USDA Forest Service [CC BY 2.5 (https://creativecommons.org/licenses/by/2.5)]
Walker, Atkinson William - Public Domain
Walzwerk - Bundesarchiv; Bild 183-45948-0005 / Junge; Peter Heinz; Sturm; Horst / CC-BY-SA 3.0 [CC BY-SA 3.0 de (https://creativecommons.org/licenses/by-sa/3.0/de/deed.en)]
Wattles, Wallace D. - Public Domain
Weltall - By Stiller Beobachter from Ansbach; Germany - deep space; CC BY 2.0; https://commons.wikimedia.org/w/index.php?curid=75498679
Zauberer Tobas - Public domain

Danke und Tschüss

Im Wartesaal zum großen Glück
Da warten viele, viele Leute
Die warten seit gestern
Auf das Glück von morgen
Und leben mit Wünschen von übermorgen
Und vergessen, es ist ja noch heute
Ach, die armen, armen Leute
Ach, die armen, armen Leute

Chanson von Walter Andreas Schwarz

Was hilft's, wenn Ihr ein Ganzes dargebracht?
Das Publikum wird es Euch doch zerpflücken.

Goethe, Faust I

Abdruck des Chansontextes mit freundlicher Genehmigung des Gemus-Musikverlages